U0598468

江西省精品校本课程建设文库

出彩课程 幸福教育

——江西省100门精彩课程集萃

江西省教育厅教学教材研究室 编

编委会主任 汤赛南

编委会副主任 余芳霖 喻金水 钟秀利 杨 涛

编 委 黄志远 钱国伟 江俊水 王胜国 王泽芳 周保卫 李 建 邹秋平 黄 萍 肖连奇 付建平 熊晓珑 喻汉林 彭婧瑜

江西高校出版社

图书在版编目(CIP)数据

出彩课程 幸福教育:江西省100门出彩课程集萃:江西省精品校本课程建设文库 / 江西省教育厅教学教材研究室编. —南昌:江西高校出版社,2015.12(2017.3重印)
ISBN 978-7-5493-3990-7

Ⅰ.①出… Ⅱ.①江… Ⅲ.①课程—教学研究—中学—文集 Ⅳ.①G632.3-53

中国版本图书馆CIP数据核字(2015)第311661号

出版发行	江西高校出版社
社　　址	江西省南昌市洪都北大道96号
总编室电话	(0791)88504319
销售电话	(0791)88528761
网　　址	www.juacp.com
印　　刷	安徽新华印刷股份有限公司
经　　销	全国新华书店
开　　本	890 mm×1240 mm 1/16
印　　张	20
字　　数	540千字
版　　次	2015年12月第1版
	2017年3月第2次印刷
书　　号	ISBN 978-7-5493-3990-7
定　　价	65.00元

赣版权登字-07-2015-960

目　录

江西省中小学校本课程建设推进情况综述　/ 1

学校课程建设方案

洪都小学校本课程建设总方案　/ 8

南昌大学附属小学《开心菜园》校本课程方案　/ 15

南昌大学附属小学红谷滩分校《悠悠茶话》课程实施方案　/ 20

南昌市右营街小学《绿色教育》校本课程方案　/ 25

上饶实验小学校本课程建设总方案　/ 34

上饶市第一小学《红土情怀》校本课程建设方案　/ 43

玉山县城东小学"快乐活动日"课程总方案　/ 48

鹰潭市第八小学校本课程建设总方案　/ 56

江西省大余中学《随钱锺书一道与古人对话》校本课程建设总方案　/ 61

课程概述

南昌二十一中《万寿宫文化》校本课程介绍　/ 68

德兴市银城第一小学《责任根深　礼仪花繁》校本课程介绍　/ 69

九江县第一小学《我爱我家》校本课程介绍　/ 70

万载一小校本课程介绍　/ 71

新余市暨阳学校德育校本课程《我要学会》建设方案　/ 72

新余市暨阳学校校本课程《书香童年》建设总方案　/ 73

新余市明志小学校本课程《用心养成我成材》建设方案　/ 74

教材节选

《航空梦　飞无垠》节选

——南昌市洪都小学校本教材　/ 76

南昌大学附属小学上册教材节选　/ 82

《悠悠茶话》节选

——南昌大学附属小学红谷滩新校区校本教材　/ 87

《绿色教育》节选

——南昌市右营街小学校本教材　/ 92

《红土情怀》节选

——上饶市第一小学校本教材 /99

《山林拓韵之探索与发现》节选

——上饶市玉山县城东小学校本教材 /102

《童心莲语》节选

——鹰潭市第八小学校本教材 /105

《随钱锺书一道与古人对话》节选

——江西省大余中学校本教材 /112

《万寿宫文化》节选

——南昌市第二十一中学校本教材 /117

《责任根深 礼仪花繁》节选

——德兴市银城第一小学校本教材 /121

九江市第一小学校本教材节选 /126

《经典美文读本》节选

——江西省万载县第一小学校本教材 /130

《我要学会》节选

——新余市暨阳学校校本教材 /132

《书香童年》节选

——新余市暨阳学校校本教材 /134

《用心养成我成材》节选

——新余市明志小学校本教材 /140

教学案例

《航展——奇幻的视觉盛宴》教学设计

——南昌市洪都小学《航空梦 飞无垠》校本教材节选 /148

《寻找起飞力量之源》教学设计

——南昌市洪都小学《航空梦 飞无垠》校本教材节选 /151

《芽苗菜种植》教学设计

——南昌大学附属小学《开心菜园》校本教材节选 /154

《青菜的定植》教学设计

——南昌大学附属小学《开心菜园》校本教材节选 /157

《茶叶的分类》教学设计

——南昌大学附属小学红谷滩分校《悠悠茶话》校本教材节选 /159

《悠悠茶韵知礼仪》教学设计
——南昌大学附属小学红谷滩分校《悠悠茶话》校本教材节选 /163
《垃圾的危害》教学设计
——南昌市右营街小学《绿色教育》校本教材节选 /165
《拒绝噪声污染》教学设计
——南昌市右营街小学《绿色教育》校本教材节选 /167
《生命——美丽的旅程》教学设计
——上饶市实验小学《生命教育》校本教材节选 /170
《扇形统计图》教学设计
——上饶市实验小学《生命教育》校本教材节选 /173
《勇敢者的游戏》教学设计
——上饶市第一小学《红土情怀》美术校本教材节选 /176
《婺傩面具》教学设计
——上饶市第一小学《红土情怀》美术校本教材节选 /179
《美妙的竖笛》教学设计
——上饶市玉山县城东小学《山林拓韵之快乐学竖笛》校本教材节选 /182
《美丽的家园》教学设计
——上饶市玉山县城东小学《山林拓韵之五彩的油画棒》校本教材节选 /186
《廉洁之花遍地开》教学设计
——鹰潭市第八小学《童心莲语》校本教材节选 /188
《守规范》课堂教学实录
——鹰潭市第八小学《童心莲语》校本教材节选 /191
《“当仁,不让于师”——颜回是孔子的“理想”学生吗？》教学设计
——江西省大余中学《随钱锺书一道与古人对话》校本教材节选 /194
《“史固然尽信哉！”——由史书“虚构”辨析培养学生质疑精神》教学设计
——江西省大余中学《随钱锺书一道与古人对话》校本教材节选 /197
《道教与中国传统文化》教学设计
——南昌二十一中《万寿宫文化》校本教材节选 /200
《珍惜时间》教学实录
——德兴市银城第一小学《责任根深 礼仪花繁》校本教材节选 /203
《厉行节约,反对浪费》教学案例
——德兴市银城第一小学《责任根深 礼仪花繁》校本教材节选 /207

《岳母祠》教学设计
——九江县第一小学《我爱我家》校本教材节选 / 210
《中华贤母园》教学设计
——九江县第一小学《我爱我家》校本教材节选 / 213
《陋室铭》教学设计
——宜春市万载县第一小学《经典美文读本》校本教材节选 / 216
《中华字经第六课 文化》教学设计
——宜春市万载县第一小学《经典美文读本》校本教材节选 / 219
《爱护学校公物》教学设计
——新余市暨阳学校《我要学会》校本教材节选 / 221
《当好值日生》教学设计
——新余市暨阳学校《我要学会》校本教材节选 / 224
《西游记》精选片段及赏析教学设计
——新余市暨阳学校《书香童年》校本教材节选 / 227
《纸船》教学设计
——新余市暨阳学校《书香童年》校本教材节选 / 230
《了解校园“成材石”》教学设计
——新余市明志小学《用心养成我成材》校本教材节选 / 233
《父母生日我牢记》教学设计
——新余市明志小学《用心养成我成材》校本教材节选 / 236

实践感悟

地域优势育蓝梦 校本课程润童心
——洪都小学蓝梦课程建设及实施感悟 / 240
以弘扬蓝梦文化为抓手，提高德育工作的有效性 / 243
育苗 育心 育人
——《开心菜园》种植实践教学感悟 / 246
源自生活 体验生活 感悟生活 回归生活
——从生活教育视野审视《开心菜园》校本课程 / 248
以茶文化带动课程开发
——《悠悠茶话》校本教材的研发、实践与思考 / 252

悠悠茶韵——教学相长
——《悠悠茶话》校本课程教学反思 / 254
从数学习题中谈环保问题 / 256
在小学语文教学中渗透环保教育 / 259
生命教育 照亮学生 幸福童年 / 262
生命教育，带我向教育更深处漫溯 / 266
《红土情怀》，点亮孩子们的童年 / 269
美术校本课程《红土情怀》实践感悟（一） / 273
美术校本课程《红土情怀》实践感悟（二） / 274
我与孩子们的十五天
——"快乐活动日"手拍鼓班实践日志感悟 / 275
廉洁之花满校园 / 278
放眼未来 立足脚下 / 280
校本研究，让我们感觉到幸福 / 282
搭文化之桥，过历史之河
——校本教材《万寿宫文化》实践感悟 / 284
唯以求真的态度做踏实的功夫
——校本课程《万寿宫文化》实践感悟 / 286
《帮助有困难的同学》教学实践感悟 / 289
让感恩成为自然之举 / 291
我与校本课程一同成长 / 293
《我爱我家》
——校本课程实践总结 / 295
读千古经典，奠成才之基
——经典美文教学感悟 / 297
实践养成教育心得体会 / 299
书香萦绕童年 阅读伴随成长
——谈校本课程建设的实践与反思 / 301
我的教育故事
——随风潜入夜，润物细无声 / 303
让生活的味道充满小学校本教材 / 305

江西省中小学校本课程建设推进情况综述

校本课程是对国家课程的重要补充，是国家和地方课程计划中不可缺少的总要组成部分。为进一步推动校本课程的有效实施，我省在校本课程推进方面开展了一系列工作，创造了许多先进经验和特色亮点，促进了学生全面、快乐、个性化发展，彰显了学校办学特色。

一、我省校本课程建设的基本情况

1.教育部门组织管理。

制度建设：各设区市，各级教育部门能够重视学校校本课程建设的管理，均制定了相关的制度和措施来保障学校校本课程的顺利实施。

经费保障：设区市各级教育部门能充分利用各种资源划拨教育经费，但对于“校本课程建设资金”筹集的关注力度不够，都没有对校本课程所需的活动基地、教师绩效、课本配发等方面进行专项经费投入。

专业引领：11 个设区市教育部门能够根据学校实际需求，对校本课程开发和实施给予一定的理论和实践指导，很多设区市及县级教育部门制定了“校本课程指导意见”。

师资培训：部分设区市、县区市重视校本课程培训工作，教育部门每年均能组织“中小学校校本课程”专题培训，培训面向学校的校本课程开发者及实施者。

审查管理：从 11 个设区市及部分县（市、区）来看，各级教育部门还未建立校本课程审查制度。按照规定，只有对学校开发的校本课程进行审查并合格后，学校才可开课，但现实中并未按照规定实施。

2.学校课程建设。

课程规划：我省大部分学校均成立了以校长为组长的校本课程建设领导小组，负责校本课程的组织与管理工作。但大多数学校对校本课程总体规划还缺乏意识，只有少数学校能基于校情分析，制定了学校课程实施总方案。

课程实施：学校均开设校本课程，且课程种类丰富，教学方法多样，能够很好地体现校本课程的体验性、活动性和探究性。

课程评价：只有少数学校形成了学校课程监测系统的雏形，能够对校本课程的开发实施方案、实施过程与结果进行评价。其余学校还未能科学有效地关注课程评价环节。

课程成效：很多学校开发了具有特色的校本课程，除几所学校外，其他学校均未能较明显地将特色课程的建设转化为独具学校特色的校园文化。

二、取得的主要成绩与经验

我省各中小学校在校本课程实施方面积极探索、踊跃尝试，取得了一些初步成绩。具体体现在：

1.落实了国家课程校本化实施。将国家课程校本化实施是校本课程的一项重要内容，在督导中我们发现一些学校能够很好地实施。如九江一中和九江外国语学校，在校本课程与综合实践活动课程的结合方面，进行了有价值的探索：综合实践活动丰富了校本课程，又通过校本课程使综合实践活动落到实处——根据国家课程和校本课程特点进行融合，相互促进。如井冈山大学附属中学对国家课程进行二次开发，编写了《三案一课》，有效提高了课堂效率；赣州南康区唐江红旗学校的语文读写课《初中语文语法知识简编》《初中生古诗词选读》，另辟蹊径，拓展了初中语文教育教学资源。

2.开发了校本课程。独立开发的校本课程最能够体现学校特色和彰显学生个性。我们所到的每一所学校，都有本校独立开发的校本课程或校本教材。如上饶逸夫小学《七彩阳光》、新余市明志小学《用心养成我成才》、南昌市洪都小学《蓝梦文化》等校本课程体系完善、特色鲜明、结构饱满、实施有序；萍乡登岸小学的《小学生礼仪》《美文诵读》《红领巾之声》《快乐 DoReMi》四个系列校本课程，课程目标清晰，结构完整，便于实施；宜春一中的《宜春八景品鉴》《袁州脱胎漆器之——漆源·漆艺》，宜阳学校的校园陶艺、君子文化、廉洁文化等都具有校本特色。

3.促进了课程有序实施。不少学校采用了集中安排或分散学时的方法，将校本课程实施纳入课程表统一管理，努力实现校本课程实施常态化。如吉安师范附属小学对语数英课程实行课程调整，将低年级语文、数学、英语科各减少一节，空出课时用于增设“经典诵读”“阳光运动”“安全教育”等校本课程；吉安市泰和县螺溪中心小学利用每天下午三点半后农村少年宫的资源，开设艺体科技等综合类校本课程；临川二中在实施校本课程的过程中，做到“七有”：有进度、有培训、有场地、有督查、有教师、有收获、有评价。

4.丰富了课程结构。不少学校能够根据地域、学校及学生特点，不断完善校本课程结构，形成丰富的校本课程种类。如南昌洪都小学采取“1+X”的方式开设校本课程，“1”即为每周一节的航空课课堂教学，“X”即为围绕航空课程延伸到课外各类课程；赣州某学校积极开发学生喜学乐学的精品校本课程，完善学科类、德育类、实践类、节日类四大系列的校本课程体系，促进学生全面而又个性地发展。

5.激活了地方资源。我省很多学校能够根据实际情况，以地域和学校的传统底蕴、厚重文化、价值取向、周边环境为依托，开发了浓郁的本土气息和鲜明个性的校本教材，以培养学生热爱祖国、热爱家乡的朴素情怀，提高学生的人文素养，推动校园文化和素质教育的顺利实施。如赣州章贡区沙河镇小学结合该镇本地特色和自身校园文化建设主题，最终确立编创了校本故事集《莎莎河河讲故事》；萍乡安源区联星学校是一所农村学校，办学条件简陋，资金紧缺，但学校根据自身的办学特点，在学生劳动实践方面开发了乡土特色的校本课程，让学生学习农业生产技能，体验农业生产科学实践，充分挖掘了农村教育资源。

三、存在的主要问题

我们也发现，当前校本课程实施在全省各地、各学校情况不一，发展势头总体不平衡。总体来说，我省校本课程实施情况还不甚理想，且大多呈低迷之势，比较突出的困难和问题主要有：

一是概念混淆不清。校本课程是一个完整的体系，但在督导中我们发现，很多学校均没有完全体会“课程”的深刻涵义。表现最突出的便是混淆“课程”与“教材”的概念，片面地将课程理解为教材，认为课程即教材。大部分学校都是用校本教材来替代校本课程，用校本教材种类和数量的多样来佐证校本课程的丰富性，无法体现课程的完整性和系统性。因此，对于校本课程、校本教材的概念及课程和教材之间的关系还应该进一步地厘清和明确。

二是师资力量不足。校本课程的实施需要教师积极参与，专业教师团队的建设是实施综合实践活动课程的重要保证。就督导的学校来看，90%的学校都是临时指定一些老师来编写几本教材，再到课堂进行授课。由于这些老师几乎都为兼职教师，他们的主要精力还在他任教的所谓“主学科”上，对校本课程没有太多的精力去研究，甚至不够了解；还有很多老师把校本课程看成是任教学科的延伸，依然以知识为重，忽视校本课程本身的意义和学生的个性发展，以上种种，均不利于校本课程的有效实施。

三是课程管理低效。无论是教育行政部门，还是学校自身，都缺少长期、连贯、系统的课程管理和规划，是课程实施中的一个突出问题。如我们所到之处的教育行政部门对课程实施都缺少必要的行政评估和监督；95%的学校缺乏课程管理意识，对形成该课程没有系统的整体规划和课程实施方案，即使有的学校开设了，对课程内容的实施也缺少系统的组织和管理，导致教师缺乏课程意识，对课程的开发只是简单地进行模仿，使课程零散开发、随意开发、盲目开发，甚至开发的课程不能列属于校本课程的范畴。

四是课程资源悬缺。校本课程是由学校自由开发的课程形态，使得“教什么”有了很大的自主权。虽然我省很多学校积极探索，编写出了很多形式各异、丰富多彩的校本教材，但从校本课程的真正含义来审视，开发的这些教材有很多不规范的地方，尚不能体现校本课程“尊重每一个学生的兴趣、爱好与特长，体现每一所学校的特色”等内容选择的原则。学校和老师也相对缺乏开发课程资源的能力，尤为突出的是近80%的学校千篇一律地将德育类、经典诵读类、课外科普类、导学案等作为校本教材，难以关注学生兴趣和彰显学校特色。

四、整改意见

一是着重理解“课程”含义。校本课程应有别于“校本教材”。校本课程的开发是一个过程，需要学校基于校情分析形成一套完整方案，包括：1.学校基于校情的分析和办学愿景，进行课程总体目标的设计；2.校本课程规划和实施纲要的研制；3.校本课程实施的组织与管理；4.校本课程的评价。

二是加大课程计划管理执行力。各级教育主管部门要高度重视，尽快出台各种相关政策，如将地方课程、校本课程等非考试学科课程的实施开设情况纳入学校教学工作年度考核体系，作为学校教学水平评估的重要指标。

三是提升校长课程领导力。校本课程的建设需要校长对校本课程的领导力。因此，各级教育部门的教师培训计划中要加强校长对校本课程建设领导力的培训，指导校长站在全校课程建设的视野规划学校校本课程的开设。

四是设立课程专业机构。中小学校要结合本校实际，形成由校长、校级班子、中层干部和全体教师构成的校本课程开发共同体；根据办学目标，制定涵盖课程目标、课程结构、课程纲要、课程实施、课程评价等的学校课程总方案，并设立校本课程建设专业机构来具体组织实施；同时建立一支专、兼职结合的教师队伍，定期开展活动，使学校校本课程建设走向规范化轨道。

五是加强课程专业引领。由于很多学校和教师对校本课程建设的概念混淆模糊，对课程性质认识不到位，对课程实施有所偏离，因此各级教研机构要成立一支专业引领队伍来进行有效指导。教研机构的专业化研究对学校课程建设的管理和规划以及对课程的有效推动，有着不可替代的作用。目前，省级教研室已成立课程科，配备了专人对学校课程建设进行研究和指导，各市、县（区）教研室也应加强课程研究的力量，并通过多种教研活动形式加强对该学校校本课程建设的指导。

附：江西省校本课程建设及专项督导检查指标

2014 年 11 月，省政府教育督导室联合省教研室对全省中小学校本课程建设情况进行了专项督导。专项督导前，全省 11 个设区市根据“江西省中小学校本课程建设专项督导检查指标”完成了自查工作。11 月 24~30 日，根据设区市自查结果，全省分 6 小组奔赴 11 个设区市、14 个县（市、区）的近 59 所学校，采取听取汇报、查看资料、组织座谈、实地听课等方式，对学校校本课程的课程方案制定、政策经费保障、学校组织管理、教师队伍建设、组织教师培训、课程资源开发、校本课时落实、课堂教学实施、课程建设评价、学校特色体现等十方面的情况做了较为深入细致的了解。本次专项督导检查指标如下。

江西省校本课程建设专项督导检查指标

一级指标	二级指标	评分要素	评分标准	督查得分
A1 教育行政部门组织管理	B1 领导重视	C1 成立了课程建设领导机构，由局领导负责主抓，办公室设在教研室。	4	
	B2 组织管理	C2 加强对学校校本课程建设的管理，制定了相关的制度和措施，检查督促执行情况。	3	
		C3 建立了相应的学校课程建设的评价机制，将学校校本课程建设作为评估学校的重要指标体系。对取得突出成果的地区、学校和个人给予表彰，充分发挥校本课程的示范作用。	4	
	B3 经费保障	C4 为校本课程的开发实施拨付了专项资金，切实加强图书馆、实验室、专用教室、活动基地等设施的建设，充分利用各种资源，为校本课程的实施提供了必要的物质保障。	3	
A2 教研部门业务指导	B4 课程研究	C5 教研员提升自身课程设计能力，具有大课程的教育理念，指导相关学科教师进行课程开发。	3	
		C6 各级教研室有专人对课程体系进行研究。	3	
	B5 专业引领	C7 各级教研室形成具有本地特色的“校本课程开发与实施指导意见”。	4	
		C8 根据学校实际需求，对校本课程开发者、实施者给予一定的理论和实践指导，并通过专家引领、校本教研、样本示范、经验交流等方式和途径进行指导，帮助学校解决在开发和实施中出现的问题。	4	
		C9 鼓励本地各学校区域性、联校性进行校本课程开发。	3	

一级指标	二级指标	评分要素	评分标准	督查得分
A2 教研部门业务指导	B6 师资培训	C10 组织切实可行的课程培训，提高教师的课程素养。通过培训增强教师的课程建设、课程设计意识，让课程成为教师发展的有力凭借，促进教师专业发展。	3	
		C11 确保每位校本课程执教教师都参加过课程建设方面的培训，对三级课程管理模式有清楚的认识。	4	
	B7 审查管理	C12 建立了校本课程评估优化准入制度，在校本课程实施前一个学期对校本课程进行审定，保证学校所开设的都是符合素质教育要求，体现学生身心发展特点的优质课程。	4	
A3 学校课程建设实施	B8 课程规划	C13 学校成立以校长为组长的校本课程开发实施领导小组，负责校本课程组织与管理工作，教导部门或教务部门负责校本课程的开发、实施、检查、评估的管理与协调工作。	3	
		C14 学校基于校情分析，进行学校课程顶层设计，制定学校课程实施方案。学校课程实施方案应根据学校办学愿景确定课程目标、课程结构、课程实施、课程评价，尤其要制定学校课程实施标准。	8	
		C15 学校对课程进行国家、地方、学校三级管理。将国家、地方、校本课程相互补充、相互促进，形成目标一致、内容开发的，可供学生选择的，灵活多样的学校课程体系，特别要注重综合实践活动等国家课程的校本化实施。	4	
A3 学校课程建设实施	B9 课程实施	C16 开足开齐国家课程，特别要保障非考试科目如音乐、体育、美术、综合实践活动课程的正常开设。	5	
		C17 学校开设的校本课程应惠及全体学生，让每位孩子在课程建设的滋养下快乐成长、全面发展。	5	
		C18 学校可集中安排也可分散安排学时，并纳入学校课程表统一管理。	3	
		C19 学校要因地制宜，充分开发利用各种教育资源。开发和选择的资源要贴近学生生活，凸显学校和区域特色。	4	
		C20 学校要充分考虑本校教师的主观能动性，动员教师积极投身到校本课程建设中来；要合理考虑教师参加校本课程建设的工作量，为课程的开发和实施提供人力保障。	4	
		C21 教师根据学校课程标准，制定了校本课程授课计划，并有完整的活动方案。	4	
		C22 课堂教学要有机融合“知识与技能、过程与方法、情感态度价值观”的三维目标。除了要有知识的呈现，更要体现体验性、活动性和探究性。教学方法多样，多采用调查分析、阅读研究、生活实践、实验操作、交流探究等学习方式。	4	

一级指标	二级指标	评分要素	评分标准	督查得分
A3 学校课程建设实施	B10 课程评价	C23 学校形成完整的课程检测体系，根据校本课程开发实施目标，制定评价准则；对校本课程的开发实施方案、实施过程与结果进行评价。充分发挥评价的激励功能，促进学生及教师发展。	4	
		C24 对学生注重过程评价并有评价记录，制定非单一的笔试评价的多样的评价方案。	4	
	B10 课程成效	C25 通过校本课程开发与实施，形成了学校办学特色，并逐步形成了独具特色、风格彰显的校园文化。	6	

学校课程建设方案

洪都小学校本课程建设总方案

总负责人:刘红英
主要成员:朱 婷 颜 洁 史海平 杨贤炫 万夕昆
执笔:刘红英 朱 婷

摘要:洪都小学蓝梦文化校本课程建设,以《国家基础教育课程改革纲要》和课程标准为指导,以美国著名心理学家斯腾伯格成功智力理论为理论基础,结合学校"德育优先,技艺并重,智慧至道"的办学理念及培养学生的核心素养,培养学生"做个有梦想的人,做个有圆梦能力的人"的培养目标,优化学校课程结构,坚持以学生发展为本,进一步提升学校品牌、创建学校特色、提高办学水平,最终促使学校、教师、学生共同和谐发展。校本课程实行"1+X"课程结构。"1"即为每周一节的航空课课堂教学;"X"即为围绕航空课程延伸向课外的无声课程、彩色课程、放飞课程等。方案涵盖课程目标、标准、结构、实施、管理、保障、评价等多个方面,为校本课程的建设和实施提供了全面的方向指引。课程实施部分更是从成立领导小组、进行顶层设计、建设课程资源、打造航空课堂、开发第二课堂、进行成果推广六个阶段进行谋划,使校本课程建设站在了较高的起点上。

一、课程建设指导思想

洪都小学创办于1952年,前身是中航工业洪都集团公司子弟小学。64年的航空文化积淀,赋予了洪都小学独特的地域文化——航空航天文化。确定"蓝梦文化"作为学校办学特色,基于洪都航空这一深厚的精神和文化积淀,源于洪都小学三个独特的办学优势:一是不可复制的历史渊源,这里是新中国第一架飞机、第一枚海防导弹、第一辆摩托车的诞生之地;二是无法模仿的人才聚集,学校所在的洪都,居住着包括以洪都小学发展顾问、中国工程院院士石屏为典型代表的一大批航空科技精英,可以随时来学校为航空教育作指导;三是难以超越的文化积淀,大部分的洪小教师、学生、家长都是从小听着飞机试飞的轰鸣声长大的,绝大多数师生生活在航空人家庭,长期备受航空文化的熏陶,与航空文化血肉相连。"向往蓝天、追求卓越、严谨务实、创新进取、献身事业"的精神内涵在洪小人心中打下了深深的烙印。

在这一独特的办学背景之下,洪都小学提出蓝梦文化校本课程建设,以《国家基础教育课程改革纲要》和课程标准为指导，以美国著名心理学家斯腾伯格成功智力理论为理论基础，确立现代教育观、课程观、质量观，结合学校“德育优先，技艺并重，智慧至道”的办学理念及培养学生的核心素养，培养学生“做个有梦想的人，做个有圆梦能力的人”的培养目标，优化学校课程结构，坚持以学生发展为本，充分发挥学校及社区教育资源的功能，促使每一个学生都得到个性发展，并以此为契机，进一步提升学校品牌、创建学校特色、提高办学水平，最终促使学校、教师、学生共同和谐发展。

二、课程目标

(一)总体目标

利用社会资源和学校资源，开发校本课程，使学校形成办学特色。探索校本课程开发的程序，校本课程的教学模式、评价体系。培养学生的兴趣、爱好，发展个性特长；能主动进行探究性学习，激发想象力和创造潜能，在实践中学习和运用所学；拓展学生的知识领域，培养创新精神和实践能力；培养学生的科学态度和精神，学习和掌握基本知识、基本技能和方法；培养学生的团结协作和社会活动能力，使学生种下梦想的种子，热爱学校生活，适应社会。

(二)具体目标

1.知识与能力目标：激发学生对航空知识的学习兴趣和探究欲望，培养学生的动手操作能力。学习基本知识，尝试解决身边的实际问题，培养学生从现实生活中提出问题、解决问题的能力。

2.过程与方法目标：通过对从现实生活中事物的观察，发现和提出问题。学会发现问题、提出问题、解决问题的一般操作步骤和思维方式；在实践活动中培养直面困难、注重事实、尊重他人、敢于实践、乐于合作的精神。

3.情感态度与价值观目标：使学生树立远大志向，掌握扎实本领，拥有顽强毅力和科学精神。

三、课程标准

第一学段(1～2年级)

1.阅读古代飞天故事，了解中国古代飞天梦想，叹服古人智慧。

2.唱航空歌曲，用歌声表达航空情怀。

3.读航空人物故事，通过故事激励学生，从小播下梦想的种子。

第二学段(3～4年级)

1.了解洪都集团的发展历史。知道洪都集团在新中国发展史上的5个第一及重大事件。

2.感受老一辈国家领导人对洪都集团的亲切关怀，了解老一辈洪都人艰苦奋斗、勇创辉煌的典型故事。

3.激发学生身为洪都人的强烈自豪感。

4.了解强5、K8等飞机的相关知识。

5.了解仿生学的基本原理，了解关于飞机起飞的各项知识，明白飞机制造是一项精益求精的工作，激发学生对航空知识的学习兴趣和探究欲望。

6.了解古今中外人类对飞天的探索和实现梦想的艰难历程，感受职业精神和航空人物的可贵品质，感受梦想在他人身上产生的神奇力量，并点燃自己寻求梦想的激情。

7.进行纸飞机、回力镖、竹蜻蜓等手工制作，培养学生的动手操作能力。

第三学段(5~6年级)

1.通过了解中国航空史上的第一,进一步感受中国航空事业的飞速发展。

2.初步了解、认识中国的航空基地及其生产的主要飞机的外形及作用。

3.认识L15飞机,了解L15飞机的性能及如何挂弹作战。初步了解飞机现代作战必须掌握的索敌科技、击坠科技、无人机技术等知识。激发学生对中国航空事业的热爱之情,从小树立远大的航空梦想。

4.认识为中国航空事业做出卓越贡献的伟大人物,了解他们所做的巨大努力,对他们产生钦佩之情。学习航空人不怕困难、坚持不懈的精神。

5.初步认识宇宙,了解地球在宇宙中妙不可言的位置,知道人类探索太空取得的伟大成就。激发学生了解太空的兴趣,产生好好学习、长大探索太空奥秘的强烈愿望,从此为祖国的航空航天事业贡献自己的力量。

6.知道中国航天人物为祖国航天事业的发展所做的突出贡献,激发学生热爱航天、努力学习的思想感情,学习航天人的精神品质。

四、课程结构

校本课程实行"1+X"课程结构。"1"即为每周一节的航空课课堂教学;"X"即为围绕航空课程延伸向课外的无声课程、彩色课程、放飞课程等。

无声课程:即为蓝梦校园的特色打造。我们提出校园就是无边际的讲台,是无声的、立体的教科书,我们让立体化、具象化、艺术化的蓝梦校园发挥意想不到的教育,让学生浸润在航空文化之中,潜移默化地接受航空文化的熏陶。

彩色课程:即为蓝梦社团,蓝梦社团是航空课程的一部分。我们的彩色课程涵盖艺术、体育、科技类,注重活动、兴趣与实践。

放飞课程:即为实践性、体验式的航空活动。我们的放飞课程丰富多彩,既有校内的又有校外的,既有全校的又有班级的,既有学科性的又有素养类的,既有表演类的又有竞赛的,将学生的航空课程学习引入多彩世界。

五、课程实施

第一阶段:成立课程建设与领导小组

组长:刘红英。

副组长:龚春兰、朱婷。

组员:教导处主任、学管处主任、年级教研组长。

教导处:负责课程方案的落实和实施以及日常教学管理与评价。

学管处:负责课程延伸部分的活动设计和组织。

任课教师:制订教学计划,研究教学方法,开展教学活动。

第二阶段:进行顶层设计

1.阐释蓝梦文化。

2.梳理办学体系。

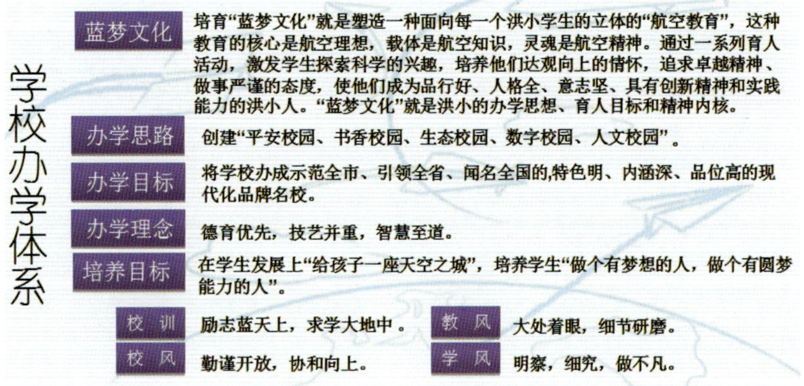

3.优化学校课程。

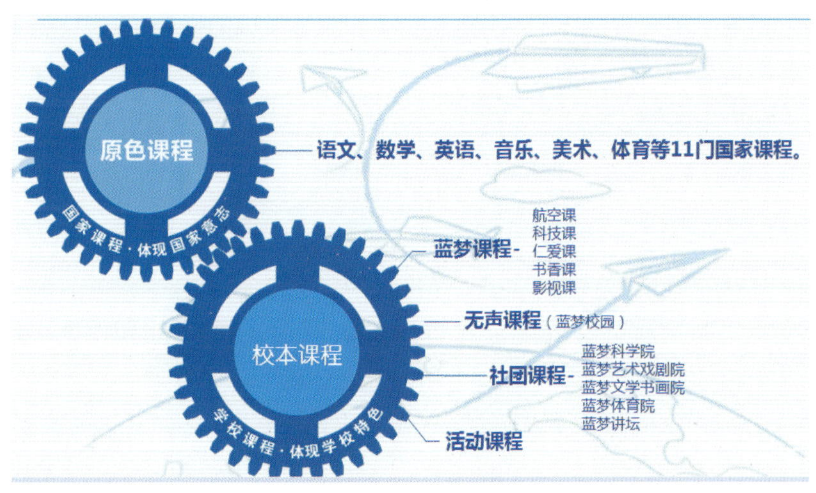

第三阶段:开发课程资源

1.编写校本教材。校本教材的编写和使用是进行校本课程建设的重要载体。学校课程建设与领导小组应在课程建设之初编写校本教材,做好确定编写体例及呈现方式,进行资料的搜集及筛选等系列工作。

2.编写课程内容标准及教师用书。蓝梦课程是全新的校本课程,为使教师更好地理解和掌握课程建设的精髓，学校应同步编写课程内容标准及教师用书，加深教师对课程的理解，解决教师在课程实施过程中可能遇到的困难，完善课程资源。

第四阶段：培训教研引领

1.课程进课堂。从2011年9月起，全校统一将校本课程列入课表——每周三下午第一节课定为航空课。

2.进行教师岗前培训。航空校本课程的师资队伍采用专兼职相结合的方式，由班主任及专职任课教师授课。课程实施之初，对教师进行校本课程岗前培训，帮助教师提升认识，明确课程特性，做到先培训，后上岗。

3.举行示范课。为避免全校航空课程执教教师各自为政的局面，每学期精心挑选数位教师进行航空课教学展示，对如何上航空课进行直观示范并展开研讨，起到较好的示范、引领作用。

4.举行竞赛课。为促进课程建设，让更多教师在课程建设中成长起来，将课程建设推向新高度，学校在校级“蓝梦杯”教学竞赛中增设航空课作为参赛学科，面向全体执教教师，先进行年级初赛，再择优参加全校竞赛。

第五阶段：全面开设蓝梦课程

1.开展实践活动，实现课程活动化。结合航空课程建设，在每个年级确立不同的航空活动内容，各有普及性活动两项：一年级进行唱航空歌曲、竹蜻蜓活动；二年级进行画航空科幻画、纸飞机活动；三年级进行讲航空故事、放风筝活动；四年级进行探访身边的航空人、回力镖活动；五年级进行出手抄报、制作孔明灯活动；六年级进行出航空电子报、航空作文活动。

组织系列航空实践体验：

(1)参观航空知识展览，丰富师生的航空知识。

(2)参观洪都集团厂史陈列室，了解洪都集团的发展历史以及集团公司的主要飞机产品。

(3)探访飞机营地，仔细欣赏停机坪上的一架架“雄鹰”，认真倾听机场工作人员的详细讲解。

(4)参观试飞站，实地了解飞机起飞的气候、天气等条件对飞机的影响，了解飞机如何起飞。

(5)参观总装车间，观看飞机诞生的过程。

(6)开展“羽翼梦想”航模展示活动。

(7)聘请中国工程院院士石屏为学校教育发展顾问，邀请他和其他航空科技专家来校与学生面对面对话交流……

组建蓝梦社团：组建蓝梦科学院、蓝梦艺术戏剧院、蓝梦文学书画院、蓝梦体育院、蓝梦讲坛等30多个社团，邀请英模、名人、院士、航空人、航模小将讲励志故事、励志报告；定期评选小院士、小工程师、小歌唱家、小画家、小艺术家等。

2.组建航模队，实现课程竞赛化。挑选优秀学生成立学校航模队，参加各级各类竞赛，为学校蓝梦课程创建助力。

3.专设体育节竞技项目，实现课程普及化。召开洪都小学“蓝梦杯”体育节，将航模比赛作为体育竞技项目，全体学生参赛。比赛分纸飞机竞距赛和纸飞机竞时赛两个单项，首先在年级进行全员参赛选拔，最终各年级优胜学生参加运动会决赛。

4.创编航空主题音乐剧，尝试课程艺术化。以航空课程内容为蓝本，创编主题音乐剧，全面阐释“飞翔以艺术的形式，科学将志趣地启航”之课程建设目标。

第六阶段:彰显学校文化

借助课程展示现场会、外出经验交流、高端论坛、校园文化展示活动、师生各类竞赛、展演等活动以及媒体宣传,展示学校办学成果,彰显学校文化,提升学校知名度和影响力。

六、课程管理

(一)建立校本课程三级管理体系

管理体系是各项工作顺利实施的保障,“校本课程”在学校中主体地位的确定和完善也需要相应的制度保障。初步建立校本课程的管理网络,即:校级领导管理,教导处、学管处管理,教研组管理。

1.校级领导管理。

(1)负责策划制订《学校校本课程开发总方案》,并发动全体教师积极参与校本课程的开发和实施,督促和评价学校校本课程的开发。

(2)按计划保证校本课程开发研究经费到位,派教师外出学习培训,请专家讲课及开展校本课程的开发、研讨活动,保证开发工作的顺利进行。

2.教导处、学管处管理。

(1)教导处根据《学校校本课程开发总方案》进行课程开发,编写校本教材及教师用书,确定开设时间。

(2)组织各教研组制定切实可行的校本课程实施计划、方案,并由教导处审核备案。

(3)负责好全校的校本课程开发、教研等流程的管理工作,对开设的校本课程加强具体的指导和落实,及时对校本课程开展日常的考核和评估工作。

(4)学管处负责课程延伸部分的活动设计和组织。

3.教研组管理。

(1)组织教师学习校本课程开发的理论知识,明确本课程开发的目的、任务,制定切实可行的具体方案或课程实施计划,并严格执行。

(2)积极开展集体备课,制作教学用具,达到资源优化和共享。

(3)组织教师积极参与各级课程研究,课程实施落实到每一堂课、每一次课程研讨活动中,及时记录课后反思、教学案例、教学体会第一手资料。

(二)协调社会、家庭、政府为开发校本课程提供保障

利用新闻媒体大力宣传校本课程,营造良好的社会舆论氛围。争取社会各界、社区和家长的积极配合,探索建立学校、家庭、社区有效参与的新机制。

七、保障措施

1.全员参与,组织教师进行相关理论和技能方面的学习培训。

2.将校本课程的发展工作作为学校长远的奋斗目标,把创建特色学校融入学校整体工作中去。

3.经费保障,凡用于创建学校特色的经费由学校财政支出。

4.制度保障,逐步完善创建学校特色的相关制度。

八、课程评价

(一)学生评价

采用形成性激励评价方式,注重学生参与课程的过程及在这一过程中所表现出来的积极性、合作性、操作能力和创新意识。过程性评价与终结性评价相结合，关注学生的个性发展，尊重和体现学生个性发展。在实践中，我们主要采用自我评价、教师评价相结合的评价方式，根据学生的参与程度及活动进程中的表现给予相应的等级。

（二）教师评价

1. 查看教学计划、进度，教案等。

2. 通过听课、查阅资料、调查访问等形式，每学期对教师考核，并记入业务档案。

3. 问卷调查，听取家长、学生的评价。

洪都小学蓝梦文化校本课程学生个人评价细则表					
A.学生基本情况					
姓名		性别		班级	
B.学习状态评价					
创新性（ABCD）		主动性（ABCD）		动手能力（ABCD）	
C.评价维度、指标和等级					
评价维度： 课堂观察的主要视角；评价指标：评价过程中的主要参考标准；评价等级：用 ABCDE 等级判定。					
评价维度	**评价指标**				**评价等级**
活动参与	认真参加每一次活动				
	按活动方案完成分担的任务				
	做好资料积累和收集工作				
	主动提出自己的想法				
	乐于助人，尊重他人，能主动和同学交流				
方法应用	在实践过程中学会解决问题的一般方法				
	有自己鲜明的研究思路和观点				
	能够通过多种途径获取信息，并有效处理信息				
	能够运用已有知识解决实际问题				
体验获得	形成一定的社会责任感和义务感				
	能及时增进自我认识，养成积极的学习态度				
	实事求是，尊重他人的想法与成果				
	养成合作、分享、积极进取等良好的个性品质				
能力发展	养成主动探索、自主学习的学习习惯				
	形成主动发现问题并独立解决问题的能力				
	发展实践能力，增强对知识的应用和提高创新水平				
	发挥个性特长，施展个人才华				
D.综合评价意见					
总体评价			**改进意见**		

南昌大学附属小学《开心菜园》校本课程方案

总负责人:余　卫

主要成员:吴爱明　涂宜梅　朱绪龙　胡丽娜　殷　芳

执笔:涂宜梅

摘要: 学生实践能力的培养在学校教育教学中占据着重要的地位,我校以生活教育思想为指导,以学生实践能力培养为目标,开设《开心菜园》校本课程,面向全体学生,创造性地把课堂教学和劳动实践紧密结合起来,把孩子带进田间地头,让他们在劳动中培养品德,在快乐中探究奥秘,在实践中获取真知。创造知行合一的大课堂,教学做合一,让学生体验和感悟生活,增长智慧,提升实践能力和综合素质,获得全面发展。

一、课程建设指导思想

2007 年,我校提出以学生生命教育工程、学生文明教育工程、学生科学素养工程、学生艺术修养工程"四大工程"为载体,整体推进素质教育的构想,立足课堂教学主阵地,并辅助以丰富的课外实践活动,为学生提供良好的成长平台,有力地促进了学校教育教学质量的提高和学生素质的全面提升。在此基础上,如何进一步推进和深入研究成为学校的重点工作。

联系社会和教育现状,我们认识到:学校教育应该尤其重视学生实践能力和综合素质的培养,作为基础教育之基础的小学阶段,尤其需要从小开始培养学生的实践能力,发展学生的综合素质。

2011 年,我校以陶行知先生的生活教育思想为指导,以学生实践能力的培养为主要目标,针对城市的孩子在自然、社会、生活方面的认识局限性和动手能力不足,从学生每天要吃的蔬菜的种植入手,提出开设《开心菜园》校本课程。该课程创造性地把课堂教学和劳动实践紧密结合起来,把孩子带进田间地头,让学生了解蔬菜及其种植的相关知识,体验种植的过程和乐趣,锻炼动手能力,培养热爱劳动、珍惜劳动成果的良好品德,在快乐中探究奥秘,在实践中获取真知,增强学生的实践能力和综合素质,从而促进学生的全面发展。

陶行知先生的生活教育思想包含"生活即教育""社会即学校""教学做合一"三个方面,其中"教学做合一”是对杜威“从做中学”理论的继承和发展，其含义是“教的法子根据学的法子；学的法子根据做的法子。事怎样做便怎样学，怎样学便怎样教。教与学都以做为中心”。离开了“做”这个中心，就达不到教学的目的，就无从掌握知识。因此，我们在实际教学中，应重视“做”，即动手实践的作用，将教师的教、学生的学和做系统结合，让学生从做中学，让教学做合一。

二、课程目标

《开心菜园》校本课程将课堂教学和劳动实践结合起来，以培养学生实践能力、促进学生全面发展为课程总目标，通过课堂教学、种植实践和综合拓展活动的开展，让学生获得知识和能力的双丰收，具体课程目标如下：

1.拓展学习空间。让学生在学习和实践中培养热爱劳动、珍惜劳动成果的良好品德。

2.改变学生学习方式。倡导学生主动学习、积极参与、勤于探索、动脑动手，让学生在体验式的学习中获取知识，锻炼动手能力，提升学生的实践能力。

3.启迪科学意识，培养探究能力。蔬菜生长过程中的变化和奥秘会极大地激发学生的好奇心和求知欲，让学生在观察、实践和交流中启迪科学精神，学会思考，并初步开始探究。

4.促进综合发展。在种植实践和综合拓展中，让学生综合运用各学科知识，开展研究性学习，提升对知识综合运用的能力，发展综合素质。

5.推进合作学习。种植实践和综合拓展中，学生分工合作，互帮互助，能培养学生团队协作的意识和能力。

三、课程标准

1.学生了解和基本掌握蔬菜生长过程的相关知识。

2.学生了解蔬菜分类、营养价值和现代种植的相关知识。

3.学生基本掌握露地蔬菜种植的基本过程、技术。

4.学生以小组合作形式进行菜地蔬菜种植实践。

5.学生在蔬菜种植实践中进行观察、记录、思考和交流，探究蔬菜生长过程，启迪科学精神。

6.学生通过参与课程组织的综合拓展活动，结合其他学科知识，展示种植过程和成果，总结和巩固所学知识和技能。

7.学生进行合作学习，在种植实践和综合拓展中，分工合作，互帮互助，培养学生团队协作的意识和能力。

四、课程结构和实施

《开心菜园》校本课程以蔬菜种植为主题和中心，包括蔬菜知识、种植理论、菜园实践和综合拓展活动四个方面。课程主要内容包括认识蔬菜和蔬菜生长的环境条件、蔬菜的种子和播种、蔬菜的定植与管理、蔬菜的收获、蔬菜栽培制度和二十四节气、蔬菜的分类、蔬菜的营养与保健、现代蔬菜栽培技术等。结合课程内容开展课堂教学和种植实践，并设计实践安排表、“我”的发现记录问题卡和种植日志，让学生记录自己的学习和种植历程。此外，还根据课程实际，精心设计综合拓展活动，让学生巩固和拓展所学。

《开心菜园》校本课程的实施注重综合性和实践性，强调与学生身边的文化生活实际相联系，积极有效地倡导主动学习、积极参与、勤于探索、动脑动手、善于合作的新型学习方法，鼓励和促进合作学习，尤其注重学生实践能力和探究能力的培养，主要通过课堂教学、种植实践和综合拓展三个相互联系的模块来进行课程的实施。

（一）课堂教学

课堂教学是课程教学的重要途径，我校五年级开设的《开心菜园》校本课程每周都有一课时的课堂教学安排。在课堂教学中，根据课程的内容，采用传授、问题解决、合作探究等多种教学方法，侧重于让学生主动学习、自主探究，发现知识、建构知识。通过课堂学习，学生认识蔬菜并了解蔬菜生长的环境条件、蔬菜的种子和播种、蔬菜的定植与管理、蔬菜的收获等蔬菜种植的基本理论知识，通过了解蔬菜栽培制度和二十四节气等知识进行菜园的种植规划，深入了解蔬菜的分类、蔬菜的营养与保健知识，最后展示现代蔬菜栽培技术，并将蔬菜种植返回到生活中，探索家庭和阳台种菜的相关知识。

（二）种植实践

种植实践是《开心菜园》校本课程的核心环节。为了让学生更好地消化和吸收课堂中学习到的理论知识，我们将学生带到田间地头，让学生在自己的“责任田”中进行实践和探究，每一个学生都亲身体验从整地做畦、施基肥、播种、定植、施肥、浇水、松土、植株调整、病虫害防治到收获的所有种植环节，并把自己亲手种植的蔬菜带回家里与家人共同分享。此外，我们还设计了实践安排表、我的发现问题卡和种植日志，学生每周通过对其的填写并结合绘画、摄影等多种形式来积累材料，记录自己的种植历程。与此同时，还将蔬菜种植延伸到家庭，鼓励学生尝试在家中阳台上用花盆种植蔬菜。

（三）综合拓展

在课堂教学和种植实践的基础上，课程小组成员在各实践班组织开展了系列拓展活动，有“我的菜园我做主”“开心菜园手抄报”“蔬菜种植交流会”“我的菜园规划”“我的种植展示”“开心菜园收获节”。

“我的菜园我做主”让学生认领自己的“责任田”，做菜地的主人，对菜地负责，设计和规划自己的菜园实践历程。“开心菜园手抄报”让学生通过手抄报的形式，或展示自己的菜地，或展示自己种植的蔬菜，总之，让学生对自己的种植活动进行展示。“蔬菜种植交流会”中学生可以与同伴分享自己种植中成功的经验和发现的技巧，也可以就某一具体问题与他人展开讨论和交流，在交流中互相学习、共同进步。"我的菜园规划"让学生在了解蔬菜栽培制度和二十四节气等知识的基础上选择种植蔬菜的品种，安排栽培茬次，进行菜地蔬菜的布局，开展菜园规划活动。"我的种植展示"中学生以小组为单位，分工合作，运用信息技术课堂中学习的幻灯片制作技术，结合自己积累和记录的素材和材料，并适当查找相关知识，用 PPT 展示自己种植的蔬菜。特别是"开心菜园收获节"，通过"大手牵小手"菜园开放、种植活动征文、菜园手抄报、菜园绘画、开心摄影、优秀种植小组评比和综合展示等，让学生综合运用课堂和实践中获取的知识和能力，在活动中进行巩固和拓展，获得综合全面的发展。

课堂教学、种植实践和综合拓展是相互联系、同步开展和进行的，课堂教学是种植实践和综合拓展活动开展的基础，种植实践是对课堂教学知识和技能的验证和体验，综合拓展是对课堂教学和种植实践中获取的知识和技能的融合、巩固和拓展。通过课堂教学、种植实践和综合拓展三个模块开展《开心菜园》校本课程的实施，将课堂教学和劳动实践相结合，将知识建构和能力发展相结合，关注学生的主动学习、参与、实践、合作、反思、探究，让学生体验多种学习方式，在劳动中培养良好的品德，在快乐中探究奥秘，在实践中获取真知。

此外，《开心菜园》课程的教学还可以与学校其他学科相结合，实现课程间的整合。如与语文教学相结合，将种植日志的写作和语文的作文相联系，增加学生的体验性知识；与数学学科结合，将数学知识运用到如播种数量、定植间距、蔬菜分配中；与美术、计算机教学相结合，让学生到菜地中写生，开展摄影和电脑绘画、种植博客、幻灯片展示等活动；与科学教学相结合，观察蔬菜种子和蔬菜的生长过程。

五、课程管理和保障措施

《开心菜园》作为学校的特色校本课程，学校给予高度重视和全力支持，分别在青山湖总校和红谷滩分校校园内开辟菜园作为学生的实践基地；在五年级开设这门课程，每周安排 2 课时；课程由学校教研处总体负责，组建《开心菜园》课程小组，专门负责校本课程的研发和实施，设有专门的课程教师和菜园管理员，并聘有专业菜农帮助管理菜园和进行实践指导。

学校对《开心菜园》课程的研发和实施给予全力支持，不仅由教研处总体负责，其他部门也积极给予支持和配合，并给予专项经费，用于课程实施和建设；还制定了"《开心菜园》课程工作职责"，规范任课教师、实践指导老师和菜园管理员的工作职责；并将课程作为校本备课内容，开展常规教研活动，全力支持课程小组教师外出学习及申报各类课题和项目，不断丰富《开心菜园》校本课程资源，优化课程实施过程和效果。

此外，学校定期以问卷、座谈等方式开展课程实施情况的调查，征求教师、学生和家长对课程实施的意见和建议，帮助丰富课程资源，改善课程教学和组织。

六、课程评价

(一)学生评价

1.教师进行学生课堂表现加减分。

2.学生填写"开心菜园种植记录本"，记录实践分工、菜园发现并撰写种植日志。

3.开展"开心菜园收获节"，让学生通过"大手牵小手"菜园开放、种植活动征文、菜园手抄报、菜园绘画、开心摄影、优秀种植小组评比和综合展示等，巩固所学，获得发展。

4.学生学习问卷调查。

(二)教师评价

1.查看教学计划、进度表、教案、反思等。

2.通过听课、查阅资料、调查访问等形式对教师考核。

3.通过问卷调查、访谈等形式听取家长、学生评价。

南昌大学附属小学《开心菜园》校本课程的开设实现了让孩子们开心学习、快乐成长,推进素质教育的目标,也符合习近平总书记“六一”讲话中提出的“爱学习、爱劳动、爱祖国”的宗旨。不仅获得了学生和家长的认可和肯定,还引起了社会的广泛关注,中国新闻网、东方教育时报、《中小学管理》杂志、《江西教育》杂志、江西电视台、南昌电视台、南昌晚报等多家媒体先后报道了我校开设《开心菜园》校本课程、推进素质教育的办学特色。

南昌大学附属小学红谷滩分校《悠悠茶话》课程实施方案

总负责人:吴爱明
主要成员:钟文彬 邹海燕 谢东菲 余 艳 张冬梅
执笔:钟文彬

一、课程开发与实施背景

南昌大学附属小学红谷滩分校多年来一直致力于以“四大工程”(即生命教育工程、文明教育工程、科学素养工程和艺术修养工程)为载体,全面推进素质教育。学校发现茶文化教育与“四大工程”的实施有着完美的契合点:茶的种植、生长、采摘、制作浓缩了一种生命的形式;茶史、茶诗、茶词融合了儒、释、道各家的思想精华,是中国传统文化的代表;现代高科技下的茶制品完美地展示了科学的力量;茶之色美,或红或绿,或浓或淡,茶之艺美,净器、掷茶、冲泡、敬茶一系列动作优雅、利落,无不给人美的感受,茶与一个人文化底蕴的积淀和人文精神的养成有着千丝万缕的联系。江西是茶叶生产大省,九江的庐山云雾茶是中国十大名茶之一,千年瓷都景德镇盛产的瓷器更是茶叶的忠实伴侣。因此,地处江西省南昌市的南昌大学附属小学立足于地方资源优势,把茶文化教育与“四大工程”实施有机结合起来,开发和实施了《悠悠茶话》特色校本课程。

二、课程建设指导思想

结合学校大力实施的“四大工程”和全面推行素质教育的目标要求,以茶艺知识的初步学习和茶文化的艺术熏陶为突破口,感受中国茶文化中的“谦、美、和、敬”的文化内涵,从而拓展学生的知识视野,提升学生的人文素养。

三、课程目标

(一)总体目标

让学生在学习华夏茶史的过程中,领略博大精深的中国文化;在探索茶与人体健康的过程中,培养科学精神;在观赏茶艺中,接受茶礼的教化,提高艺术鉴赏与创造能力;在饮茶与泡茶中,提升实践水平。

(二)知识技能目标

1.通过课内外活动帮助学生了解中国茶文化,理解茶道的含义。

2.学习茶的历史,欣赏与茶有关的诗、画、书法等艺术作品。

3.了解茶的分类、品种及一些主要的中国名茶的知识。

4.初步了解茶叶的选购、茶具的鉴赏和泡茶的方法,初步学会品茗。

（三）过程和方法目标

1.通过搜集资料、实物鉴赏、实际动手等活动，学习有关中国茶文化的知识。

2.运用网络等学习媒体，查看与茶有关的知识，以增加自己的知识储备。

3.在茶艺活动中，能与伙伴互助合作，运用学习到的知识对茶叶、茶汤等进行评价。

4.以个人或小组的形式，通过口头报告、展示等方式，进行“茶文化与茶艺”的成果展示与交流。

（四）情感态度价值观目标

1.在学习中国茶道知识的过程中，感受到蕴含深厚民族思想和精华的茶文化，并给人以潜移默化的积极作用和影响。

2.在学习活动中，能与伙伴沟通与合作，共同分享学习带来的乐趣。

四、课程结构及课时安排

（一）课程内容的组织形式

《悠悠茶话（上、下册）》是我校自行开发的特色课程项目之一，面向四年级及以上的学生。课程以教师讲授、演示活动和学生实践活动为载体，为学生提供了充分的实践空间，使学生不被动地接受知识，而是积极、互动地学习、了解和体验茶文化知识。

（二）具体内容及课时安排

册次	章节	主题	课时	主要教学内容
下册	1	华夏茶史	2课时	茶的起源，茶的传播
	2	茶园风光	2课时	茶的适生条件，茶叶的采摘
	3	闻香访茶	2课时	茶叶的分类，茶名的由来
	4	名茶荟萃	2课时	九江庐山云雾，明眉绿茶话婺源
	5	茶艺风情	2课时	茶具面面观，泡茶之水
	6	茶情茶趣	2课时	茶歌学唱，现代技术下的茶叶
	7	茶道漫话	2课时	世界各国的饮茶习惯，中国茶道
	8	茶海拾贝	2课时	茶叶的选购，五彩缤纷调和茶
	9	茶香四溢	2课时	与茶同行手抄报
下册	1	华夏茶史	2课时	茶神、茶与名人
	2	茶园风光	2课时	中国茶区分布，制茶工序
	3	茶乡访茶	2课时	名山与名茶，敬茶礼仪
	4	名茶荟萃	2课时	安溪铁观音，悠悠茶香话＂龙井＂
	5	茶艺风情	2课时	茶馆，工夫茶
	6	茶情茶趣	2课时	民俗茶话，茶影诗痕
	7	茶道漫话	2课时	傣族竹筒茶与桂北打油茶，藏族酥油茶、蒙古奶茶和白族三道茶
	8	茶海拾贝	2课时	儿童适量饮茶益处多，乐饮四季茶
	9	茶香四溢	2课时	“与茶同行”文化节活动

五、课程管理

(一)以课堂为主阵地,奠定校本课程体系基础

1.确保教学课时。以四年级为实践年级,每周安排一课时,每课时为40分钟。同时学校组建茶艺队,约20人左右,对其进行较为专业的茶艺知识传授和表演训练,并定期在校内外进行茶艺展示。

2.确保专业师资。学校安排专职教师任教《悠悠茶话》课程,安排专人负责学校茶艺队的创建和辅导,同时外聘专业的茶艺师对学校《悠悠茶话》课程的教学和茶艺队的活动开展定期进行专业指导和技术支持。

3.确保教学质量。

(1)要求教师在课堂教学中,以丰富有趣的实践活动为载体,引领学生学习、了解各种茶文化的知识,并充分调动学生兴趣,鼓励学生翻阅资料,丰富他们的茶文化知识。

(2)在课程的实施过程中,要定期进行茶艺的专题化教育,以任务型项目驱动教学,激励学生大量动手参与,在各种茶的鉴别和泡制以及品茗等的实践活动中,着重培养学生的生活技能,大力提高学生的动手能力和实践能力。

(3)在课程的实施中,德育渗透贯穿始终,课程的实施要始终孕育着爱国情怀。

(4)成立教师茶吧,定期举行茶文化讲座,调动更多的老师参与茶文化研究,同时将各式各样的茶具、茶叶、茶点带入课堂,让孩子们在自行调制五彩缤纷的调和茶中学习茶与健康的知识。

(二)以活动为载体,构建丰满校本课程体系

1.组建校茶艺队,提高实践能力。在浩瀚的茶文化中,茶艺是其主要组成部分。茶艺在不同的地区有不同的表达形式,是实施美育的有效途径。校茶艺队每周三下午在茶艺室学习、表演茶艺。每次学校的大型活动中,让茶艺队队员们在全校师生面前展示动作自然优雅、一气呵成的茶艺表演,给人以美的享受,也让茶道静、美的精神随着茶香溢满校园。

2.进行"茶艺有约",拓宽教育领域。茶文化的内容相当丰富,这意味着在实施茶文化教育的过程中还可以选取多种活动形式来渗透其他领域的教育。定期组织师生在茶文化教室开展"茶艺有约"活动,让学生与邀请嘉宾共赏茶艺、共饮下午茶、共品茶点、共话校园事,提出他们想要的教育方式,进一步推广学校的茶文化教育,为茶文化教育的实施营造氛围,也让学生成为学校民主管理的一分子,培养了学生的主人翁精神。

3.举办茶文化节,深化教育内涵。在课堂教学中,由于时间的有限性,茶文化的丰富内容很难完整地展现,学生也难以充分地表达自己对茶文化的感受。为学生提供一个展示的舞台,拓展茶文化的发展空间,离不开与茶文化相关的活动。组织两年一次的"茶文化节"——全校学生与茶相聚的盛会,由孩子们自行设计茶文化节海报,根据不同的年龄段特点开展低年级段"茶画会",中年级段"茶颂"讲演赛,高年级段"茶韵"摄影展等活动,让孩子们人人参与、人人乐享茶文化。同时组织母亲节、父亲节、重阳节的敬亲茶会、敬老茶会,架起学校和家庭沟通的桥梁,泛化学校的教育成果。

六、保障措施

1.组织教师进行相关理论和技能方面的学习培训。

2.将校本课程的发展工作作为学校长远的奋斗目标,把创建特色学校融入学校整体工作中去。

3.经费保障,凡用于创建学校特色的经费由学校财政支出。

4.制度保障,逐步完善创建学校特色的相关制度。

5.教室配备好多媒体教学设备。

6.设置茶艺室 1 个,并以古典的布置风格为主。

7.配置各类茶桌、茶椅,配齐各类茶具,准备茶艺演示表演台 1 个,古筝若干架。

七、课程管理

(一)建立校本课程三级管理体系

管理体系是各项工作顺利实施的保障,“校本课程” 在学校中主体地位的确定和完善也需要相应的制度保障。初步建立校本课程的管理网络,即:校级领导管理,教导处、学管处管理,教研组管理。

1.校级领导管理。

(1)负责策划制订《学校校本课程开发总方案》,并发动全体教师积极参与校本课程的开发和实施,督促和评价学校校本课程的开发。

(2)按计划保证校本课程开发、研究经费到位,派教师外出学习培训,请专家讲课及开展校本课程的开发、研讨活动,保证开发工作的顺利进行。

2.教导处、学管处管理:学校教导处、学管处具体负责学校校本课程的开发、实施、评估等工作。

(1)教导处根据《学校校本课程开发总方案》进行课程开发,编写校本教材及教师用书,确定开设时间。

(2)组织各教研组制订切实可行的校本课程实施计划、方案,并由教导处审核备案。

(3)负责好全校的校本课程开发、教研等流程管理工作,加强对开设的校本课程进行具体的指导和落实,及时对校本课程开展日常的考核和评估工作。

(4)学管处负责课程延伸部分的活动设计和组织。

3.教研组管理。

(1)组织教师学习校本课程开发的理论知识,明确本课程开发的目的、任务,制订切实可行的具体方案或课程实施计划,并严格执行。

(2)积极开展集体备课,制作教学用具,达到资源优化和共享。

(3)组织教师积极参与各级的课程研究,课程实施落实到每一堂课、每一次课程研讨活动中,及时记录课后反思、教学案例、教学体会等第一手资料。

(二)协调社会、家庭、政府

为开发校本课程提供保障。利用新闻媒体大力宣传校本课程,营造良好的社会舆论氛围,争取社会各界、社区和家长的积极配合,探索建立学校、家庭、社区有效参与的新机制。

八、课程评价

【主要指学校建立了什么发展评价体系,研制了什么评价工具,如纸笔测试、学分、课堂表现、任务完成(如作业、结题报告等)、学科活动、实验等等,突出过程性评价,体现评价的过程。】

1.学生评价。

2.教师评价。

（1）查看教学计划、进度、教案等。

（2）通过听课、查阅资料、调查访问等形式，每学期对教师考核，并记入业务档案。

（3）问卷调查，听取家长、学生的评价。

参考文献：

[1] 陈文华.中华茶文化基础知识[M].北京：中国农业出版社，1999.

[2] 余　悦.中国茶文化研究的当代历程和未来走向[J].江西社会科学.2005.7.

南昌市右营街小学《绿色教育》校本课程方案

总负责人:杨　琴

主要成员:熊　莉　舒　琴　万韦韡　刘　行

执笔:杨　琴　熊　莉

摘要:作为一所绿色学校,近年来,我校致力于“国际生态学校”的创建,将面向可持续发展的环境教育作为校本课程的重要内容来开发实施,《绿色教育》顺势而生。《绿色教育》这门课程是一门综合性课程,其价值在于培养学生的环境素养和社会责任感。课程于内容上不仅是“关于环境教育(知识教育)”,更是“为了环境的教育”(意识、态度、技能、行为的教育),在方法上则采用“在环境中教育”(师生共同在环境中体验、实践、交流),最终让小学生建立起正确的环境观、价值观,养成有益于环境的良好生活习惯和思维方式。整个课程的设计是以人为本的,淡化了课程的学科性,关注人的成长和发展,提供实践条件,创设活动体验。课程从一年级到六年级均开设,每月2课时。课程内容以主题单元的形式呈现,每个主题单元包括两大部分:环保知识学习和实践活动,融知识性、趣味性、实践性于一体。既培养学生热爱大自然、热爱家乡、热爱地球的高尚情操,又让学生从小养成自觉保护环境和资源的美德。

一、课程开发背景及指导思想

右营街小学坐落于南昌市象山北路及右营街口交叉处,面积3300平方米,是一所具有百年历史的老校。现有30个教学班,学生近1400名,85名教职工,其中小学特高级教师5名,高级教师52名,省级骨干教师4名,市级学科带头人3人,市级骨干教师5人,区级骨干教师12人。学生以“勤奋、求知、创新、进取”为学风,教师以“务实、博爱、善思、合作”为教风,形成了“团结、进取、勤奋、创新”的校风。学校是南昌市首批德育示范校、南昌市首批红领巾示范校、南昌市体育传统项目学校、南昌市文明单位。

我校虽然地处市区的巷落里,占地面积较小,教学楼与周围的八至九层的居民楼相形之下显得低矮呆板，外观其貌不扬。但是，学校始终注重环境育人，校园内树木茂密、空气清新、环境优美，因而被评为全国绿色学校。

随着社会的发展，我们唯一的家园——地球对绿色的召唤愈来愈强烈，全球“可持续发展”的策略对现代公民素质提出了新的要求，环境素质成为新世纪青少年素质中不可或缺的重要部分。作为基础教育这个领域，响应时代需要，着实有效地培养具有较高环境意识和价值观的人才则势在必行。在绿色学校基础上，我校力求进一步打造“国际生态学校”，所以我校把面向“可持续发展”的环境教育作为校本课程开发中重要的一项内容来开发实施。

目前我国的环境教育多侧重在传授环境知识，但这种方式在小学低、中年级不可行。故而针对小学教育特点，我校把这门课程定位在内容上不仅是“关于环境教育（知识教育）”，更是“为了环境的教育”（意识、态度、技能、行为的教育）；方法上则采用“在环境中教育”（师生共同在环境中体验、实践、交流），最终让小学生建立起正确的环境观、价值观，养成有益于环境的良好生活习惯和思维方式，使孩子真正做到“Think Globally, Act Locally”着眼于全球，从我做起，从身边做起，为环保事业的开展，为人类生存与发展贡献力量。

二、课程目标

课程的目标具体体现在意识、知识、态度、技能、行为等五个方面。

意识：通过内容多样的环境主题活动培养学生的环境意识和保护环境的自觉性。

知识：通过不同的专题活动使学生认识和理解可持续发展的环境知识，如环境资源、能源开发、垃圾处理、污水处理、生物多样性、地球与宇宙等。

情感与态度：培养学生爱护地球、亲近自然、珍视自然环境、尊重和爱护生物的思想感情及对人类生存环境的责任心，激发学生关注生态环境状态的兴趣，让学生以“从我做起，从身边做起”的态度去保护环境。

行为：积极主动地去发现环境问题，寻求解决的办法，并参与到环境保护行动之中。

能力：通过多形式的环境事件活动，培养和提高学生观察力、想象力、创造力，及绘画表达、调查分析、合作交流、搜集运用信息资料、分析解决问题等多方面的素养。

三、课程标准

第一学段（1～2年级）

1.认识美丽校园，观察天空，培养对身边自然和环境的感受力。

2.拥抱绿色，认识市花、市树，观察植物生长，培养基本的环境研究技能：观察、绘画、记录、表达。

3.营造安宁、洁净校园，通过实践，树立环境道德观念，注意个人行为对环境产生的影响。

第二学段（3～4年级）

1.了解赣江环境问题、地球变暖现象，知道身边的环境问题并能参与研究和实践。

2.在“拥抱绿色”主题中，初步学会从不同的角度辩证地看环境问题。

3.通过“生命之源”主题学习，了解环境问题隐藏的危机，培养学生保护环境的责任意识。

4.提高学生调查、设计、规划、分析、活用资料等技能的运用水平。

第三学段(5~6年级)

1.通过主题学习,进一步建立起自然系统的基本概念。

2.在"生命之源"单元,激发学生深度关注身边的环境问题,关注世界瞩目的环境问题,尝试寻求解决的办法。

3. 在"拥抱绿色、洁净城市"单元,重点放在行为培养,引导学生形成对自我行为的批判思维。

4. 开展环保课题,促进学生采取积极的态度讨论环境,鼓励发现环境问题并付诸行动保护环境。

四、课程结构

"绿色教育"既包括动植物、矿产资源、土地、海洋、河流、大气等人类赖以生存的自然环境教育,也包括城市、乡村、风景名胜、自然保护区等社会环境教育,还包括环境知识、环境教育实践活动以及环境生态伦理教育等。

课程大纲:

年级	课程单元	课程内容	课程形式	资料来源
一年级	美丽校园	我们的校园,校园的花木,与花草交朋友,活动:文明弯弯腰	观察、体验、实践、绘画、交流	校园花草树木、家庭的花草树木
	拥抱绿色	春天来了,认识市树、市花、我的花,活动:亲亲大自然	观察、讨论、活动、游戏、绘画、指导种植	校园环境、图书馆、阳明公园、相关网站、校园空地和花籽。
	营造安宁	寻找校园的声音、不同的声音,校门口的发现	活动、倾听、音乐体验、观察、表演	校园与学校周边环境、公园、家庭
二年级	洁净校园	身边的垃圾, 我的垃圾分类,游戏:变废为宝大行动	观察、实践、制作、游戏	学校垃圾分类状况,学校产生的垃圾
	生命之源	观察云彩,新闻发布:本月空气质量,世界水日。	观察、绘画、讲授、资料收集、交流	天空、天气预报、网站
	拥抱绿色	美丽的树,亲亲草地,植树光荣,活动:阳明公园的植物	讲授、观察、实践	校园树木、阳明公园、社会活动
三年级	生命之源	小试验: 蔚蓝天空,"保护母亲河——赣江" 活动, 生命的保护伞——臭氧层	示范试验、讲授、资料收集、主题活动	实验室、图书馆、相关网站
	洁净城市	参观清洁楼,小调查:垃圾住哪里,制作分类垃圾箱	实地参观、调查、收集、汇报	社区、路上的行人、家庭成员、手工材料
	拥抱绿色	参观湿地公园、校园植物调查报告活动、开展"爱绿、植绿、护绿"活动	参观、调查、访问、小组汇报活动、主题活动	学校湿地公园、园艺工人、多媒体课件

年级	课程单元	课程内容	课程形式	资料来源
四年级	美丽家园	奇妙的地球环境,地球是人类唯一的家园,世界地球日,活动:我们都是地球的孩子	收集资料、讲授、观看视频、讨论交流、主题活动、宣传	图书馆、相关网站、影像资料、新闻媒体
	拥抱绿色	认识环境标志、商店小调查:多少商品是绿色商品、废纸回收	讲授、小组调查、交流	相关网站、学校附近商店、视频资料
	生命之源	地球上的水资源,汽车与环保,小试验:模拟水循环	视频资料、调查、资料收集、实验	图书馆、网站、实验室
五年级	生命之源	温室效应——全球性环境问题,手抄报:可怕的臭氧洞,考察:赣江二号水污染处理厂	讲授、收集材料、制作、展示、考察、交流	图书馆、环境网站、水污染处理厂
	洁净城市	垃圾的危害,变垃圾为资源,活动:减少废物美化校园	讲授、交流、体验、汇报、实践	社区、清洁工人、垃圾处理、校园等
	拥抱绿色	珍惜纸张,吸烟与环境问题,实验:黄豆苗的生长	讲授、交流、体验、汇报、实验	校园、班级生物角
六年级	营造安宁	噪声对人的影响,体验:安静与噪声环境,研究:噪声产生于防治	讲授、体验、交流、调查	噪声素材、工厂、家庭、学校
	拥抱绿色	学习《拯救地球行动纲领》,家庭生活中的电磁辐射,设计校园绿色行动	讲授、讨论、调查、设计、展示	图书馆、相关网站、家庭成员、学校环境
	环保课题	如何设计环保课题、完成小课题研究报告	讲授、合作调查、写报告	网站、图书馆、专业人士、教师、小组

五、课程实施

第一阶段:成立校本课程开发小组(2012 年 8 月)

组长:杨琴

副组长:熊莉

组员:教导处主任、年级教研组长

教导处:负责课程方案的落实和实施以及日常教学管理与评价。

任课教师:制订教学计划,研究教学方法,开展教学活动。

第二阶段：整理办学思路（2012 年 9 月）

将办学理念由单一绿色扩展为：绿色 生态 和谐

明晰办学思路

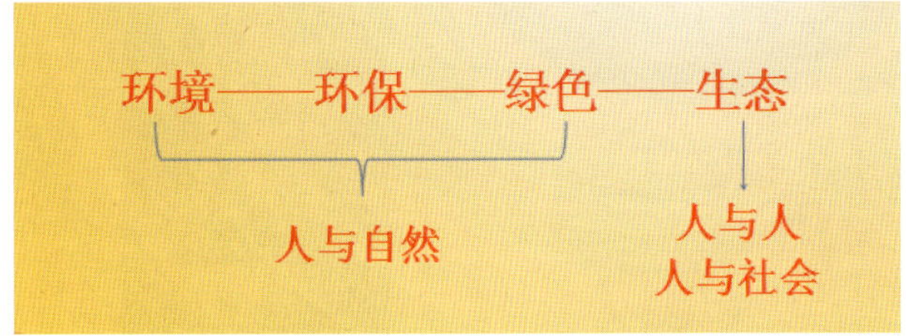

营造绿色文化环境

文化墙：绿色课堂　生态德育　和谐校园

低年级：海洋主题

第三阶段：开发课程资源（2012.9~2012.12）

1.编写校本教材。

2.编写课程标准。

第四阶段：实践校本教材，推进课程建设（2013 年 2 月起）

《绿色教育》一年级到六年级均开设课程，每月两课时。课程内容以主题单元的形式呈现，每个主题单元包括两大部分：环保知识学习和实践活动，融知识性、趣味性、实践性于一体。

课程实施主要途径有：

1.课堂教学。通过校本课程的课堂教学形式，采取灵活多样的方法激发学生的学习兴趣，引导学生采取有效的方法提高课程效率。

2.各科渗透。各科教学注意挖掘教材中环境教育的内容，采用恰当的教学手段和方法，有机地对学生进行环境知识教育和环保意识培养。

3.综合实践活动。聘请环保局专家对全体师生进行环境知识、环保知识、环境态度及环境参与等方面的培训；让学生把搜集整理的环保资料、环境知识等拿来相互交流，拓展视野，提高认识；开展“环保知识知多少”竞赛等。各班班主任、各科教师可依据学科特点和校本课程内容创设有特色的教育教学活动，如“文明弯弯腰”“争当环保小卫士”“校园最美一角”等；引导学生从生活入手，主动参与环保实践，亲身体验、感悟，增强环保意识，提高环保能力。

第五阶段：实践初效

通过课程实施，更多学生、家长参与到环境保护中来。学生在环境保护系列活动中得到锻炼，学校绿色生态文化凸显。

家长学生共同签名
打造文明生活环境

本报讯 杨雪 记者 陈佳勇 文/图

昨天下午，右营街小学的学生和家长代表们在操场上开展了“千校万班百万师生文明行动”——小手牵大手 文明一起走”的签名活动。

右营街小学大队辅导员首先向大家说明此次活动的意义，介绍了学校目前正在开展的一系列相关活动。随后，学生代表向大家宣读“小手牵大手 文明一起走”活动的倡议书，从交通规则、家庭美德、社会文明等不同方面对学生、家长发出倡议，尤其提出由学生担任文明传播者，在生活中以身作则，并且劝导身边人不文明的行为。最后，学生及其家长一起在横幅上签字，家长表示愿做文明的实践者，接受孩子的监督，共同打造和谐良好环境。

小学集市 以物换物

六、课程管理及保障

（一）组织保障

1.建立校本课程管理委员会。

成立右营街小学校本课程管理委员会，校长作为管理委员会主任，分管副校长为副主任，成员为教务处主任、政教处主任及各个年级主任。负责学校校本课程的总体规划和管理，制订并完善相关工作制度和奖惩条例。下设三个工作小组：

学校校本课程开发工作领导小组。教务处主任担任组长，成员为聘请的专家、各科教研组长，部分骨干教师，负责组织落实、协调、检查校本课程进行中的事务性工作。

学校校本课程审核工作领导小组。教科室主任担任组长，负责学校校本课程课题指导及审核工作。

学校校本课程评价工作领导小组。分管副校长担任组长，负责各年级校本课程的教学实践、研讨活动和成果评比、资料积累等。

2.强化相关职能部门的责任范围。

（1）教务处。

①制订校本课程实施方案、课时计划，加强校本课程师资管理，指导各年级组、备课组制订实施计划。

②根据计划安排校本课程的课时。

③加强对教师校本课程教学的指导与测评，对活动过程进行监控。

（2）年级组、班主任和上课教师。

①对学生的活动进行日常管理，协助教务处做好课程的实施、评价认定工作。

②研究学生的实际情况，为课程管理提供依据。

（3）教研组及备课组。

①根据学校的整体安排，协助教师填写校本课程申报表，制订学期教学进度计划。

②对教师进行指导，确保完成学校教学和管理的各项要求。

③及时反映课程实施过程中出现的问题及教师的教学需求。

（二）制度保障

制订《右营街小学校本课程规划方案》《右营街小学校本课程评价制度》等。

（三）配套保障

1.加强图书馆、实验室、专用教室、活动基地等设施的建设，合理配置各种教学设备，为学校课程实施提供必要的物质保障。

2.学校对参加校本课程研究的教师在外出学习、教学研究、校本教材编写等方面提供物质支持。

3.学校投入一定的专项经费，设立校本课程实施的研究及奖励基金，保证校本课程资源的开发和建设。

4.建立校际资源共享机制，积极争取教学研究与教育科研部门的指导和支持，加强对教师进行必要的课程理论培训。

5.在课时安排、学校事务安排等方面进行全盘考虑，保证实施教师的研究时间和研究空间。

6.校本课程与必修课程一样，计入教师工作量；在教师考评上充分肯定教师校本课程实施的成果，将教师的校本课程开发能力和实绩与教师的各项评聘挂钩。

7.对教师开发的校本课程，学校通过听课、查阅资料、调查访问等形式，对教师的工作实绩进行考核，组织评选，优秀的校本课程铅印成册，并予以奖励。教师开发出的校本课程的成果记录在教师业务档案。

8.根据师资培训工作的要求，加强师资队伍建设，创造条件，让教师认真参与培训，做到有计划、有目标、有考核、有成效，并建立科学合理的奖励制度。

七、课程评价

教师在课程中采用的评价方法，主要遵循以下原则：定位于过程性评价，而不是结果性评价；采用互动参与性的评价，而不是教师单向评价；强调个体体验的非固化评价，而不是实验目标的固化评价；是连续的不间断的动态评价，而不是断面式的静态评价；侧重正面激励性评价。

评价方式主要有：教师在学生课堂学习、活动参与、展示学习成果中，对学生进行即兴评价；在完成一个单元的主题学习后，通过学习评价表对整个活动进行反思性评价，包括学生的自评、互评和教师评价；学期或学年结束时，进行阶段性评价。

例如：主题活动学生学习评价表（中年级）

评价项目	评价内容	我来评自己			同学来评我			老师的评价		
		优秀	良好	加油	优秀	良好	加油	优秀	良好	加油
活动态度	对主题活动很有兴趣									
组织合作	积极参加小组活动，服从分工，合作愉快									
搜集资料	能用多种方式搜集到适用的信息资料									
创新发现	善于发现问题，能提出创新的观点和建议									
实践参与	能实际做到保护环境，并带领他人付诸行动									

教师运用标志(小红花、小五角星)、园地(环保教育宣传栏)、行动(校园环保卫士评定)等激励学生。例如:环保之星评选

八、目标展望

开设《绿色教育》校本课程,不仅能增强教师的主体意识,激发他们开发课程的潜能,拓展创造空间,而且能满足学生持续发展的需要,调动课程的活动。我校将整合学校的一切资源(有形的、无形的),调动一切积极因素,挖掘一切潜在的能量,组织开发、实施《绿色教育》,努力提高这一过程的有效性,以促进学校特色发展,教师专业发展,学生个性发展,打造校本品牌。

上饶实验小学校本课程建设总方案

总负责人：汪晓瑾
主要成员：汪晓瑾　王晓媚　郑玉敏　何梅香　阮萃萃
执笔：郑玉敏

摘要：泰戈尔说过："教育的目的应当是向人类传送生命的气息。"即为生命而教育。而中国当前的教育在一定程度上出现了无视生命存在、残害生命尊严等现象，偏离了教育的本真。基于对教育现状的思考，实验小学开展了生命教育校本课程建设，以《中共中央、国务院关于深化教育改革，全面推进素质教育的决定》和《中共中央国务院关于进一步加强和改进未成年人思想道德建设的若干意见》为指导，以新课程标准为准绳，以美国和台湾的生命教育经验为借鉴，结合我校"幸福教育理念"和"一切为学生的幸福成长做奠基"的办学目标，重视学生自身独立的生命价值发展，充分利用学校和社区课程资源，采用"教育依托社会，重视周边资源，一线教师主力"的模式，优化学校课程结构，把生命教育融入教育实践中，助推"生命"发展，让每一个学生都能绽放生命光彩，幸福成长，成为最好的自己。从而进一步提升学校教科研品牌，创建学校发展特色，最终实现教师和学生共同幸福成长。

一、课程建设指导思想

以《中共中央、国务院关于深化教育改革，全面推进素质教育的决定》和《中共中央国务院关于进一步加强和改进未成年人思想道德建设的若干意见》为指导，以新课程标准为准绳，以美国和台湾的生命教育经验为借鉴，结合我校的"幸福教育理念"和"一切为学生的幸福成长做奠基"的办学目标，以培养"德馨学实、明理诚信、智慧阳光、生气勃勃"的幸福学生为教育目标，遵循"生命是教育的根本"的思想，以开展"生命教育"为落实途径，以提高学生的生存能力、生命质量、生命价值为目的，以提高教师专业化发展为目标，进行幸福生命教育课程探索。在构建"学校幸福生命教育体系"的框架下，以课程研发与整合、活动开展为载体，引导学生在实践中进行生命的体验，并有效地整合学校教育教学的各项工作，倡导"全员育人、全程运作、全面开展"的模式，形成"大德育"的优良氛围，让"生命教育"成为实验学校素质教育深化发展的生长点和新亮点。

结合生命教育的核心思想，我校进一步提出"让师生享受生命成长的幸福"的观点，从生命认知、生命安全、生命韵律、生命智慧、生命价值五大方面进行展开，采用隐性课程和显性课程相结合，课堂教学

和实践活动相结合，文化培养和健康运动相结合的方式，开发系列生命教育课程，构建起生命的美丽愿景。从多个方面引导学生形成正确的世界观、价值观、生命观，感受生命成长中的真实幸福，帮助学生完善人格、提高综合素质能力，促进学生生命的个性化发展，并以此提升学校的办学品位，形成学校品牌特色，从而最终实现学校、教师、学生共同和谐发展的目标。

二、课程目标

（一）学校发展目标

1.学校层面。

以生命教育为抓手，推动学校的新课程改革，改变传统德育本末倒置、假大空等现象，抛弃传统的空洞说教，强调“用生命影响生命”，构建学校生命榜样体系。同时，弘扬“生命教育幸福”理念，构建“幸福的生命教育文化”，加强学校精神文化建设，彰显一种明确的价值观与办学理念，深入人心，形成学校教学办学特色。

2.教师层面。

（1）通过生命教育研究和有关的知识培训，提升教师自身素质，养成关爱生命的美好情怀。

（2）锻炼一部分课程开发实施人员，带头学习理论与经验，提高自身的研究水平和研究能力，并使之辐射到各学科中去。

（3）在实施生命教育的同时，创设“生命影响生命”的良好氛围，促使教师形成更加良性的职业素养，感受到教育事业带来的成就，促进教师的幸福成长。

（二）学生个性发展目标

分别从宏观和微观两个角度来阐述学生的个性发展目标。

1.宏观目标（“取向”的教育）。

（1）生理取向教育，使学生懂得维护自己的身体健康，了解自己的身体变化，适应心理的发展变化。

（2）心理取向教育，充分发挥自我潜能，实现自己人生价值打好心理基础。

（3）成长取向教育，逐步树立正确的人生价值观。

（4）社会取向教育，使学生做到与他人、自然、环境和谐相处。

2.微观目标（四层次目标）。

（1）认知上，通过课堂教学和文化启迪，着重于知识的获得和素养的培养，认知和了解身体及生命的意义和价值，树立正确的人生观和价值观。

（2）情感上，通过各项社会实践活动，着重于品德和生命价值的陶冶，体验生命的可贵，欣赏并热爱生命。

（3）行为上，通过少先队活动和健康活力运动，着重于技能的发展、健康体魄的形成，发展潜能，实现自我，积极应对挫折，增进人际交往技巧，体现社会关怀。

（4）价值上，通过各个课程体系的整合和各项活动的有效渗透，着重于价值的建立，透过对生死的认知、情感和行动，建立健康有价值的生命观。

总之，通过开展生命教育，引导学生认识生命、欣赏生命，珍爱生命、发展生命，鼓励学生爱惜生命，满足学生的可持续发展；引导学生发现生命意义、体验生命价值、追求生命质量，从而综合提高学生全面素质。

三、课程标准

生命教育是旨在帮助学生认识生命、珍惜生命、尊重生命、热爱生命，提高生存技能，提升生命质量的一种教育活动。生命教育需形成各学段有机衔接、循序递进和全面系统的教育内容体系。小学阶段着重帮助和引导学生初步了解自身的生长发育特点，初步树立正确的生命意识，养成健康的生活习惯。

第一学段(1～2年级)

1.初步认识自然界的生命现象，喜爱充满生机的世界；初步了解自己的身体，有性别意识。

2.喜欢自己，乐于与同学交往；懂得关心家人、尊敬老人。

3.亲近大自然，爱护人类赖以生存的自然环境。

4.初步掌握交通安全、防溺水的基本技能；了解家庭用气用电安全、饮食安全等自我保护知识。

5.理解地球是人类共同的家园，珍惜水资源和其他自然资源，保护生态环境。

第二学段(3～4年级)

1.了解身体的生长特点，具备并欣赏积极乐观的心态。进一步理解性别认同。

2.了解友谊的意义，懂得同情、关心，力所能及地帮助弱者，学会与他人合作。

3.初步认识和体验人的生命是可贵的，能珍惜生命；学会劳逸结合；远离烟酒和毒品。

4.养成良好的生活习惯和学习习惯，树立时间观念；合理使用网络。

5.学习必要的自我保护技能，学会识别可疑的陌生人，初步掌握突发灾害时的自救技能。

6.理解地球是人类共同的家园，珍惜水资源和其他自然资源，保护生态环境。

第三学段(5～6年级)

1.了解人体的构造与各器官的功能，了解分娩过程；认识青春期的生理现象，认识性差异。

2.培养积极的自我认同，包括自尊自信、自我评价意识和社会角色认同；学会自我悦纳。

3.认识友情与爱情的区别和联系，建立自然美好的性别角色形象；学会健康的异性交往。

4.学会用恰当的方法保护自己，避免受到性伤害，防止性骚扰；初步了解避孕的基本原理；学会应对敲诈、恐吓等突发事件的技能。

5.与人为善，学会理解和尊重父母、老师和同学，学习建设性地与他人沟通和交往；培养与他人的合作精神。

6.学习调节和保持良好的情绪状态，能够承受挫折与压力，钦佩顽强的生命。

7.积极锻炼身体，养成健康的生活方式，文明上网；学会拒绝烟酒和毒品，掌握预防艾滋病的方法。

8.理解地球是人类共同的家园，珍惜水资源和其他自然资源，保护生态环境。

四、课程结构

校本课程采用“三三九”课程结构，第一个“三”为三项结合，第二个“三”为三项校本体系，“九”为九项生命教育目标。

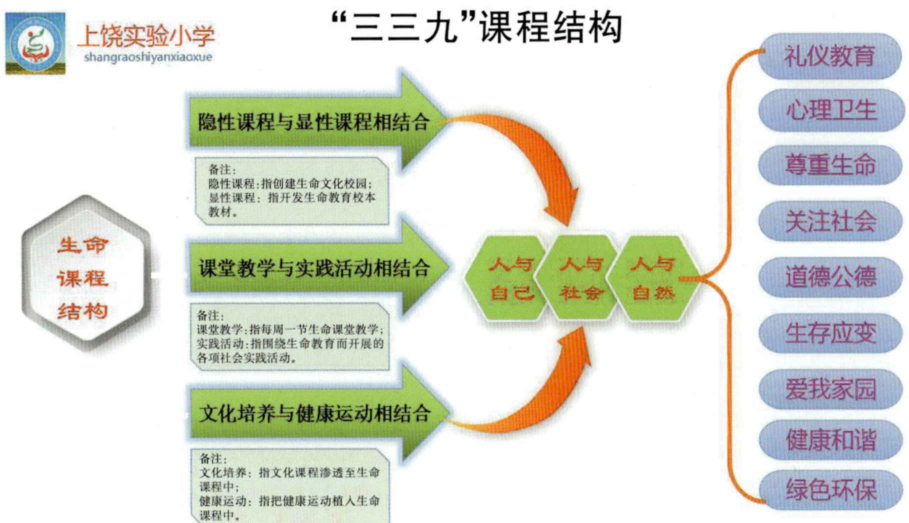

五、课程实施

第一阶段:成立课程建设与开发小组

第二阶段:进行生命课程顶层设计

1.进行校本课程研讨,明确开发校本课程的原则与要点。

2.梳理办学理念，优化课程体系，构建课程框架。

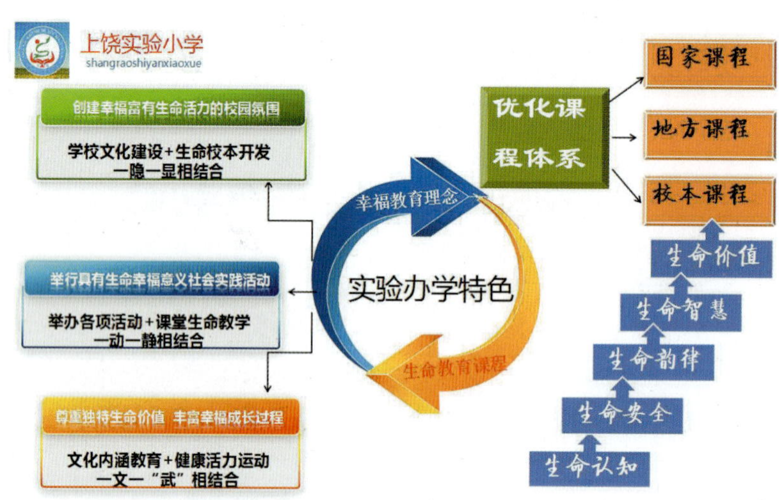

3.开发校本课程教材。

(1)教科处联合各部门合作编写校本教材。

①细化分工。成立搜集资料组、图片整理组、文字编写组，并由专人负责。

②整合编写。由开发小组对各个小组的资料进行汇集、整合、排版，编写生命课程教材。

③审核通过，出版。由课程建设小组组长协同专家进行多次审核，根据意见开发小组进行改动，直至完美通过，进行出版。

(2)精心设计活动计划及编写《生命课程教师教学案例集》。

①生命教育课程是实验学校所有教师的智慧成果，为更好地在课堂上有效地进行教学，教科处协同各教研组长、相关教师编写教学案例，进行评选，择优编入《生命课程教师教学案例集》。

②生命课程更多地需要学生在真正的社会实践中去体会、感受与内化，大队部、德育处、教科处、教导处等多个部门联合，精心设计各项生命课程活动计划，指导班主任和辅导员进行活动的实施。

第三阶段：生命课程引领培训

1.举行生命课程引领示范课活动。

为避免全校生命课程执教教师随意化，开发小组的教师在课程实施前，对如何上好生命教育课在全校进行直观示范并组织研讨，起到较好的示范、引领作用。

2.举行校本课程教学展示活动。

为更好地促进课程发展，让更多的教师在实施校本课程的同时快速地成长起来，将课程建设推向新高度，学校举行了“生命教育”校本课程教学展示课比赛活动，面向全体执教教师，使校本课程的实施更具实效性，同时推动了我校生命教育课程的发展。

第四阶段：全面实施生命课程

1.实施的途径：“三渠道”。

2.实施的策略：“四层次、四注重、五善于”。

（1）“四层次”。

(2)“四注重”。

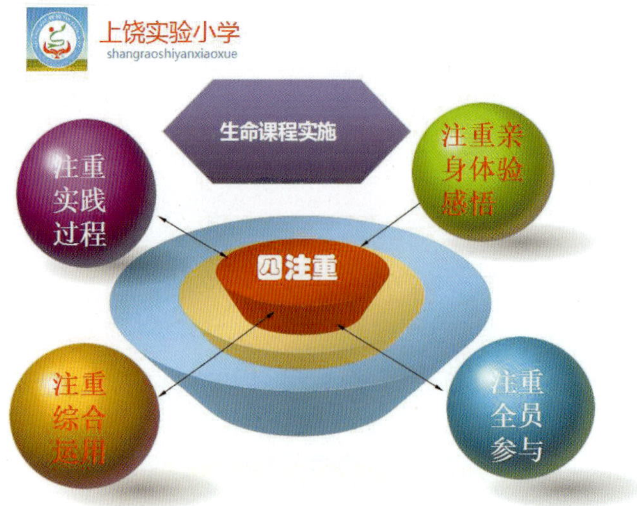

(3)“五善于”。

①教师善于在学科教学中有意识地创设生命教育情境。

②教师善于把握自己的角色。

③教师善于从学科教学与实践的联系中找到生命教育点。

④教师善于灵活运用生命教育的方法。

⑤教师善于积累新课题,丰富生命教育课程的内容。

3.实施的原则:“五原则”。

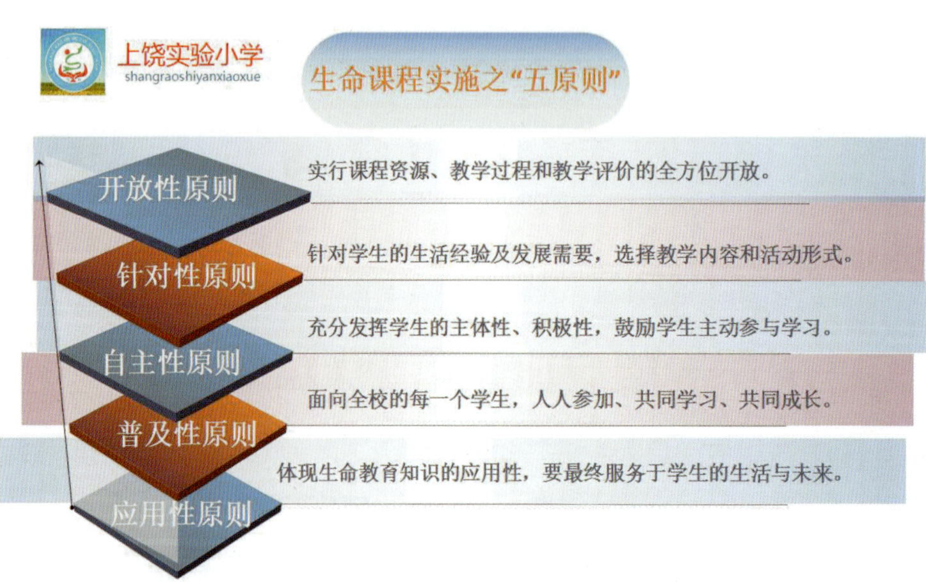

第五阶段:生命课程整改优化

1.评价反思。

在生命校本课程的实施过程中一定存在诸多的问题，教科处需联合教研组长经常性地开展校本课

程课例评价反思活动,注意收集一线教师存在的疑惑、实施难点、开展意见及收获成效等相关资料,提倡教师之间进行纵横双项对比与交流。

2.整改优化。

依据收集的各方意见,教科处定期进行汇总,提交整改意见至开发领导小组,经过校本课程开发小组协商,并在教师大会上进行通过,从而对校本教材的开发和生命课程的拓展进行优化,使生命校本课程与学校实情进行有效融合,促进校本课程建设朝更高水平发展,由此彰显学校办学品牌及特色。

六、课程管理

课程管理采用分项管理办法:

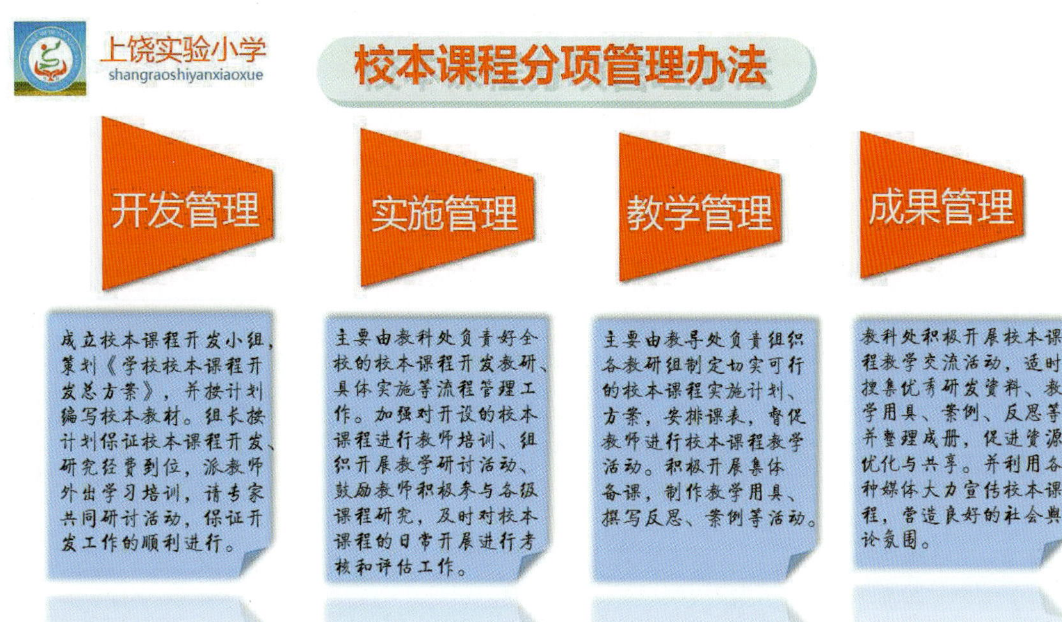

七、课程保障措施

1.领导组织保障:成立生命教育课程开发领导小组,以校长为组长,教科处、教导处、德育处、大队部和参与生命教育课程开发的教师为成员。

2.管理制度保障:学校制定生命教育课程开发制度,以制度保障生命教育课程的领导、管理、开发、实施、评价和经费保障。

3.人员队伍保障:学校选择具有先进理念、有较强科研能力的教师承担生命教育课程的开发工作,并有计划地组织参与开发实验的教师参加学习培训。

4.经费支持保障:学校每个学期拿出一定经费专门用于校本课程的建设和发展。

八、课程评价

根据生命教育校本课程的培养总目标,促进学生发展,了解校本课程实践情况,及时评价、反馈的目的,学校从知识与技能、过程与方法、情感与态度三方面对学生的生命教育学习情况进行多层次、多维度的形成性评价。

1.知识与技能评价:这是对学生了解学习内容、理解知识程度、灵活掌握和运用生命知识的情况进行的评价。采用过程评价与终结性评价相结合的方法,以调查问卷、知识抢答赛、成长记录袋、信息收集本、学生作品展示等多种形式进行。

2.过程与方法评价:这是对学生在生命教育学习中表现出来的积极性和主动性,与同学合作、探究的情况,独自思考问题、发现问题和解决问题的能力,设计与制作作品等方面进行的评价。采用随堂评价、及时评价和阶段、终结评价相结合的方法,以学习活动记录、作品设计比赛、作品展示、模拟演示等形式进行。

3.情感与态度评价:评价学生的情感比较难,因为情感是每个人独自的感觉和体验,很多时候旁人是难以及时觉察的。因此,教师采用分析学生在作文、作品、心理笔记中的情感流露,建立师生交往信箱,收集、分析学生活动时参与人数、参与程度等资料,进行情感方面的问卷调查等方法评价学生的情感与态度,了解学生在生命教育学习过程中的感受。

生命,是素质教育的唯一主体,使生命美丽,应该成为素质教育的终极目标。

对于我们每一位教师来讲,有责任呵护每一位学生幸福、健康地成长。关注孩子,就是关注我们的未来。所以生命教育是把握现在、面向未来的教育;生命教育,是人性的呼唤,更是我们实验小学教师们此生的教育之志!

上饶市第一小学《红土情怀》校本课程建设方案

总负责人:程一红
主要成员:应月智　童福洲　伍　翀　舒媛媛　刘新梅
执笔:伍　翀

摘要:美术课程标准非常重视美术课程资源的开发和利用。在美术课程标准第四部分实施建议中,课程资源的开发与利用同教学建议、评价建议、教材编写建议并重。作为美术课程资源重要的组成部分——地方性美术课程资源已随着新课程实施的不断深入,被广大一线的美术教师所重视,并在实际教学中进行开发和利用。实践经验以及发展的趋势证明:美术教学发展,与美术课程资源开发有着紧密的联系。

一、背景分析

上饶古属扬州,春秋为吴越之地。自东汉建安年间析豫章郡地设置鄱阳郡以来,已有 1700 多年历史。这里,是世界稻作起源地之一,一万多年前,人类祖先就在这里定居、劳作和繁衍。这里,山明水媚,藏灵蕴秀,著名景点 100 多处。这里,孕育了无数高贤名士,吸引众多的文人墨客,名人辈出,彪炳史册。这里,也是年轻的,改革开放的春风使她重新焕发青春,座座高楼拔地而起,商业店铺流光溢彩,条条大道四通八达……整座城市正发生日新月异的变化。面对如此丰富的自然、文化、人文资源,我们怎能不为之心动,为之骄傲?!如何把这份骄傲传递给我们的孩子,让本地宝贵的自然、文化遗产在我们孩子的手上薪火相传、生生不息?如何培养我们的孩子使他们具有人文情怀和民族情结?基于以上思考,我校决定以美术教育为切入点,通过挖掘开发上饶本土美术文化,开发《红土情怀》校本课程,并编写相应校本教材。

二、课程建设指导思想

我国新世纪教育改革进入了实质性的实施阶段,美术校本教材的开发是其中的一个重要组成部分。以《国家基础教育课程改革纲要》和课程标准为指导,通过校本课程开发,整合本校的课程资源,弥补国家课程和地方课程过于整齐划一的弊端和地方课程的不足成了我校美术学科必须面对的实际工作。建设我校课程体系、开发我校校本教材,改善美术学科课堂教学,有利于学生自主、创造性地学习;并在课改与校本课程的开设中凸现我校美术教育的艺术特色，体现我校“好习惯成就一生”的办学理念，重视人文、环境、科技等内容；促进学校教师专业化发展和学生全面发展，达到走科研兴校之路；实现我校的内涵发展的目标，为学生健康成长奠基，为教师持续发展铺路。

三、课程目标

（一）总体目标

为了落实我校“好习惯成就一生”的办学理念，让我校校园文化深入人心，积淀长征的学校文化内涵，努力做到校本课程的开发科学化、开设制度化、实施规范化，初步形成具有学校特色的校本课程体系，进一步优化学校的课程结构，使校本课程建设成为学校教育教学质量提高的新的增长点。形成与校本课程的开发实施相适应的组织管理体系，充分挖掘现有的地方性美术课程资源，开发高质量的校本课程；不断丰富校本课程的内容和形式，初步形成富有成效的校本课程的教学模式与学习方法，以及与之相适应的评价和考核方式。

（二）具体目标

1.知识与技能目标：

（1）通过学习让学生了解家乡的美景和人文历史，从而加深对家乡人文社会和自然文化的了解。

（2）按照不同年龄特点，进行不同的教学，让学生掌握不同的美术表现形式，如：油画棒画、水粉画、线描画、立体造型等。

（3）通过学生分组活动，提高收集资料、欣赏评述、综合表现的能力，发展合作、分享的个性品质。

2.过程与方法目标：

（1）组织学生通过上网、查阅资料、旅游等形式收集家乡美景和红色文化有关内容，以此来丰富课堂内容。

（2）引导学生亲近家乡的人文文化，关注时代的发展，沟通课堂内外、课本内外和学校内外的联系。

（3）把丰富的本土资源影像、音频资料导入课堂，激活学生的多种感觉器官，从而激发起学生的学习热情，以期取得事半功倍的效果。

3.情感态度与价值观目标：

（1）通过自主学习、合作活动等形式，让学生学会在生活中观察事物细致化、课堂学习多样化、实际交流具体化的特点。

（2）从本土生活实际出发，关注身边的环境、社会、风土人情。通过活动的组织与参与、感悟与反思，在使学生在获得知识的同时，激发学生的爱校热情，教育学生关注生活，进而树立热爱家乡、热爱祖国的道德情感和建设家乡的美好愿望。

四、课程标准

第一学段（1～2年级）

1.欣赏家乡美景，能够用自己的语言表达对家乡的热爱之情。

2.回忆校园生活，能够运用简洁的形体画出人物的动作特点。

3.了解物体的形状特点，并能进行有目的的创作。

第二学段（3～4年级）

1.通过观察身边的事物,欣赏各种各样的公交车,了解各类车的装饰特点,并掌握车身装饰的方法和作用。

2.了解人物表情特点,运用流畅的线条表现出人物的造型特点。

3.能够联系生活中的场景,回忆晨练中人物的动态特点,培养良好的观察能力与创作表现力。

4.了解家乡桥的历史,欣赏桥的造型,创作出立体作品或者平面绘画作品。

5.通过欣赏中国画的各种皴法,指导学生在表现过程中运用相关技法及笔墨要求,表现简单的山水景色,并根据自己的想象表现自己家乡的各种自然景色。

6.学习概括面点的形体,并抓住食物的特征,灵活运用剪的手法塑造动物的立体形象。

7.了解有关鄱阳湖的知识,欣赏候鸟图片,掌握鹤的外形特点。

第三学段(5~6年级)

1.欣赏各种各样的板灯,了解各类板灯的装饰特点,并掌握板灯的特点和制作方法。

2.了解现代城市的特点,用纸进行城市建筑的设计与制作。通过造型活动,培养学生的创新精神、合作意识和严谨的学习态度,以及热爱生活、热爱家乡的情感。

3.通过本课简单了解带湖的历史概况,让同学们知道带湖有哪些景观及建筑物,并能简单地将其画出来。

4.让学生初步了解傩戏及傩艺术的特点等方面的基础知识,培养学生对傩艺术的欣赏能力。通过对傩戏知识的学习,学习傩面具的图案设计并进行绘画,激发学生关心、热爱中国傩戏艺术的情感,培养学生的家乡自豪感、想象力和造型能力。

5.通过周围环境作品的欣赏,使学生了解雕塑的多种材质、艺术特征和表现手法,让学生从作品所表现的主题去感受、探索作品的意义所在,从而提升学生的审美水平和艺术鉴赏能力。

五、课程结构

根据上饶地区自然资源和人文资源的特色和本校的教学条件以及学生身心发展的特点,以美术教育为切入点,通过挖掘开发上饶本土美术文化,将其拓展为可利用的美术课程教育资源,开发出一本美术校本教材。

根据教材的所属领域,将《红土情怀》课程实施设计为“造型·表现”“设计·应用”“欣赏·评述”和“综合·探索”四个学习领域并加以划分,再根据学生的年级按低、中、高进行内容划分,课程目标由浅入深、由易到难,循序渐进。

六、课程实施

第一阶段:成立课程建设与领导小组

组长:程一红

副组长:应月智、龚利祥、胡风华、吴瑶、周旖

组员:全体美术教师

教科处:负责校本课程的日常管理与实施工作。

任课教师:制订教学计划,研究教学方法,开展教学活动。

第二阶段:确定课程建设方向

符合我校“好习惯成就一生”这一核心内容，校本教材的开发和编写就是要在科研的引领下，创出学校工作特色，通过使用教材，使学生身心愉悦，习惯改变，整体素质能够获得全面、协调的发展。

第三阶段：开发课程资源

（一）前期准备

在开设课程的基础上，积累丰富的教学资料。购买相关书籍，查找网络资料，选择合适的内容丰富原始材料。内容要贴近学生的实际，有一定的可读性。语言准确、表达规范、思想健康、内涵丰富，适合本校不同年龄段的学生阅读。

（二）编写

1.制订编写计划。校本教材编写领导小组要根据相关要求，做出课程编写计划，注明编写章节，分工合作，责任到人，注明完成时间截点。

2.课程负责人要确定校本教材书名，整理出编写提纲。明确编写本书要达到的学习目标，学习的背景、意义，教给学生哪些知识和技能等。编排时注意重点在前，先重点突破一个章节，然后再铺开做。

3.呈现方式。每一册书应设计主题突出、科学合理、形式美观的封面设计，应撰写前言和结束语，应编排好书本目录、页码。

课内设计版面合理，编排要有开放性。一要有知识的呈现；二要有问题的思考，引导学生进行探究讨论的环节；三要有拓展延伸的内容；四要有学生反思栏目。引导学生通过各种途径拓宽知识视野，关注学生的活动。（教材编写教师完成）

（三）学校校本教材领导小组认真审核，择优录用，编辑成书。

第四阶段：课程建设具体实施计划

1.《红土情怀》美术校本课程作为对学生美术课程学习的补充教材，采取课时集中与分散使用相结合的使用方式。在不影响美术课堂正常教学秩序的情况下，每学期教学 1 至 2 课，利用学期初或者学期末的时间进行教学。

2.美术校本课程由专业美术教师开展教学，教师在上课前应详细查阅有关的资料，特别是涉及具体地方人文、历史故事的有关资料。

3.举行公开示范课。为使每位美术教师能够交流教学经验，每学期将进行美术校本课程教学展示，请有关同仁进行观摩指正，相互学习，共同进步。

第五阶段：彰显学校美术文化

1.以美术校本课程内容为中心开展相关主题的美术节，展示学生的美术作品。

2.以“小画廊”为舞台，展示学生的平时绘画作品。

七、课程开发的管理和保障措施

（一）课程管理

1.教科处负责《红土情怀》教育教学的管理和评价工作。

2.美术教师在教科处的指导下负责《红土情怀》美术校本教材的编写编辑及教育教学工作。

3.每学期初，授课老师拟定好校本课程学期教学计划，认真备课、上课。学期末，每位教师对自己所教授的课程进行总结。

4.学校对美术教师在外出学习、教学研究、校本教材编写等方面提供物质支持。

5.引导学生注意活动中的安全，培养学生的安全意识和自我保护能力，防止意外事故的发生。

（二）保障措施

1.组织美术教师进行相关理论和技能方面的学习培训。

2.为保障学校校本教材符合目标要求，按时完成编写和校内出版使用，学校在科研课题中设立专项费用，用于编写校本教材所需的各项费用。

4.逐步完善有学校特色的相关制度。

2.落实“好习惯成就一生”的办学理念，让我校校园文化深入人心，把创建特色学校融入学校整体工作中去。

八、课程评价

（一）对学生的评价

注重引导学生学习运用研究性学习方式，重视学生积极参与活动的全过程。

（二）对教师的评价

重视教师角色的定位，看教师是否成为学生学习的激励者、组织者、辅导者，是否成为学生各种能力和良好品质的培养者以及是否关注学生的发展情况。

1.查看教学计划、进度、教案等。

2.每学期对教师考核，从学生的作品中体现。

3.问卷调查，听取家长、学生评价。

玉山县城东小学“快乐活动日”课程总方案

总负责人:郑美莲
主要成员:甘　华　张榴燕　童建华　张利仙
执笔:张榴燕

摘要:“快乐活动日”校本课程建设,是国家课程校本化实施的重要途径;也是拓展型课程和探究型课程深化实施的重要举措。城东小学根据《中共中央国务院关于深化教育改革全面推进素质教育的决定》和《国家教育发展规划》精神,以“优化适合每一个学生终身发展的教育之路”为宗旨,结合学校“创建书香校园,营造快乐城东”的办学理念,进一步丰富学生的学习经历,培养学生的创新意识、实践能力和社会责任感,着力营造“快乐城东”氛围,充分减轻学生学业负担,构建彰显学校特色的课程体系,进一步提升学校品牌、创建学校特色、提高办学水平,最终促使学校、教师、学生共同和谐发展。快乐活动日课程包括选修与必修内容,方案涵盖课程目标、标准、结构、实施、管理(评价)、保障、教材建设等多个方面,为校本课程的建设和实施提供了全面的方向指引。

一、指导思想

以科学发展观为指导,遵循教育规律,全面落实《国家中长期教育改革与发展规划纲要》精神,以“优化适合每一个学生终身发展的教育之路”为宗旨,结合学校“创建书香校园,营造快乐城东”的办学理念,进一步丰富学生的学习经历,培养学生的创新意识、实践能力和社会责任感,挖掘学校主题式校园文化(“山”文化)内涵,创新课程实施的模式,切实减轻学生课业负担;促进学生全面发展,让每位学生在轻松愉悦的活动中学会做人、学会做事、学会锻炼、学会合作,在体验中实现激发兴趣、开发智力、强身健体,培育其“博大、仁爱、坚韧、执着”的山之精神,切实提高其综合素养,推进学校师生和谐、健康发展。

二、课程目标

总目标:充分发挥团队合作精神,深化课程改革,推进校本课程的开发和利用,丰富学生的生活,培养学生的性情。以课程建设拓展学生乐学的空间,增强学生的学习幸福感。以快乐活动日课程建设推进学校课程体系建设，以学校课程体系建设拓展学生发展的空间，凸显学校办学特色。

1. 学校特色发展目标。以“快乐活动日”课程开发推进学校以“快乐城东”为核心的课程体系建设，努力形成具有时代特征、特点鲜明的城东小学特色的校本课程体系，创新校本课程建设，促进学校办学特色的形成。

2. 学生个性发展目标。通过快乐活动日课程的开发，丰富学生的学习方式，让学生有更多的机会获得亲身参与实践的积极体验和丰富经验，形成对自然、对社会、对自我的责任感；培养学生收集、分析、整理信息、解决问题及欣赏、创造、实践和创新能力；养成合作、分享、积极进取等良好品质，让学生“学会学习、学会生活、学会做人、学会审美、学会创造”。

3. 教师专业发展目标。通过“快乐活动日”课程开发，打造一支勤于钻研、善于合作、敢于创新、精于反思、勇于奉献、业务精良、一专多能，并且有较强课程建设能力的教师队伍。让教师成为实践的研究者、学者型教师，促进教师专业化成长。

三、课程标准

(一)快乐阅读

三年级：

1.熟悉各种类型成语，在习作与生活中学习恰当运用。

2.完成必读书目阅读，利用选读书目，逐步养成读书看报的习惯。

四年级：

1.初步理解各类名人名言中包含的道理，尝试在生活中应用。

2.完成必读书目阅读，利用选读书目，养成读书看报的习惯，积累各种语言材料。

五年级：

1.能背诵常用的宋词，请注意通过语调、韵律、节奏等体味作品的内容和情感。

2.完成必读书目阅读，尝试完成选读书目阅读，力争受到优秀作品的感染和激励，向往和追求美好的理想。

(二)快乐运动

三年级：

1.形成正确的身体姿势。

2.增强体能，掌握和应用基本的体育与健康知识和运动技能。

四年级：

1.增强体能，初步掌握和应用基本的体育与健康知识和运动技能。

2.初步形成关注身体和健康的意识。

五年级：

1.增强体能，掌握和应用基本的体育与健康知识和运动技能。

2.培养运动的兴趣和爱好，形成坚持锻炼的习惯。

3.具有良好的心理品质，表现出人际交往的能力与合作精神。

(三)快乐拓展

三年级：通过参加各种特色科目，开阔眼界，初步形成选择学习、自主学习的能力。

四年级：

1.通过参加各种特色科目，开阔眼界，形成选择学习、自主学习的能力。

2.通过专题教育（人文素质讲坛）初步培养学生的公民意识、社会责任感。

五年级：

1.通过参加各种特色课程，开阔眼界，形成选择学习、自主学习和自我规划的能力。

2.加强专题教育（人文素质讲坛），使学生逐步形成良好的个性心理品质和健全的人格，使学生具有公民意识、社会责任感和创新精神；使学生能够适应时代的变化，为终身可持续发展奠定个性化的基础。

四、课程结构

遵循“以生为本，凸显校本，持续发展”的课程计划，在课时不变、课程内容不减的前提下，对我校的拓展型课程和探究型课程进行资源整合，设计符合

我校特点的“快乐活动日”课程。

1.课程结构。

“快乐活动日”课程由“快乐阅读，快乐拓展，快乐运动”三大块内容组成。

快乐阅读：由两部分组成——学习学校“快乐活动日”校本教材《山谷诵韵》每节课 10 分钟；参加教师指导与自主阅读相结合的读书漂流活动。快乐阅读有利于让学生养成热爱读书的习惯，让中华博大精深的文化滋润孩子们的心田，陶冶其情操，启迪其智慧；有利于实施有效的道德教育，对建立“书香社会”“书香学校”起到了积极的作用。

快乐运动：由年级统一安排，由体育教师与班主任（部分班级由相关教师负责）协调管理，安排学生喜闻乐见的运动项目。快乐运动有利于全面推进阳光体育活动，指导学生积极参加体育锻炼，达到以健康的体魄、愉悦的身心投入到紧张有序的学习之中的目的。

快乐拓展：主要由基础型课程延伸的学科课程内容和满足学生个性发展需要的其他学习活动组成，是学生自主选择修习的课程。快乐拓展有利于提高学生自我规划和自主选择能力，有利于培养、激发和发展学生的兴趣爱好，开发学生的潜能，促进学生个性的发展和学校办学特色的形成。

2.课程设置及其说明。

快乐活动日为半天时间，根据学校实际，分别在三、四、五年级实施。课程由必修和选修两部分构成，并通过学分描述学生的课程修习状况。具体设置如下：

<table>
<tr><th colspan="2">年级
课程</th><th>三</th><th>四</th><th>五</th><th>学期总课时</th></tr>
<tr><td rowspan="2">快乐阅读</td><td rowspan="2">科目</td><td>《山谷诵韵之走进成语世界》</td><td>《山谷诵韵之亲近名人聆听名言》</td><td>《山谷诵韵之经典宋词》</td><td rowspan="4">3×18
（每学期每周一次，进行 18 次活动）</td></tr>
<tr><td>师生自主阅读</td><td>师生自主阅读</td><td>师生自主阅读</td></tr>
<tr><td rowspan="2">快乐运动</td><td rowspan="2">科目</td><td>跳绳</td><td>篮球</td><td>篮球</td></tr>
<tr><td>踢毽子</td><td>田径</td><td>羽毛球</td></tr>
</table>

课程		三	四	五	学期总课时
快乐运动	科目	田径	跳绳	跳马	3×18 （每学期每周一次，进行18次活动）
		小篮球	羽毛球	跳绳	
		游戏	乒乓球	田径	
		垒球	体育游戏	体育游戏	
快乐拓展	科目（语言类、艺术类、思维逻辑类）	油画棒	唐诗宋词撷粹	油画棒	
		我是小小主持人	灵巧的手工	生活知识电磁现象	
		成语接龙	快乐数学	快乐数学	
		童诗童话	快板	合唱	
		跳棋	油画棒	小小书法家	
		快乐数学	英语演讲对话表演	围棋	
		音乐情景剧	合唱	我是小编辑、朗诵	
		竖笛	小小书法家	快板	
		剪纸	象棋	泥塑	
		合唱	音乐情景剧	灵巧的手工	
		奇妙的发现（人文素质讲坛）	奇妙的发现（人文素质讲坛）	奇妙的发现（人文素质讲坛）	

说明：

（1）“快乐活动日”每学期每周一次，进行18次活动，总课时为54个课时。

（2）快乐拓展以分兴趣活动的形式进行，拓展部分的专题教育和班团队活动即《奇妙的发现》，可根据实际情况，进行内容选择和时间安排。包括自主拓展探究、社团活动、社会调查、参观考察等学校老师自行设计的实践活动。

（3）专题教育、社区服务和社会实践的课时可以分散安排，也可以集中安排。部分专题教育的内容可以安排在晨（午）会中进行。

（4）切实减轻学生课业负担。“快乐活动日”无当天必须完成的书面家庭作业。

五、课程实施

“快乐活动日”的开展，时间与内容的安排，要充分考虑各年龄段学生的生活经验、身心发展特点和学习基础，针对不同年级学生的身心特点，内容组织力求形式多样，富有弹性。活动内容不与基础型课程的教学内容重复。

（一）实施原则

系统化；内涵化；多元化；常态化。

（二）实施步骤

准备阶段

主要任务是启动“快乐活动日”课程的开发，做好思想、人员、规划、组织、教学等准备工作，在假期及开学第一周完成以下工作：

1.学校建立快乐活动日课程管理委员会，快乐活动日课程开发领导小组、快乐活动日课程开发审议小组、快乐活动日课程评价小组，制订快乐活动日课程规划方案、建立健全快乐活动日课程开发相关制度。

2.整合资源，发放家长问卷。询问家长们能为学校开设哪些课程，然后通过筛选，统筹安排，以整合快乐活动日的教育资源；评估学生对快乐活动日课程的需求，确定课程开发的重点。

3.教导处发放快乐活动日课程申请表和参考选题。学校在教师申报、学校审核、学生自主选课后，制定课程实施的流程。

4.教师确定快乐活动日课程科目，领导小组再次讨论，如何利用社会资源，将半日活动拓展延伸，制定活动日内容与安排。

5.通过审议的课程列入《城东小学学快乐活动日选课目录》。

6.教师挖掘教材资源，选择或编写教材，书写教学方案。

7.教务处选配快乐活动日课程教师。

实施阶段

实施过程：1.公布“快乐活动日”课程开设科目、指导教师及课程说明等；发放调查问卷，让学生自主表达最喜欢的活动与课程（体育、艺术、主题队会、其他）。

2.统计学生选课情况，调整“快乐活动日”课程科目学习人数。

3.教导处确定开课设节。

4.教师制订学期计划，上交教务处检查。

5.按“快乐活动日”课程课时计划表，有目的有计划地实施快乐活动日课程。

6.开展教学研究活动，研讨教材教学策略，提高教师对教材的驾驭能力。

7.定期检查、记录、测试，反馈实验情况，对出现的问题进行调查与诊断。

8.教师按学期对教材内容、教材的使用、学生学习效果进行阶段性的总结评价。

实施形式：根据需要采取学生走班的形式有计划地实施。

实施时间：每周星期三下午。

实施内容：

1. 快乐阅读。

参加形式：三至五年级学生必选。根据学校“书香致远”计划，活泼、有效地开展儿童阅读活动，帮助学生养成阅读的习惯，让学生充分享受阅读的温馨和美好，在阅读中不断丰富自己的阅历。

2. 快乐运动。

参加形式：三至五年级学生必选。学会一项体育技能，增强学生身体素质，培养学生勇敢顽强的性格、超越自我的品质以及竞争意识、协作精神和公平观念。

3. 快乐拓展。

参加形式：三至五年级学生自主选择。主要开展专题教育等限定拓展活动以及自主拓展探究、兴趣活动、社会调查、参观考察等学校自行设计的实践活动，自主拓展课。

（三）实施流程

1.选课。教务处在学期开学前一周，公布每个年级开设的快乐活动日课程方案（即专题）及授课教师，供学生选择。学生根据自己的兴趣爱好，填报选课志愿表。为便于统筹安排，每位学生可选报两个专题。教导处对学生的志愿表进行统计汇总。为提高教学效益，一般情况下，凡选择人数不足 20 人的课程暂不开设。

2.排课。教务处制订三至五年级“快乐活动日”课程开设计划，并将“快乐活动日”课程的开设排入总课表，开学前下发到每个班级。三至五年级的“快乐活动日”课程每周安排 3 课时，一学期按 18 周安排。在公布课表的同时，还要公布授课教师和学习地点。

3.上课。教师或教师小组根据学校安排，在指定地点组织开展教学活动。快乐活动日课程教学组织的要求与国家、地方课程的要求相同。要建立临时班级、组，加强考勤和考核。教师要精心备课，认真上课，并根据实际情况，及时完善课程内容，调整教学方式；学生应根据教师的要求，严格遵守学习纪律，积极参与学习活动，认真完成学习任务。

4.考核。每一专题学习结束后，教师要组织对学生进行考核，并向教务处提交课程实施总结。对学生的考核可采用测试、小论文、实验、设计、竞赛等多种方式进行，考核成绩折算成学分，纳入学生学期成绩考核之中。

（四）各年级具体安排

每周三下午各安排 3 课时，每学期 18 次，一学年课时总量共计 108 课时。

各年级“快乐活动日”活动日课程安排表

年级	时间安排	内容安排			学期总课时
		1	2	3	
三年级	每周三下午	快乐拓展	快乐阅读	快乐运动	3×18（每学期每周一次，进行 18 次活动）
四年级	每周三下午	快乐运动	快乐阅读	快乐拓展	
五年级	每周三下午	快乐运动	快乐拓展	快乐阅读	

六、课程管理

（一）建立“快乐活动日”实施专项制度

“快乐活动日”教学研究制度。全体教师均要积极参与“快乐活动日”的设计与实施，加强对全体教师“快乐活动日”的实施培训，活动期间专人负责巡查，实施过程中进行阶段性小结，不断完善、丰富实施方案。

“快乐活动日”安全制度。加强安全教育，确保活动有益，“快乐活动日”过程中，师生严格遵守相关安全制度，防止发生安全事故。

“快乐活动日”课程资源开发制度。充分开发、运用校外资源，确保人员、场地、设施的有益有效，促进“快乐活动日”的品质提升，优化学校、家庭、社会“三位一体”的良好育人环境，建立广泛而有效的课程资源网络。

（二）建立“快乐活动日”专项评价与考核制度

1.学生评价。学生采用“自我参照”标准，对自己在综合实践活动中的各种表现进行“自我反思性评价”；师生之间、学生同伴之间也对彼此的个性化的表现进行评定。对学生的表现性评价有三“注重”。

（1）注重过程性评价。在快乐活动日课程实施的过程中，要将关注的视角指向学生获得结果的过程，注重学生在活动过程中的体验和表现。在具体操作中，教师通过观察，采用即时评语的方式记录学生在综合实践活动过程中的行为、情绪情感、参与程度、努力程度等方面的表现，并将其作为评价学生的依据之一。

（2）注重多元化评价。多元评价就是要注重评价方式多元化、评价主体多元化、评价标准多元化，鼓励并尊重学生富有个性的自我表达方式：如演讲、绘画、写作、表演、制作等，并在此基础上引导学生进行自我评价、相互评价。教师、学生、家长、校外指导教师都可以作为评价者，切实增强评价主体间的互动；尊重学生的特有的生活经验和认识成果，采用多把尺子评价学生，使尽可能多的学生获得成功的体验。

（3）注重反思性评价。评价不是为了分等级，而是为了促进学生的发展。因此，教师要引导学生反思自己的实践活动，通过调动学生的认识和情感因素，激励学生自觉记录活动过程，投入对问题的讨论；在成果的分享及思考中，主动审视自己学习的利弊得失，逐步完善自己的行为，拓宽自己的视野，达到自我反思、自我改进的目的。

（4）注重综合性评价。综合考虑以下各项，分为“优秀”“良好”“一般”“较差”四类，以此作为学生获得该课程学分的依据及评选优秀学生的依据之一，具体由任课教师负责执行和落实，在该课程结束时由教导处统一登记并存档管理。学生如有不同意见可向学校提出，学校负责核实并及时反馈。

A. 学生学习该课程的学时总量。

B. 学生在学习过程中的表现如态度、积极性、参与状况等。

C. 学生的小组评议意见和任课教师的评价。

D. 学生家长的反映。

E. 学习成果（通过实践操作、作品鉴定、竞赛、评比、汇报演出等形式展示，记录于学生的成长记录袋内）。

2.教师评价。教师参与“快乐活动日”课程工作是教师的业务考核的重要内容之一。学校为了发挥评价对教师教学的促进作用，尝试建立一种全面评定教师教学业绩的体系。坚持评价主体的多元化，把自我评价、同行评价、学生评价、领导评价结合起来；坚持评价方式的多样化，把结果评价与过程评价、定性评价与定量评价结合起来；坚持评价内容的多维化；学校每学期召开一次“快乐活动日”课程研讨会，展示优秀教师的成功经验，解决存在的问题，及时总结“快乐活动日”课程的实施情况。

对教师教学工作考核的标准是：

（1）教师从教必须有计划、有进度、有教案、有考勤评价记录。

（2）教师应按学校整体教学计划的要求，达到规定课时与教学目标。

（3）教师应保存学生作品及在活动中、竞赛中取得成绩的资料。

（4）教务处通过听课、查阅资料、访问等形式对教师考核，记入业务档案。

（5）任课教师要认真写好教学反思，及时总结经验。

(6)教学的实际效果,学生的学习成果,学生的反映。

(7)学生家长的反映。

(三)全体在校学生均需参加“快乐活动日”活动

如有特殊情况,需出具医院相关证明或家长申请的,报备教导处,视具体情况酌情安排。

七、课程保障

1. 师资人员保障制度。

校长:负责设计“快乐活动日”的实施方案,动员布置,组织实施,开发筛选,确保“快乐活动日”课程实施方案落实到位。

教研主任:积极开展校本研修活动,认真制定活动目的培训和研修计划,并通过校本研修不断提升教师的科学素养、信息素养和艺术素养,培育一支能主动适应现代化教育要求,具有一定的人文素养和科学素养的师资队伍,为开展“快乐活动日”课程提供强有力的师资保障。

教导处主任:负责作息时间表、课表、任课老师及平时的“考课”。

班主任和后勤:负责组织活动和提供服务。

其他行政班子领导:分工明确,职责分明。

2. 活动经费保障。学校学生的半日活动经费均由学校支付,全部实行免费,以确保快乐活动的顺利展开。

3. 加强“快乐活动日”课程的宣传力度。积极发挥新闻媒体的作用,引导社会各界关心并支持“快乐活动日”课程的开展。

八、教材开发

快乐活动日课程教材包括纸质印刷材料(含教科书、教学参考书等)、电子音像视听材料等。因为是学校校本课程,所有教材全部由本校老师自主编写。

1. 内容的选择要关注学生的学习经历和兴趣,激发学生学习的积极性。内容的组织要强化活动设计和实践应用,要引发学生发现问题,鼓励学生想象与思考,促进学生体验与探究。

2. 内容的呈现要图文并茂,并通过简要举例、对比分析、逻辑演绎等手段,促进学生理解内容。

3. 内容表述要简明扼要、条理清晰、语言生动。

4. 教材编写要充分利用信息技术,积极开发适合学生特点的电子教材,形成文字印刷教材、电子视听教材以及网络课程资源相结合的一体化教材。

5. 教材编写还要重视开发和合理利用学校本身及学校周边已经具备的各类教育资源。

6.学校已编写《山谷诵韵》《山林拓韵》两套教材。

鹰潭市第八小学校本课程建设总方案

总负责人:邹晓军
主要成员:翁国伟　李慧琴　纪海玲　殷学丽　陈红霞
执笔:翁国伟

摘要:鹰潭市八小校本课程建设,以《教育部关于在大中小学全面开展廉洁教育的意见》为指导,依据"回归生活"的教育哲学、"建构主义"、"多元智能"等现代教育思想和新课程理论,结合学校"七彩·未来"的办学理念,基于校情和学情分析,围绕学校课程建设总体目标和课程建设标准,增强校本课程的探索性、实践性、综合性;以加强教师培训、提升开发水平、依托实践活动和丰富课程资源为抓手,加强学校课程管理和保障,促进课程实施;抓住校际层面、校级层面、家庭层面等,优化课程结构;注重课程评价可行性和有效性,为教师专业成长和学生发展服务。

一、学校课程建设指导思想

以"回归生活"的教育哲学、"建构主义"、"多元智能"等现代教育思想和新课程理论为指导,结合学校"七彩·未来"的办学理念,以"让师生拥有人生"为宗旨,以培养"乐学·探究"的学生和"博爱·启慧"的老师为目标,优化学校课程结构,致力于教学方式和学习方式的转变,促进学生主体的回归和学习能力的提高,关注学生身心健康成长,激发学生的内在动因,促进学生主动发展。坚持以师生发展为本,为教师专业成长和学生发展服务。

学校办学特色是依托"全国未成年人思想道德建设先进单位"优势,深化"廉洁文化进校园"教育活动,构建廉政教育进校园的长效机制,营造校园廉政文化氛围发挥"小手拉大手"的社会辐射教育功能。

校本课程顶层设计理念是以《中小学廉洁教育指导纲要》为指导,增强校本课程的探索性,促进课堂教学实践改革的深入和发展;突出校本课程的实践性,使学校教育与社会生活、学生的经验联系起来,打破学校与社会的隔阂,促进学生个性健康发展;体现校本课程的综合性,促进学科整合;通过校本课程的开发全面推动学校的各项工作,实现学校跨越式发展。

二、学校课程建设总体目标

校情分析:我校是"鹰潭市廉政建设示范基地",在校园文化建设活动中,围绕"感恩教育、生存教育、养成教育”三条主线，开展了丰富多彩的社会实践活动，有机整合学校、家庭、社会的教育资源；学校以实施“七彩教育”为主线，大力开展“架设学科桥梁，走向联动课堂”为主题的学科联动式“主题教学”校本教研活动，将校本课程开发融入到校园文化建设和学生综合实践活动、教师校本教研活动中，积累了校本课程开发的宝贵经验。

学情分析：培养学生怎样做人，做什么样的人，对整个国家和民族的未来都有着深远的现实意义和战略意义。小学生正处于思想意识形态萌发形成的阶段，在教学时把握好分寸，自觉、自然地进行廉洁教育，帮助他们从小养成讲诚信、守规则、言行一致、表里如一的良好行为习惯，逐步树立公平正义、克己奉公、民主法制的理念，诚心做事、诚实做人，成为合格公民。

基于校情和学情分析，我校课程建设总体目标为：在课堂教学、社会实践、校园文化中有机融入廉洁教育内容，以增强诚信意识为重点，为教师专业成长和学生全面发展服务，强调教师在课程管理与开发中的作用，享受校本教研过程，引领教师专业发展；加强课程内容与学生生活的联系，关注学生的兴趣和经验，使课程真正回归学生的生活世界，探索学生协作式学习、探究性学习、多维互动式学习能力的提升。

三、学校课程建设标准

依据《中小学廉洁教育指导纲要》，结合学情，拟定课程建设标准，使廉洁文化走进教材、走进课堂、走进头脑。通过教育活动，营造“崇廉、奉廉、赞廉”的社会氛围，培养正确、积极、健康的理想信念、道德观念、法制意识和社会责任，树立从小学做人，学做堂堂正正的人，学做清清白白的人的意识，使之成为全面发展的合格人才。

第一学段（1～2 年级）

1.阅读廉洁故事，了解廉洁的基础内容。

2.知道廉洁是一个国家公民应当遵守的基本道德规范和道德要求，知道在学习知识、与同学交往、集体生活中怎样做才能符合廉洁的要求，以按照廉洁的要求做为荣。

3.读古今中外人物的廉洁故事，从小播下廉洁的种子。

第二学段（3～4 年级）

1.使学生初步具有以廉洁为行为标准进行道德判断和做出道德选择的能力，从学习生活中的具体小事做起，培养廉洁意识、自律意识，养成良好的行为习惯。

2.积极参加“清廉美德、薪火相传”书画、摄影、诵读比赛。

3.知道廉洁是一个好品质。知道在学习知识中，不抄袭别人的作业、考试不作弊符合廉洁的要求。

4.知道与同学交往中，真诚待人、说话算数、不占别人的便宜符合廉洁要求。

5.知道在集体生活中，遵守纪律、爱护公物符合廉洁的要求。

第三学段（5～6 年级）

1.联系生活实际、社会实际，谈读后感受。开展实践活动，通过活动的形式，让学生从小为形成正确的人生观、价值观打下良好的基础，做敬廉崇洁的人。

2.上网搜集资料学习，结合主题写心得体会。

3.制作手抄报、参加社会调查、写倡议书。

4.参观熊云清纪念馆、廉洁宣传橱窗，组织或参加“以廉为荣”主题征文、演讲和文艺会演活动。

5.和学科学习链接,结合语文、品德学习,开展拓展学习和综合性学习。

6.积极参加"小手拉大手"活动,让家长通过孩子了解廉政文化,使家长重视言传身教和整个家庭健康向上对孩子的正面引导作用,时刻注意自己的言行,清清白白做人,干干净净做事,为孩子做榜样。

四、学校课程结构

1.校际层面:城乡互动、中小互动、小初衔接,中学老师、小学教师,城、乡小学多学科教师联合参与,同课异构、同课同研,探索课程联动模式,让教研多维互动,校本课程开发的广度和深度都得到全面展现。

2.校级层面:将校本课程开发融入到校园文化建设和学生综合实践活动、教师校本教研活动中。通过开展"架设学科桥梁,走向联动课堂"为主题的校本教研活动,经过"研究——开发——实践——反思——改进"的过程循环推进,教师用教材、说教材、研教材、编教材,开发、构建学校校本课程。各学科教师参与校本教研,经历"盲动"、"忙动"到迷茫,最后走出困惑,豁然开朗的心理历程,更新观念,改变角色,成为校本课程开发的研究者和实践者。

3.家庭层面:要加强与家长的沟通、合作,通过家长学校等有效方式对家长进行相应的教育,营造进行廉洁教育的良好家庭氛围。

4.教研组层面:教研组是校本教研的最基本单位,也是教师专业成长的沃土。校本教研只有真实地发生并且扎根在教研组,才能有效地开展。平实的、常态化的"校本教研"才是最有效的。校本教研作为促进教师专业成长的有效手段,要以教研组为单位搭建平台,促进教师的专业成长。

5.教师个体层面:师德建设中要有廉洁教育的内容,引导广大教师做廉洁的榜样。教师在不断地对自己课堂教学的研究中,引发了思考,促进了自我学习,自我反思。开展"校本教研"的实践与研究,就是促进教师之间交流与对话、沟通与互助、协调与合作,分享经验,彼此支持,共同成长。

五、学校课程实施

第一阶段:建立健全机构

校本课程的开发需要良好的组织保障。我校成立了以校长挂帅、教务处具体组织实施的校本课程开发领导小组和指导小组,负责对学校校本课程开发工作的领导与指导;语数英学科成立了教研组长负责的校本课程开发小组。

第二阶段:进行教师培训

校本课程不是教学层面上的一种教学活动,而是课程层面上的一种具有独立形态的课程,是最能体现学校特色、满足学生个性差异的发展性课程。我校通过"请进来"和"走出去"的办法组织可行的教师培训,增强教师的课程意识和课程能力,让课程开发成为教师发展的有力平台。

第三阶段:开展实践活动

课程资源包括丰富世界的方方面面,涵盖着家庭、社会、自然的每个角落。新课程背景下,为丰富校本课程资源,为落实国家课程,我校积极主动组织开展学生主题实践活动,组织开展"主题式"学科联动校本课题研究,进行校本课程开发,编写了校本教材,让"文本"课程成为师生的"体验"课程。

第四阶段:整合活动资源

学生实践活动的开展,积累了大量相关的校外资源和校本资源,筛选具有教育价值和课程意义的部分，根据课程目标利用整合好，创造性地开发学科教材。举行教师案例设计大赛，各学科教师以实践活动为背景和材料，结合学科课程特色，设计体现教师风格的教学案例。

第五阶段：开发校本教材

经历提出创意→学科设计→交叉说课→磨合调整→实践验证→分析问题→研究对策的探索过程，校本教材编写小组共同研讨，参与校本教材编写，语文、数学、英语课例组根据教材编排体系和特点，自行改编、自编单元教材，为进行教师校本教研培训提供了蓝本。

第六阶段：推进课题研究

我校有江西省中小学教育教学研究两项结题课题：《在学生社会实践活动中加强德育实效性研究》和《网络环境下协作式学习、探究性学习、多维互动式学习研究》。全国教育信息技术研究课题立项课题《信息化环境下个性化学习的模式与策略研究》已经顺利通过中期评估。要认真开展校本教研活动，确保课题研究落到实处，取得实效，提升教师专业化成长，促进校本课程建设。借助鲜活的实例，经历理论到实践、实践到理论、理论再到实践的多次磨合、印证，促进教师教育教学行为的改进，使教师的专业发展真正得以实现。

六、学校课程管理

1.争取专家支持。邀请擅长中小学课程建设研究的江西师大鹰潭分院姜亚民、王建荣两位教授和省市相关专家来校调研指导校本课程开发与管理。邀请教研室专家举办有关新课程课改革方面的讲座，了解新课程改革背景，解读新课程标准，帮助教师逐步树立整合的、实践的课程观。

2.建立管理制度。为了使校本课程开发落到实处，基于校情分析，我们制定了《校本课程开发纲要》及《校本课程开发实施方案》，明确了课程目标、课程结构、课程纲要、课程实施、课程评价等，确保校本课程的有效开发与实施。

3.优化激励机制。进一步优化校本课程管理研究激励机制，调动教师参与课程建设的积极性，如采取待遇纳入结构工资方案、完善相应的奖励制度等措施让教师在课程的整合、开发、建设中发挥聪明才智贡献才学与能力，体现生命的价值，创造事业的成功，形成个人的特色。

七、学校课程保障措施

1.纳入学校规划。学校课程建设，是学校特色项目建设的重要成长点，对学校的发展具有重要的意义。学校对课程建设进行顶层设计，将课程建设纳入学校发展规划，以课程建设推动学校教科研发展，实现学校跨越式发展。

2.加大经费投入。学校不断加大教育软件、硬件投入，构建现代教育环境，努力为校本课程的开发和实施提供必要的资金和物质保障。学校预计投入 4 万余元编写出版校本教材 5 本，计 1 万余册；投入 5 万余元征订大量素材类、学科类、综合类、工具类电教教材，建立教学资源库，方便教师选择、运用素材进行课程开发建设；预计投入 50 余万元为每个教室配备多媒体电脑、数码展示台、无线语音系统，为校本课程开发、校本教研、课题研究提供各种新型的手段与方法，使得现代教育技术与学科整合就在教师身边，就在教师办公室，就在学生教室。

3.组建协作单位。我校与鹰潭职业技术学院（江西师大鹰潭分院）共建教研基地，充分利用高校的科研、教学、人才、文化、信息等资源优势，指导我校在信息技术开发、科学研究、教学研究与改革、人才培养等工作，共同合作开展校本建设开发研究。学校还加入鹰潭市市直片区示范基地建设学校教研联合体，与“手拉手”兄弟教研协作单位共同探索校本课程的开发。

4.建设开发团队。为增强校本课程的探索性，鼓励和引导教师变为课程的开发者和课程知识的建构者、受益者，学校在评选评优、职称评聘、岗位晋级等方面优先考虑参加校本课程建设的教师，激发教师参与校本课程建设意识和信心。学校建立了校本课程师资队伍，积极有效地组织教师实施校本课程的开发。

八、学校课程评价

(一)学校课程评价根本目的

为了促进学生学习，改善教师教学。

(二)评价原则

1.准确性。反映学生的学习水平和学习状况，全面落实课程目标，根据不同年龄学生的学习特点，按照不同学段的课程目标，抓住关键，突出重点，采用合适方式，提高评价效率。

2.多元性。将教师的评价、学生的自我评价及学生之间的相互评价相结合。

(三)评价方式

1.形成性评价和终结性评价相结合，恰当运用多种评价方式。

2.坚持定性评价和定量评价相结合。

3.学校评价和家庭评价相结合。

4.认知评价和实践评价相结合。

(四)评价设计

1.评价设计要注重可行性和有效性，力戒烦琐，防止片面追求形式。

2.依据课程建设标准学段要求，以廉洁问卷测试题，评定学生道德认知等级。

3.班主任、思品老师、大队辅导员和家长共同为学生道德实践评价。

4.将学生参加的诵读比赛、制作手抄报、社会调查等廉洁主题实践活动表现记入学生廉洁档案。

江西省大余中学《随钱锺书一道与古人对话》校本课程建设总方案

总负责人：程秀全

主要成员：张芳芳　魏修平　蔡绵康　刘开梅　刘经福

执笔：程秀全

摘要：我校校本课程《随钱锺书一道与古人对话》缘自语文学科，而又独立于语文学科而存在，它具备自己本身的课程特点；它是学校精神文化的一个组成部分，是学校办学方针的一个整体体现；它是新课程改革的整体要求与我校教学实际相结合的产物。

一、指导思想

2008年，高中新一轮课程改革开始。这次课程改革，特别强调“知识与技能”“过程与方法”“情感态度与价值观”三个维度在课程中对学生终身可持发展的作用与影响。它一方面要求挖掘学科教材中蕴含的知识、技能，过程、方法，情感、态度与价值观，另一方面又要求开发课堂教学中生成的知识、技能，过程、方法，情感、态度与价值观。它要求在强调知识的理解、掌握与运用的同时，着重突出学生质疑精神和探究能力的培养，让他们更好地创造性地学习。

《普通高中语文课程标准（试用）》（以下简称“课程标准”）继续强调语文课程的基本特点是“工具性与人文性的统一”，要求“进一步提高学生的语文素养，使学生具有较强的语文应用能力和一定的审美能力、探究能力，形成良好的思想道德素质和科学文化素质，为终身学习和有个性地发展奠定基础”。“工具性”是语文学科的基本特点，“人文性”是对语文学科提出的更高更本质的要求。“语文素养”的提高不仅表现在“语文运用能力”上，更表现在“审美能力、探究能力”和“思想道德素质与科学文化素质”上，“终身学习”与“有个性的发展”不仅取决于“工具性”，更取决于“人文性”。为实现这一目标，我校语文教研组充分利用语文课程优势，结合《课程标准》提出的五个“课程目标”，积极进行校本课程的研究开发，把钱锺书先生的学术著作《管锥编》与高中语文教学相结合，独立开发出校本课程“随钱锺书一道与古人对话”。

我校创立于1923年，至今已走过九十二个春秋。自建校以来，学校一直秉承“扎根中华文化，培养社会栋梁”的宗旨，为祖国培养了一批又一批的人才。近年来，我校提出“文化引领，精神感召”的口号，成立了书画社、文学社、国旗护卫队，书法进入课堂，体育课分类教学，建立文化长廊、书法展示台，素质教育在大余中学正如火如荼地展开。校本课程“随钱锺书一道与古人对话”就是在这一精神指引下，经全体语文老师和全体学生共同努力所凝聚出的成果。

二、课程目标

《课程标准》要求从“知识和能力”“过程和方法”“情感态度和价值观”三个方面设计展开，着重强调学生语文素养提高和道德品德的培养，并明确指出学生应在“积累·整合”“感受·鉴赏”“思考·领悟”“应用·拓展”和“发现·创新”五个方面获得发展。我们的校本课程的课程目标紧紧围绕《课程标准》来展开。

1.注重知识的“积累·整合”。知识“积累”是个量变的过程，知识“整合”是个质变的过程，只有从“积累”到“整合”，才能让“外化”的知识“内外”，使“知识”成为“能力”。我们的校本课程特别注重知识的“积累·整合”。如《水可喻时，亦可喻情》（第一册）把古今中外关于“流水”的意象汇集在一起并梳理，整合出“流水”这一意象的特点：既可“喻时光匆匆、青春老去，又可喻情思悠长、绵绵不绝”。“整合”之后，不仅加强了学生对意象的感知，还有助于鉴赏能力与写作能力的提高。类似的还有“黄昏”意象、“送别情境”等，都着力于“积累·整合”中，培养学生的语感与文化的感受力。

2.培养“感受·鉴赏”能力。“阅读优秀作品，品味语言，感受其思想，发展想象力和审美力”，离不开语言的感受力与鉴赏力。“感受·鉴赏”力的提高不应抽象“行空”，而应具体“点地”。我们的校本课程尽力“点地”。如《用字重而非赘》（第二册），咬文嚼字，不仅斟酌文字的分量，更挖掘其中的思想与情感：分析“乃今然后”，突出炼字时“既记事迹又能宣情蕴”；分析“有如万分之一假令”，着重表现“心之犹豫，口之嗫嚅，即于语气征之，而无待莫状”；分析《项羽本纪》中的“叠用三‘无不’字，有精神”和《左传》中“犹尚”二字，着重累叠以增强语气。通过对语言的品味，感受作者的思想情感，培养学生的想象力与鉴赏能力。

3.培养“思考·领悟”能力。学生阅读作品，要逐步培养他们与文本独立展开对话的能力。《课本标准》提出，要让学生：“养成独立思考、质疑探究的习惯，增强思维的严密性、深刻性和批判性。乐于进行交流和思想碰撞，在相互切磋中，加深领悟，共同提高。”校本课程在这方面着力最深。《见象骨而想生象》（第一册）分析《鸿门宴》中范增千方百计欲致刘邦于死地而刘邦最终却逃走了，分析《荆轲刺秦王》中“易水送别”为何“皆白衣冠以送之”，指出史学家与小说家二者有相同之处，都必须“遥体人情，悬想事势，设身局中，潜心腔内，忖之度之，以揣以摩，庶几入情入理。盖与小说、院本之臆造人物、虚构境地，不尽同而可相通”。通过这些，让学生一方面明白“史固难尽信”，同时增强“尽信书不如无书”的质疑精神，“不唯书”而应有自己的见解；明确历史作品，特别是先秦两汉的史学作品多数为“见象骨而想生象”！通过这些，让学生明确，质疑精神是获取真知的一个关键，无论对哪一门学科，无论从事什么工作，都必须具备的，这是创新的前提。

4.注重知识的“应用·拓展”。学的目的是为了用，用不应局限于一方面，要能“举一隅以三隅反”，要做到这一点，就必须“增强文化意识”，既要“重视优秀文化遗产的传承”，也应“尊重和理解多元文化”，还应“注重跨领域学习，拓展语文学习的范围”。钱锺书先生的学术代表作《管锥编》，打通了中西文化的壁垒，采用古今中外互现的手法，在世界文化范围内分析中华文化，其观点材料，即展现了中华文化的博大精深，又展现了中华文化的痼疾，文化自信与隐忧均在其作品中得到展现。校本课程紧紧围绕这一点，努力提高学生的语文综合应用能力。如《文章“起结呼应衔接，如圆之周而复始”》（第二册）由探究散文的圆形艺术入手，由诗歌、小说、论述文的这一特点，进而涉及一切艺术作品，寻出规律，找出方法，总结升华，突出强调知识的“应用·拓展”。

5.培养“发现·创新”能力。《课程标准》要求让学生“注意观察语言、文学和中外文化现象，学习从习以为常的事实和过程中发现问题，培养探究意识和发现问题的敏感性”，要求学生“学习用历史眼光和现代观念审视古代作品的内容和思想倾向，提出自己的看法”，要“勇于提出自己的见解，尊重他人的成果，不断提高探究能力，逐步养成严谨、求实的学风”。校本课程注重这几方面。《“虚妄”与“真伪”》(第一册)中外互现，探究文学作品的虚实手法；《贫则奸邪生》(第一册)着眼于全面看问题，看到事情的另一面“富亦奸邪生”；《文雅渐进，勇猛随减》(第二册)在世界文化范围内考察文明与野蛮这个话题……所有这些，无不把中外文化现象放在一处比较，培养探究意识，提高探究能力，探索文化本质，对传统文化进行创新。以此思想为指导的《〈论语〉学习，不可忽略孔子的处事方法》一文，不仅在《语文月刊》2013年发表，还被中国人民大学书报资料中心全文转载。这充分说明在培养学生“发现·创造”方面的作用。

三、课程标准

在校本课程的研究开发中，我们根据新课程改革的“三维目标”，围绕学校的培养开拓创新型人才的办学目标，根据语文学科的五个“课程目标”，逐步确定校本课程的标准，由此来组织课程内容，我们的课程标准是：

1.培养学生的质疑精神与探究能力。

2.让学生学会辩证、全面地看问题。

3.让学生学会感悟生活，感悟文字。

这三个标准，不仅与新课改的一致，而且与当代社会生活相关。这是一个信息时代，信息的丰富开阔了我们的眼界，又迷惑了我们的双眼。如几年前有报道说，韩国学者称“汉字源于韩文”，因为韩国把端午节夺为己有的事在先，所以看了这则新闻后，我们都咬牙切齿——然而根据后续报道发现，这是某人的杜撰，用以煽动民族情绪；如今年在网上热传的“男司机暴打女司机”视频，刚开始网民群情激愤，偏向同情女司机，而行车记录仪公布之后，又一边倒的谴责女司机且称女司机该打；再如网络图片“学生为老师打伞”这一事件该如何评价，等等。

面对如此多而混乱并且真伪难辨的信息，我们应该如何对待？这让我们想到了质疑精神——这是面对信息首先必有的态度；质疑之后是探究——这是探求真相的必用手段；探究到最后，必须形成辩证全面看问题的能力；而要做到这一切，对生活的感悟力，是必不可少的。因而，我们以为，我们的课程目标，是从现实出发，直击生活本身的，着力培养学生的质疑、探究与创造力。这与我们新课改的目标是一致的。

四、课程结构

校本课程与高中语文教材相配合，对教材中所涉及的一些问题进行拓展延伸。课程依教材顺序编排，课程共两册，第一册为必修1~4，供高一学生使用；第二册为必修5·选修，供高二学生使用。

《对话》第一册分上下两编。上编依教材顺序截取、转译《管锥编》中的相关观点材料，所讨论的问题多数与教材相关，少数与教材关系不大，课文只是引子，引出话题，如《林黛玉进贾府》谈“胡言”，《劝学》谈“巫医”等。下编主题相对集中，为诗歌鉴赏，主要是对“言外之意”“动静结合”等艺术手法与特定意象的探究。第二册与第一册结构基本相同，只是“诗歌鉴赏”部分改为“关于生活”。这部分文字与教材无关而与人生有关，因为“语文学习的外延与生活的外延相等”，这部分文字是想让学生把语文学习与生活结合起来。

在编译《对话》的过程中，相关文字与备课组同仁一起讨论，他们提供的新材料新观点，在正文中穿插，并署名；相关文字也曾下发到学生手中，学生读后在文字旁作批注、谈感受，编译成册时也把他们有价值的材料收集起来，穿插于正文中，并署名。

钱锺书先生《管锥编》用典雅的文言文写成，校本教材中文字考虑到读者对象，多数文字已转译成现代文，但较平易的文字仍保留本色。较为精彩的文字，要么在译文后以括号形式注明原文，要么在篇章后面附录原文，供有兴趣的同学参考使用。《管锥编》引述的材料中涉及多种外文，钱锺书先生以文言文的形式译出，小册子保留了英文，中英文互现，供有兴趣的同学参考使用。

五、课程实施

校本课程的研究开发与实施其实是混合在一起的，二者互相促进。为方便进见，梳理课程实施如下：

1.《对话》人手一册。学校每年暑期印刷不断修订的校本课程教材《随钱锺书一道与古人对话》，在学年初分发到学生手中，做到人手一册。

2.教师上课穿插。任课教师在教学过程中，联系校本课程中的相关内容，对知识点进行拓展延伸，让学生认识更广更深，同时引导学生阅读校本课程。

3.定期开设讲座。根据学生学习进度，在高一、高二年级下学期开设专题讲座，每个年级各四讲，学生根据兴趣选修，算入学分。讲座内容为对平时教学中穿插的内容进行的综合概括。

4.与校文学社相配合。在文学社中定期开展校本课程讨论会，学生畅谈读书心得，并设置“校本课程研究开发”投稿箱，学生相关心得体会将在修订本中加以采用，同时在社刊《二月花》中发表。

六、课程管理

校本课程“随钱锺书一道与古人对话”由张芳芳校长任组长，程秀全老师任副组长，全体语文教师共同参与。

编写与修订均由张芳芳校长主持，程秀全老师撰稿，全体语文教师共同参与讨论定稿。

教师备课过程中，除备教材备学生外，同时要求备校本课程，要求校本课程中的相关内容在备课本中有所体现。

文学社定期开展对校本课程的讨论，文学社刊《二月花》中设置校本课程栏目。

七、保障措施

1.领导参与支持。校本课程的研究开发由张芳芳校长亲自主持。张芳芳校长作为学校最高领导，全力支持校本课本研究开发，在人力、物力、财力上提供了最强有力的支持与保障。同时，张芳芳校长作为资深语文教师，理论知识与实践经验丰富，为校本课程的编写、修订与实践确定了正确的方向。

2.图书馆藏书丰富。校图书馆教育教学理论与实践方面的期刊著作及古今中外文学作品颇为丰富，既利于老师查找资料，进行理论方面的学习，又利于学生在校本课程的指导下，有目的有意识的阅读各类作品。

3.拥有先进的现代化设备。学校在2007年前就为每个教师配备了笔记本电脑，同时学校安装了无线网络，为教师查找资料及了解最新教研动态提供了方便。

八、课程评价

学校把校本课程纳入学校课程体系，校本课程老师与其他任课教师一样，纳入正常教学评价体系：

1.学校评价。学校每学期定期检查校本课程老师教案，要求备课必须符合教学常规，有作业布置与检查，期末必须有考试。

2.学生评价。每学年结束时，学校组织学生对校本课程老师进行公开评价，学生打分纳入教师评价体系中。

3.社会评价。每学年由学校提头，上级教育部门组织，成立包括学生家长在内的评价委员会，对校本课程进行评价。评价内容包括校本课程对学生整体素质提高的作用、学生作品发表的数量、以校本课程为依托的论文发表情况及校本课程在本县本地本省的影响力等。

课程概述

南昌二十一中《万寿宫文化》校本课程介绍

总负责人：万群荣
主要成员：李公友　李景兰　杨柏凌　刘志盛
执笔：杨柏凌

南昌二十一中结合学校历史沿袭、办学特点以及教育变革趋势，开发《万寿宫文化》等校本课程，在长期的办学实践中，围绕“崇德、明理、笃行、拓新”的校训，始终坚持“一切为了学生，为了学生的一切”的办学思想，以“课程应适应和促进学生的发展”为原则，充分利用学校现有的教育教学特色以及特有的校园文化资源优势，认真做好校本课程的开发与研究，带动学校师资队伍建设与课程开发、管理、评价和教学资源开发等方面的和谐发展。

我校是在铁柱万寿宫遗址上兴建的，在这块土壤里产生的万寿宫文化曾经对我们南昌乃至江西的经济文化生活、风土人情产生过极大的影响，她造就了历史上富庶而光耀的“江右”文化，对赣地的经济、文化、宗教、民俗产生了巨大影响。我们从学生和教师的实际需要出发，从地区经济文化氛围和社会人才的需求出发，“自主、灵活、实用”地贴近学生，寻求师生教学共鸣，最终在我校形成一套比较完善的开放、民主、科学的一套现代教学课程体系，建构一种对话、合作与探究的课程文化。

德兴市银城第一小学《责任根深 礼仪花繁》校本课程介绍

总负责人：杨凌英

主要成员：杨立军　祝细佑　郑冬香　胡炜萍　徐飞燕

执笔：杨立军

为了积极适应新课程改革的需要，加快我校校园文化建设的步伐，全面推进“德”文化的发展，加强对学生进行责任、文明礼仪等思想道德教育，我校开发实施了校本课程——《责任根深 礼仪花繁》。学生的责任感主要包括：对社会的责任感、对国家和民族的责任感、对家庭负责的责任感、对自己负责的责任感、对他人负责的责任感、对集体负责的责任感、对人类与自然环境的责任感。学生的责任心有三个层次，内容分六个方面，核心的素质同样也有六点，每一种素质分三种水平，针对低中高年级三种水平的学生分别提出不同的要求。针对此课程，我校编写了一套完整的教材。

九江县第一小学《我爱我家》校本课程介绍

总负责人:邹晓军

主要成员:翁国伟　李慧琴　纪海玲　殷学丽　陈红霞

执笔:翁国伟

九江县第一小学校本课程主要是在落实党的教育思想,彰显学校办学特色的基础上,根据学校现有资源,学生的成长需求,促进学生的可持续性发展而设立的。

学校校本课程体系包括五大方面的内容:

1.“我爱我家”校本课程。

2.“综合实践活动”校本课程。

3.“国学经典”校本课程。

4.“石画”“陶艺”校本课程。

5.“养成教育”校本课程。

校本课程《我爱我家》对我县(校)优秀的人文资源、地方特色有着充分的体现和利用,力求以我县丰富的文化底蕴、优美的风光景色为本,体现出地方人文特点。课程紧扣九江县的人文、历史、景观、特产和学校办学特色等方面,以“我爱我家”、九江县是我们的家乡为主线,从各方面突出“家”的概念,倡导大家爱家乡的人、爱家乡的景、爱家乡的故事。

在校本教材《我爱我家》中,着重介绍了九江县的社会、文化、环境等方面的情况,让同学们了解、认识、热爱九江县,树立热爱家乡、建设家乡的思想情感和远大理想。本教材共 16 个课题,每课题按 1 课时进行编写,教学上每周安排 1 课时,在四年级上学期进行试用。

为促进学校的校本课程走上与时俱进、不断完善之路,学校成立校本课程实施的三级监控评估体系:(1)课程开发,课程实施的自我评估、诊断;(2)学生及家长对课程质量、效果及满意度进行问卷调查综合反馈;(3)对各类汇总反馈信息进行分析处理,对相关课程进行评估诊断,向学校提出修改、完善意见。

万载一小校本课程介绍

总负责人：丁梓秀

主要负责人：赖永忠　袁江红　彭　芳　胥　浩　高丽敏

执笔：赖永忠

万载一小从学生特点和学校特色出发，开发出多样性的、可供学生选择的校本课程，以促进师生全面发展，打造学校特色品牌。主要分为以下几类：

1.特色类（经典诵读）：学龄前儿童《弟子规》《三字经》，一年级《中华字经》《笠翁对韵》，二年级《朱子治家格言》《诗经》，三年级《论语》，四年级《大学》《中庸》《史记》《资治通鉴》，五年级《孟子》《老子》，六年级《庄子》《历代散文》。

2.欣赏制作类：摄影、剪纸、折纸。

3.艺术类：鼓号、器乐、唱歌、舞蹈、书法、绘画。

4.体育类：球类、跳绳、毽子、武术。

5.德育类：文明礼仪、诚信教育、感恩教育。

6.语言类：演讲与口才、播音与编辑。

新余市暨阳学校德育校本课程《我要学会》建设方案

总负责人:胡美琴
主要成员:阮淑艳 彭 娟 曹翠红 黄奕莹
执笔:胡美琴 彭 娟

我校开发的校本课程《我要学会》围绕我校“学会做人、学会求知、学会生活、学会劳动、学会健体、学会感恩”的“六个学会”办学宗旨及学校提出的“基础宽实、素质优良、个性发展、适应未来”的育人目标，优化学校课程结构，坚持以学生发展为本，充分发挥学校、家庭、社会三方资源，促使每一个学生都得到发展。

校本课程采用“课内＋课外”结构：课内，即每周一次的校本课堂教学；课外，即围绕“我要学会”校本课程开展的主题班会、体验活动。

一至六年级分别以“六个学会”为主题分步进行课程实施——学会做人，学会生活，学会求知，学会健体，学会劳动，学会感恩——主题相似，目标递进，自成一体。

同时我校还编写了相应的校本教材《我要学会》，能够从小学生的心理特点和认知规律出发，深入浅出，图文并茂，寓教于乐。教材从故事入手，采取听一听、唱一唱、说一说、议一议等方法，符合新课程新教材的编写规律和创新要求；注重学生的体验和践行活动，有利于提高学习水平、增强学习效果；提供小资料和格言警句、导读启示，有益于启迪学生的心智，开拓提升学生综合素质的天地。

新余市暨阳学校校本课程《书香童年》建设总方案

总负责人:胡美琴
主要成员:廖小敏　宋金红　李庆宇　黄　燕
执笔:廖小敏

九年义务教育《语文课程标准》把课外阅读放到了极其重要的位置,要求学生一至九年级课外阅读总量在400万字以上。可是,在影视网络和电子音像占主体元素的文化背景下,我们的孩子与书本的亲密接触越来越少,实际阅读量与这一目标相去甚远。据调查统计,中国孩子的平均阅读量仅达美国同龄孩子的1/6。

新余市暨阳学校正是针对这一现实开发了《书香童年》校本课程,创设浓郁的阅读氛围,使学生"好读书,读好书",建设"书香校园",促进学校走上内涵发展之路,也为"书香社会"的建设助一臂之力。课程结构如下:

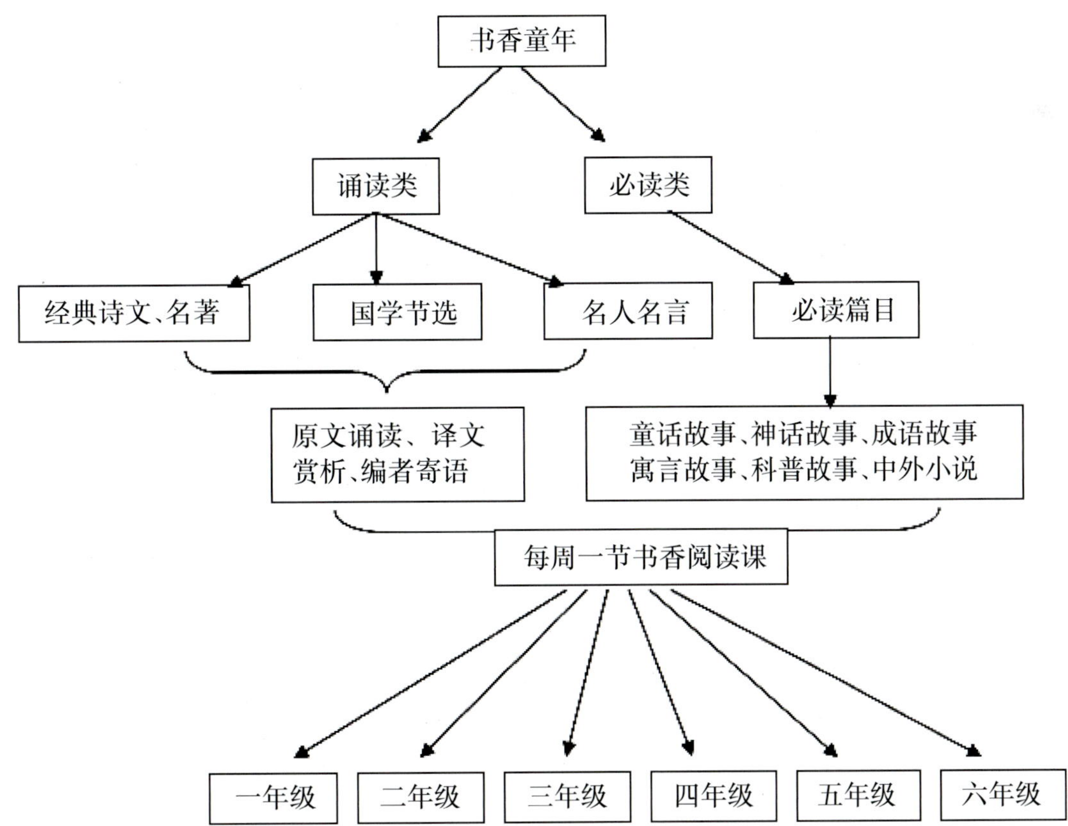

新余市明志小学校本课程《用心养成我成材》建设方案

新余明志小学的办学愿景是"用心养成我成材"，"成材"就是成为轮子。用"十心养成十种习惯"培养学生十方面的素养，用"十大校园内涵文化节"培养学生十方面的能力。"我"就是指学校的每一位教师、家长和学生。教学相长，教师、家长的人格未必都健全，素养未必都全面，因而教师、家长在培养孩子成材的过程中可以做到育人先育己——行为世范，榜样的力量是无穷的，从而不断形成"恩泽学生、完善自我、成就事业"的教风，实现"修身治学让师生共同成长，健体精艺让生命健康快乐，文雅自律让校园安全文明"的办学目标，家长也是如此。"成材"就是要求教师、家长要像工人、农民一样把每一种不同的天然材质——遗传基因不同的每个孩子（他们中有的是一块矿石或一抔优质泥土，有的是一棵乔木或灌木种子，有的是一粒花籽或草籽……）塑造、培育成正品的一片砖瓦、一块钢铁、一棵参天大树——栋梁之材，或者是一丛青绿的小灌木、一花一草——一名合格的劳动者。让每个孩子在家庭、学校、社会的工场、农场里，在老师、家长的培育、陪护下充满自信，练就、成长为有用之才——做一个健全的公民。这就是明志小学全体教师、家长、学生共同的中国梦！

明志小学在围绕办学愿景探索素质教育最佳模式的过程中，经过不懈地追求和探索，创建了"十心十品养成教育育人工程"新班队会校本课程《用心养成我成材》。我校课程建设团队根据每个年级段学生的年龄特点、综合素质发展情况，进行科学分析，研究开发《用心养成我成材》新班队会综合实践校本教材 6 本 12 册。教材内容紧密围绕"十心"主题，针对每一主题分年级、有梯度地确立 24 个小主题，涉及学生德、智、体、美、群、生每个方面的细节。在结构上，全书分为 6 个年级，每个年级分为上、下册，每册十对主题，我们通过实景、电脑图解以及少量文字说明等形式来充实丰富教材，突出教材的生本性、模仿性、活动性、实践性、可读性、完整性等特点。

我们同时创立学生操行评价体系，该评价体系依据的是人本主义心理学家马斯洛的成就动机理论。在校本课程《用心养成我成材》的每个课题末尾建立学生自评、互评、家长、教师四个维度的评价机制，同时配以班级、年级、职能部门及学校四级评价奖励机制：十心养成荣誉心卡、荣誉心章、荣誉记录、荣誉证书、荣誉奖状；学生每获得班级导师发给的"荣誉心卡"，2 枚同类心卡可以到年级组加盖相应的荣誉心章进行认证；每学期获得 6 颗心章以上可到德育处领取 1 张相应的荣誉证书；集满 6 张以上荣誉证书可获得与导师、校长合照以及校长签名的荣誉奖状并在开学典礼上颁奖。该校设计发明的这套学生操行评价卡目前已被国家专利总局授予"外观设计专利权"。

教材节选

《航空梦 飞无垠》节选

——南昌市洪都小学校本教材

主　编：刘红英

目录
MU LU

第一单元　历史回眸
10 飞机的摇篮
14 亲切的关怀
18 我是洪都人
第二单元　飞机探秘
24 走近强五
26 飞上蓝天的奥秘
36 飞机组装
第三单元　梦想起飞
48 人类飞翔的历史
58 多样的飞机
第四单元　在蓝天下
64 我爱洪都
66 我爱航模

目录
MU LU

第一单元　历史回眸
10 教练机基地
14 关怀中成长
20 洪都精神
第二单元　飞机探秘
28 走近教8
32 飞机的心脏—发动机
36 飞向蓝天
第三单元　梦想起飞
46 梦想启航
54 梦想新起点
58 丰富多彩的风筝
第四单元　在蓝天下
76 我当小记者
80 学做竹蜻蜓

目录
MU LU

第一单元　历史回眸
08 中国航空史上的第一
12 航空“种子”播撒全国
22 卓越的航空人
第二单元　飞机探秘
34 走近 L15
42 空中的“神兵利器”——飞机如何作战
52 空中交通管制
第三单元　梦想起飞
60 探索太空
74 航展——奇幻的视觉盛宴
第四单元　在蓝天下
82 与飞行员叔叔对话之一——如何实现飞行之梦
86 与飞行员叔叔对话之二——奇妙的飞行体验
90 放飞心愿 ——孔明灯
98 参观学校航展厅

洪都小学校本教材《航空梦　飞无垠》的开发，既重内容又重形式，既重目的又重过程。这是因为国家课程基本已限定了学校的主要教学内容，也就是说，对于小学教育国家已经有基本知识技能、情感态度与价值观方面的要求，且涵盖面广。如果学校的校本教材与国家课程发生重叠，不仅没有什么意义，而且还浪费了教育资源，甚至无形中加大了学生的负担。校本课程的建设，应轻功利重理想，贴近学生生活，丰富学生生活，把生活当课堂，把课堂当生活，重视交流合作体验，促进学生情感、个性、认知等整体素质的发展。

（中年级上册第二单元第二课　飞上蓝天的奥秘）

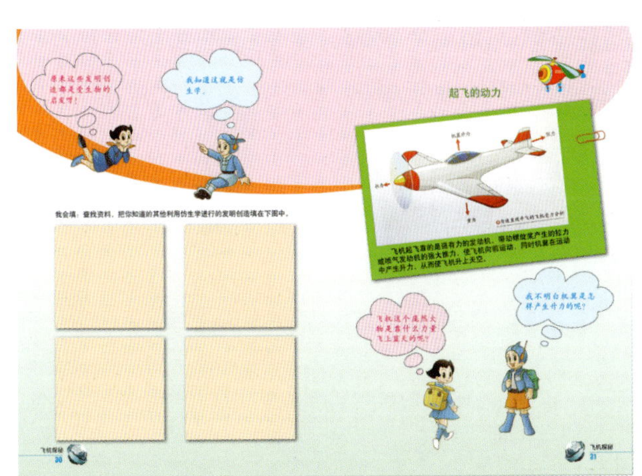

设计理念：教材中介绍飞机起飞动力的时候，用飞机模型示意图的方式，展示了飞机起飞靠的是强有力的发动机带动螺旋桨产生的拉力或喷气发动机强大的推力，使飞机向前运动，同时机翼在运动中产生升力，从而使飞机升上天空。接着，在理解难点“飞机升力产生的过程”中，运用实验法，如小实验：两手各拿一张薄纸，使他们之间的距离大约4~6厘米，然后用嘴向这两张薄纸中间吹气。你会看到，两张纸不但没有分开，反而相互靠近了。教学时通过各种实验使学生明白，飞机机翼上下表面的压力差，使飞机获得了向上的升力。学生通过亲历实验的每个环节，自主发现探究，解开了飞机飞上蓝天的奥秘。最后安排了动手操作的环节，让学生折纸飞机，并鼓励孩子们和老师一起在室外放飞纸飞机，比比看谁的纸飞机飞得高，飞得远，飞得久。

（高年级上册第三单元 航展——奇幻的视觉盛宴）

小调查

珠海航展从1996年至今共举办了多少次？
中航工业洪都生产的K8、L15飞机参加了哪些重要国际航展呢？

美国“雷鸟”飞行表演队

“雷鸟”是北美印第安神话里一种全能神灵的化身，它在空中具有挥舞雷电的威力。古代印第安人以代表本民族的红白蓝三色描绘“雷鸟”形象，这与美国国旗“星条旗”的三种颜色相符。所以“雷鸟”飞行表演队战机采用红白蓝三色组成艺术形象。“雷鸟”飞行表演队经常采用“菱形”、“楔形”、“一字”等编队队形，表演动作惊险刺激，令人目不暇接。其中4机“菱形”编队为“雷鸟”的绝技，头尾相衔，机翼相接，令人惊叹。

77

俄罗斯“雨燕”飞行表演队

俄罗斯空军“雨燕”飞行表演队成立于1991年。“雨燕”飞行表演队的前身是莫斯科库宾卡基地的空军。库宾卡基地是俄罗斯歼击机飞行员心中的圣地，是提高飞行员飞行技能的航校。

法国“法兰西巡逻兵”飞行表演队

法国空军的“法兰西巡逻兵”飞行表演队正式成立于1964年2月。飞行表演队的飞机涂着同法国国旗一样的红、白、蓝三种颜色，机群在空中做飞行表演时也常常把三种颜色的烟迹留在空中。它象征着“自由”（红色）、“民主”（白色）、“博爱”（蓝色），体现了法国人民勇敢、浪漫的传统和对未来美好的愿望。

英国皇家空军“红箭”飞行表演队

英国皇家空军第一支喷气式飞机大队成立于1947年，是由来自汉普郡Odiham空军大队的三架“吸血鬼”式战斗机组成的。自1968年至今，“红箭”一直在表演九机编队，而且从那时开始“九机菱形”就成为了他们的标志性队型。

中国人民解放军空军八一飞行表演队

中国人民解放军空军八一飞行表演队，组建于1962年1月25日，当时称“空军护航表演大队”，1987年被重新命名为“八一飞行表演队”，其主要任务是对外迎宾和礼仪特技表演飞行。“八一”飞行表演队是世界四大第三代超音速飞行表演队之一，表演队队员飞行时间均在1000小时以上，歼–10飞行时间在300小时以上，飞行等级在一级以上。表演队成立40多年来，历经6次大换装，从歼5时代跨进歼10时代，用愈来愈精湛的表演技艺向世界展示着中国航空业发展的轨迹。

78

了解在国际上重要的航展，如英国范堡罗航展、新加坡亚洲航展、阿联酋迪拜国际航展、珠海航展。接着，教材用图文并茂的形式展示了中航工业洪都的航展之路。然后介绍了航展上精彩的飞行表演，真是一场精彩奇幻的视觉盛宴。其中有名的飞行表演队有美国雷鸟飞行表演队、法国法兰西巡逻兵飞行表演队、俄罗斯雨燕飞行表演队、英国皇家空军红箭飞行表演队、中国人民解放军空军八一飞行表演队。最后介绍了飞行表演队的各种队形，并尝试着鼓励孩子利用制作的纸飞机模拟飞行表演队进行编队飞行。教材设计由浅及深，能够让学生更有兴趣也更益于接受航空航天知识的熏陶。在学习环节中，安排交流并欣赏收集到的图片，当航展小记者，小组编队飞行等活动，让学生在玩中学，在生活中学，在思维中学，在快乐中学。

（中年级下册第三单元第三课 丰富多彩的风筝）

3 丰富多彩的风筝

风筝的由来

村居

（清）高鼎

草长莺飞二月天，
拂堤杨柳醉春烟。
儿童散学归来早，
忙趁东风放纸鸢。

我的风筝叫做

它最特别的地方是

春天来了，我们放风筝去。

在初春时节，人们禁不住春姑娘的呼唤，来到郊外，踏着青草，迎着春风，放飞各色的风筝。

69

实战学习

在放飞过程可能会遇到的一些情况：

飞行情况	问题所在	采取的对策
飞不起来	弄错方向	改成迎风而站
左右摇晃“翻跟头”	中线栓得不合理，使风筝下部受力过大。	把风筝中线的位置前移逐渐调整
旋转	风筝制作失误	在尾部加上一细线做为尾巴

放飞心得

一片片彩云空中舞
一根根银线手中握
一张张笑颜尽情露
一声声欢笑止不住

72

设计理念：学校为满足学生个性发展和进行校本课程开发，如果仅仅是增加一些科目，或者让学生加大一些阅读量，这种校本课程就没有什么更大的价值，而形式多样的学习方式，丰富多彩的学习过程，是值得重视的，更应该纳入校本课程的建设范畴。这一课的开篇用清朝诗人高鼎的一首诗《村居》，引出“丰富多彩的风筝”这一主题。先介绍了风筝的名字由来，再用图文并茂的形式介绍了风筝的种类：平面和立体两种。借用插图让学生们领略了世界各国风筝的变化，重点介绍了“风筝之乡”山东潍坊的风筝。接着，老师邀请每一个孩子，在初春的季节，踏青去放飞风筝。孩子翔翔还请来了李老师——放风筝的专家，并把他放风筝的技巧与同学们分享。孩子们在尽情地放飞风筝之后，会发现许多问题，也会有许多感悟，继而创造出许多绘画作品和文学作品，如《放飞心得》这首小诗：一片片彩云空中舞，一根根银线手中握，一张张笑颜尽情露，一声声欢笑止不住。最后，翔翔还鼓励孩子们去做另外一个风的“精灵”——风车。

本课的教材安排了读风筝的诗、讲风筝的来历、欣赏风筝、设计风筝、放风筝等活动。这些活动都是孩子们喜闻乐见、乐于参加的活动，孩子们在活动中充分地交流、合作、体验。教材实实在在地把多学科进行整合，把文学、绘画、综合实践很好地结合在了一起，创造性地用好了教材。开篇的古诗《村居》，既充满文学韵味，又让学生领略到了风筝带来的美感，感受到了放风筝的快乐，更将航空梦想的种子悄悄地在孩子们的心田播撒。学生在放完风筝后创造出的小诗《放飞心得》与前面的古诗《村居》前后呼应，相得益彰，浓浓的书香之味油然而生。放风筝这个环节，设计了“问题清单”“放风筝技巧”两个小栏目，让孩子们敢于实践，并在实践中发现问题、解决问题，实现知识之间的如何融会贯通，多方面提高学生的能力。

（中年级上册第一单元第一课 飞机的摇篮）

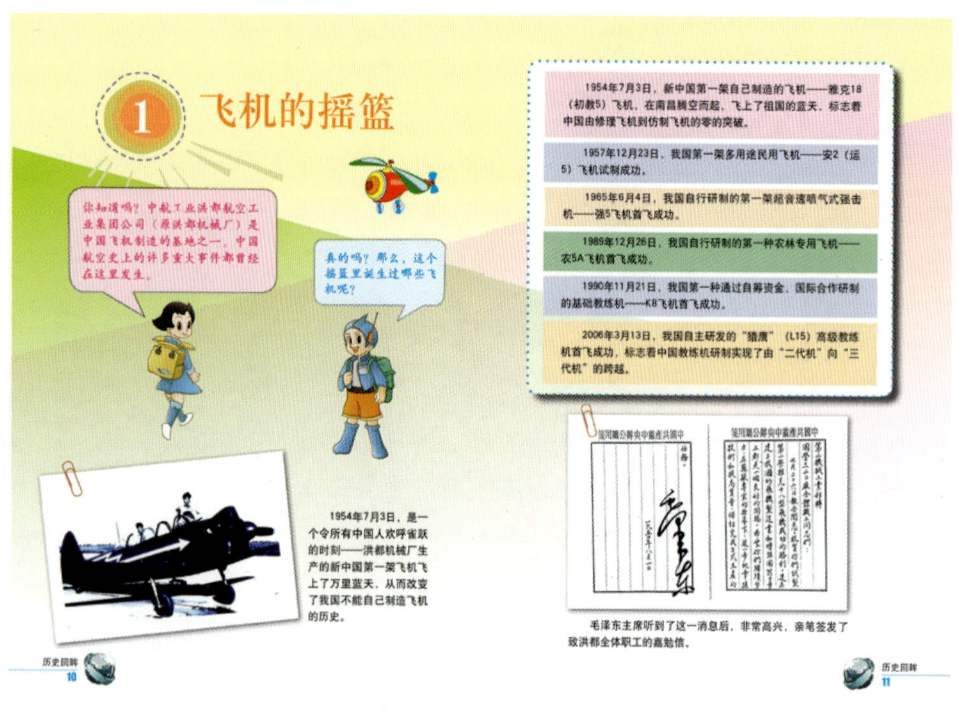

1 飞机的摇篮

你知道吗？中航工业洪都航空工业集团公司（原洪都机械厂）是中国飞机制造的基地之一，中国航空史上的许多重大事件都曾经在这里发生。

真的吗？那么，这个摇篮里诞生过哪些飞机呢？

1954年7月3日，新中国第一架自己制造的飞机——雅克18（初教5）飞机，在南昌腾空而起，飞上了祖国的蓝天，标志着中国由修理飞机到仿制飞机的零的突破。

1957年12月23日，我国第一架多用途民用飞机——安2（运5）飞机试制成功。

1965年6月4日，我国自行研制的第一架超音速喷气式强击机——强5飞机首飞成功。

1989年12月26日，我国自行研制的第一种农林专用飞机——农5A飞机首飞成功。

1990年11月21日，我国第一种通过自筹资金、国际合作研制的基础教练机——K8飞机首飞成功。

2006年3月13日，我国自主研发的“猎鹰”（L15）高级教练机首飞成功，标志着中国教练机研制实现了由“二代机”向“三代机”的跨越。

1954年7月3日，是一个令所有中国人欢呼雀跃的时刻——洪都机械厂生产的新中国第一架飞机飞上了万里蓝天，从而改变了我国不能自己制造飞机的历史。

毛泽东主席听到了这一消息后，非常高兴，亲笔签发了致洪都全体职工的嘉勉信。

历史回眸 10　　历史回眸 11

设计理念：《飞机的摇篮》用图文并茂的形式，直观形象地向我们展示了中航洪都集团辉煌的历史。校本教材以中航工业洪都集团生产发展的基本情况为蓝本，着重介绍了中航工业的辉煌历史和系列飞机、航空航天方面的基本知识。让同学们了解洪都、认识洪都，树立起献身航空、献身科技、建设家乡建设祖国的理想。校本教材也是为校园文化做贡献的，而我们的校园文化“蓝天文化，空间教育”，就是以航空航天的母体文化为龙头，营造高远宽松的发展环境和增长空间，树立远大卓越的理想，培养达观向上的情怀、智慧严谨的态度和健康自由的个性，实现学生自主、健康，可持续发展。在这一课之前，教师布置学生通过书报、网络或采访家人邻居等方式收集洪都人创业敬业的励志故事等教育内容。教材融科学性、人文性、趣味性为一体。在中年级上册的教材中，我们可以看到“我是洪都人”“我爱洪都”“我爱航模”等专题，在后续的高年级教材中，还会接触到“洪都精神”“幸福的航空人”等专题。

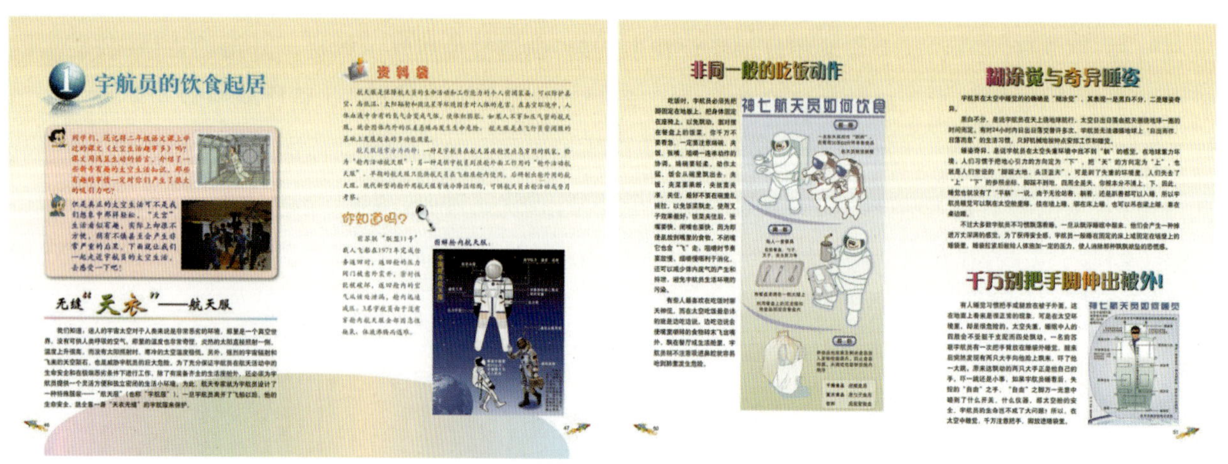

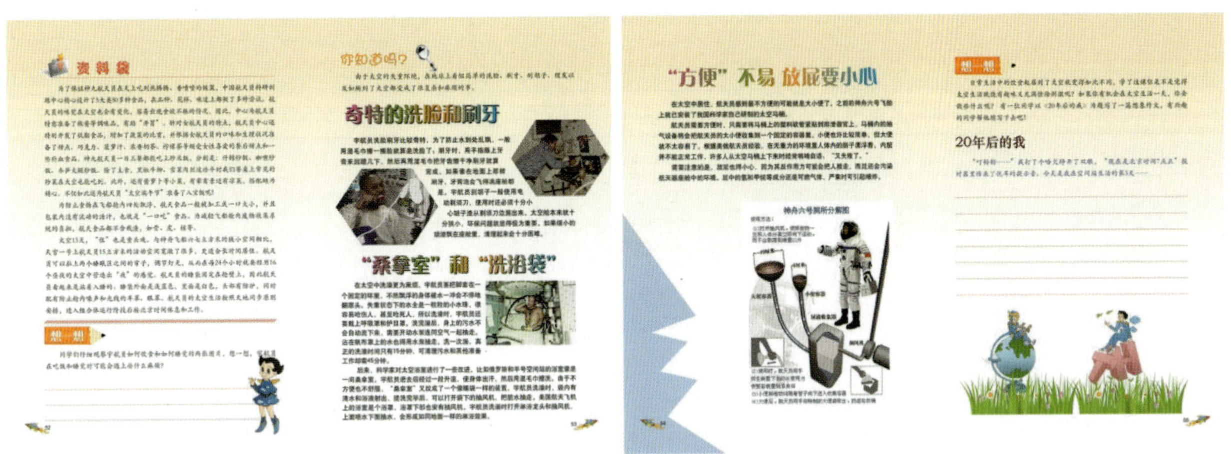
资料袋

想一想

你知道吗？

奇特的洗脸和刷牙

“桑拿室”和“洗浴袋”

“方便”不易 放屁要小心

神舟六号厕所分解图

想一想

20年后的我

（高年级下册第三单元　宇航员的饮食起居）

设计理念：“天衣无缝”这个成语想必每个人都非常了解。而第一课《宇航员的饮食起居》中，首先介绍的就是天衣无缝的航天服。航天服是航天专家为宇航员设计的特殊服装，是航天员生命的保障。航天服可分为两种：一种是宇航员在航天器座舱里应急时穿的服装，称为舱内活动航天服；另一种是供宇航员到座舱外面工作用的，称为舱外活动航天服。教材接着介绍了，航天员在太空里非同一般的吃饭动作和不分黑白的糊涂感觉以及奇异的睡姿。最后教师可结合图文和航天员做实验等视频介绍在太空失重的环境中，宇航员们洗脸、刮脸、洗澡等的奇特方式。其中最令人忍俊不禁的是宇航员方便的困难，甚至连放屁都要小心。最后教材安排了一篇想象作文创作，让每个孩子以《十年后的我》为题写一篇想象作文，介绍在未来空间站生活的日子。

南昌大学附属小学上册教材节选

目 录

第一章 认识蔬菜

第一节 蔬菜和蔬菜的生长
第二节 了解蔬菜生长的环境条件
第三节 为蔬菜种植做准备
综合活动一 我的菜园我做主

第二章 蔬菜播种

第一节 什么是蔬菜育苗
第二节 认识蔬菜的种子
第三节 我们来播种了
第四节 蔬菜育苗的注意事项
综合活动二 开心菜园手抄报

第三章 蔬菜的定植和管理

第一节 蔬菜定植(移栽)
第二节 给蔬菜施肥
第三节 蔬菜灌溉与排水
第四节 植株调整
第五节 菜地长草了
第六节 蔬菜病虫害
综合活动三 菜园种植交流会

第四章 收获蔬菜

第一节 蔬菜可以采收了吗?
第二节 蔬菜采收及采后处理
综合活动四 开心菜园收获节

资料链接

大白菜
小青菜
包　菜
大叶芥
芹　菜
红菜苔
四季豆
莴　笋
菠　菜
生　菜
白萝卜
胡萝卜
韭　菜
香　菜
洋　葱
葱

种植实践

第一章　认识蔬菜

同学们，我们即将开启自己的菜园种植之旅，旅途的第一步，我们应该要认识蔬菜，只有认识了蔬菜，了解了蔬菜的相关知识，才能更好地开展蔬菜种植。在本章的内容中，我们将认识蔬菜及蔬菜的生长过程，了解蔬菜种植的环境条件，并为蔬菜的种植做准备。

第一节　蔬菜和蔬菜的生长

众所周知，蔬菜是人们日常饮食中必不可少的食物之一，那么，蔬菜具体指的是什么？常见的蔬菜有哪些？

认识了常见的蔬菜后，那你知道蔬菜是怎么生长的吗？

学习任务:

1.阅读下面的资料,了解蔬菜的生长发育过程;

2.选择一种自己熟悉的蔬菜,查找其生长发育过程中各个时期的资料及图片,参照下面资料后的白菜或黄瓜的生长发育周期图,制作卡片,展示蔬菜的生长发育过程。

阅读材料:蔬菜的生长发育过程(略)

第二节 了解蔬菜生长的环境条件

蔬菜的生长发育及产品器官的形成,很大程度上受环境条件的制约,各种蔬菜及不同生育期对外界条件的要求不同。因此,只有正确掌握蔬菜与环境条件的关系,创造合适的环境条件,才能促进蔬菜的生长发育,达到优质高产的目的。

学习任务:

1.阅读以下参考材料,了解影响蔬菜生长的环境条件;

2. 选择一或两种蔬菜,考察其生长的环境条件及其是如何影响此种蔬菜的生长的。

选定的蔬菜:

影响因素	对蔬菜生长的影响

参考材料:蔬菜生长的环境条件(略)

种植实践

实践安排表

时　间：________　　　　组　长：________

时间 实践	周一	周二	周三	周四	周五
浇水					
施肥					
除草					
其他					

我的发现

我的发现：________

____

____

____

解决方案：________

____

____

种植日志

____

____

____

____

____

____

____

____

____

____

《悠悠茶话》节选

——南昌大学附属小学红谷滩新校区校本教材

主　编：余　卫　　副主编：吴爱明

《悠悠茶话》上册教材封面

《悠悠茶话》下册教材封面

教材正文(节选)

幽兰如香——九江庐山云雾

(节选自《悠悠茶话》上册第四章第一节)

庐山云雾茶

传说孙悟空在花果山当猴王的时候,常吃仙桃、瓜果、美酒。有一天他忽然想起要尝尝玉皇大帝和王母娘娘喝过的仙茶,于是一个跟头上了天,驾着祥云向下一望,见九州南国一片碧绿,仔细看时,竟是一片茶树。此时正值金秋,茶树已结籽,可是孙悟空却不知如何采种。这时,天边飞来一群多情鸟,见到猴王后便问他要干什么,孙悟空说:“我那花果山虽好但没茶树,想采一些茶籽去,但不知如何采得。”众鸟听后说:“我们来帮你采种吧。”然后展开双翅,来到南国茶园里,一个个衔了茶籽,往花果山飞去。多情鸟嘴里衔着茶籽,穿云层,越高山,过大河,一直往前飞。谁知飞过庐山上空时,巍巍庐山胜景把它们深深吸引住了,领头鸟竟情不自禁地唱起歌来。领头鸟一唱,其他鸟跟着唱和。茶籽便从它们嘴里掉了下来,直掉进庐山群峰的岩隙之中。从此云雾缭绕的庐山便长出一棵棵茶树,出产清香袭人的云雾茶。

庐山云雾茶,是中国著名绿茶之一,也被列为中国传统十大名茶之一。庐山云雾始产于汉代,已有一千多年的栽种历史。江西庐山,号称“匡庐秀甲天下”,北临长江,南傍鄱阳湖,气候温和,山水秀美,年平均180多天有雾,这种云雾景观,不但给庐山蒙上了一层神秘的面纱,更为茶树生长提供了好的条件。“庐山云雾”,也是因这一自然现象而得名。好茶多出在海拔高、温差大、空气湿润的环境中。庐山虽地处江南,但由于海拔高,冬季来临时经常产生“雨凇”和“雾凇”现象,这种季节温差的变化和强紫外线的照射,恰好利于茶树体内芳香物质的生成,从而具备了高山出好茶的内在因素。所以,庐山云雾茶的芽头肥壮,茶中含有较多的单宁、芳香油类和多种维生素。

庐山云雾茶历来被饮者视为珍品。其品质特点:芽壮叶肥,白毫显露,色泽翠绿,幽香如兰,滋味深厚,鲜爽甘醇,经久耐泡,汤色明亮,饮后回味香绵。

风味独特的庐山云雾茶,由于受庐山凉爽多雾的气候及日光直射时间短等条件影响,所含有益成分高,茶生物碱、维生素C含量都高于一般茶叶。不仅味道浓郁清香,提神解乏,而且可以帮助消化,杀菌解毒,具有防止肠胃感染等功能。朱德曾有诗赞美庐山云雾茶:“庐山云雾茶,味浓性泼辣,若得长时饮,延年益寿法。”

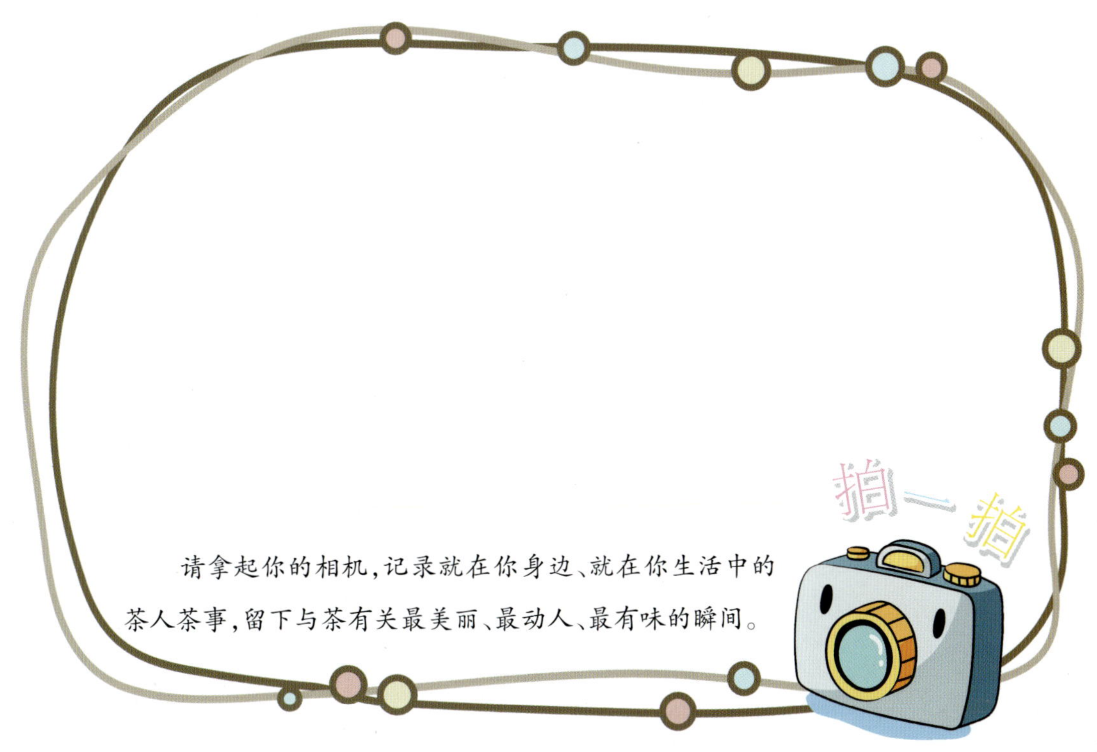

请拿起你的相机，记录就在你身边、就在你生活中的茶人茶事，留下与茶有关最美丽、最动人、最有味的瞬间。

茶诗欣赏

匡庐云雾绕天空，名茶育出此山中。
陆羽未尝真风味，红袍原在月轮峰。

茗眉绿茶话婺源

（节选自《悠悠茶话》上册第四章第二节）

婺源茗眉的故里

婺源茗眉的故里——婺源，人称“中国最美丽的乡村”。她位于赣、浙、皖三省交界地带，东临衢州，西毗景德镇，北枕黄山，南接上饶，这里的森林覆盖率达81.5%，是全国16个生态农业先进县之一，也是国家著名的“生态旅游示范区”。婺源文风鼎盛，物产丰富，有“茶乡”“书乡”之称，这里的古村落是建筑艺术和生态文明的博览园，粉墙黛瓦、飞檐翘角的徽派古建筑，有的隐现于青翠山林，有的倒映在清溪水面，让人领略到“小桥、流水、人家”那返璞归真、天人合一的意境。

“郁郁层峦夹岸青，春溪流水去无声。烟波一棹知何处， 鸠两山相对鸣。”这是理学大师朱熹对婺源山水的精练概括。

茶史追溯

婺源产茶历史悠久，在陆羽《茶经》中有歙州产茶（歙州茶生婺源山谷）的记载。《宋史·食货》中称“婺源谢源茶为绝品”。1910年（宣统二年），婺源精制绿茶和珠兰窨花茶在清朝农工商部举办的劝业会上展出，获一等奖。1915年，婺源出产的精制绿茶，在美国旧金山举办的“巴拿马万国博览会”上展出，获金牌奖。1935年，美国人所著的《茶叶全书》中称赞“婺源茶为中国绿茶中品质之最优者，其特征在于叶质柔软、细嫩而光滑，汤色澄清而滋润”。1958年，婺源茶叶科研人员结合原有茶叶技术，新创“婺源茗眉”，并于1982年被列为全国30种名茶之一。1995年3月，婺源被国家命名为“中国绿茶之乡”。

婺源茶道

婺源是茶乡，又是朱熹故里，自宋至清儒学盛行、文风昌盛，茶道茶俗也别具特色。婺源茶道具有“敬、和、俭、静”之地方文化内涵，“敬”即茶品高雅，以茶敬客，表达对客人的尊敬；“和”即茶叶清和，世间万物和谐相生，人与人之间平等相待；“俭”即茶性俭，君子之交以茶当酒；“静”即品茶启发思情，修身养性。茶道表演内容丰富，有纯朴农家茶、华贵富室茶、静雅文士茶等。“农家茶”纯朴亲切，充满乡土气息；“富室茶”雍容大度，茶贵器奢华；“文士茶”温文尔雅，焚香盥手，赏茶涤器，闻香观色，令人神怡。

名茶鉴赏

婺源茗眉绿茶，素以“珍眉”著称。成茶翠绿紧结，纤纤如仕女秀眉，叶底芽壮肥厚，香气馥郁浓烈，滋味鲜爽醇厚。冲泡茗眉，清汤碧液，滋味醇和，饮者曾有“一见顿觉清爽，再饮精神更旺”的赞语。

品一品

让我们在水墨婺源中来品一品婺源茗眉绿茶吧！

小贴士

婺源，还是理学大师朱熹和中华铁路之父詹天佑的故里，曾出过550名进士。在这里，您可欣赏到“京剧的老祖宗”徽剧的典雅韵味，“舞蹈活化石”傩舞的原始粗犷，茶道姑娘的纯朴表演……因此，婺源历来有“江南曲阜，山里书乡”的美誉。

茶肴美食：茗眉蹄筋

本菜采用江西茶叶珍品之婺源茗眉为主配料，成菜茶色素雅，浓香不腻，是佐酒下饭的佳肴。

用料：

茗眉茶叶30克，油发猪蹄筋200克，火腿20克，冬笋30克，熟鸡脯肉50克，精盐、米醋、绍酒、味精、姜、葱白、蒜瓣各适量，芝麻油10克，熟猪油75克，湿淀粉20克，肉汤100克。

制法：

1.猪蹄筋切成宽1厘米，长4厘米小条，鸡脯肉、冬笋、火腿均切成细丝。葱、姜切段拍松，蒜瓣切成米粒状，茶叶用100毫升开水泡开，倒入漏网沥干。

2.炒锅置火上，放入熟猪油烧至四成熟，放葱、姜炸出香味，放入肉汤，取出葱、姜，放入蹄筋、火腿、冬笋、熟鸡脯肉烧透，放茶叶、蒜粒，加精盐、味精、米醋、绍酒调好口味，用湿淀粉勾芡，淋芝麻油出锅装盘即成。

《绿色教育》节选

——南昌市右营街小学校本教材

主　编:南昌市右营街小学教材编写组

目　录

减少碳排量……………………………………………………1

变废为美………………………………………………………3

我们的动物朋友………………………………………………5

可爱的太阳……………………………………………………7

酸雨……………………………………………………………9

设计环保袋……………………………………………………11

拒绝噪声污染…………………………………………………13

减少碳排量

启迪园

当我们乘坐汽车时，汽车总会排放一定量的二氧化碳；当你在炎热的夏天打开冰箱，食用冰凉的饮料时，那些冷饮的冰溶剂是以产生二氧化碳为代价的……同学们，你知道“碳酸气”这个词吗？你知道自己的生活中哪些与碳酸气有关吗？

智慧泉

二氧化碳气体具有吸热和隔热的功能，又称碳酸气，是无色、无臭、稍有酸味、无毒性的气体。二氧化碳能溶于水并部分生成碳酸，对水的溶解度随温度的升高和压力的降低而减小，熔点为 -56.57℃，沸点为 -78.4℃，临界温度为 31.1℃，临界压力为 7.38MPa。液体二氧化碳在压力降低时会蒸发，并吸收周围大量的热而凝固成干冰，此时密度为 1.564 kg/L，升华温度为 -78.4℃，固体二氧化碳的密度受压力影响甚微。

那么，就让我们一起了解二氧化碳的危害：

人类和其他的动植物会吸收氧气，释放二氧化碳，石油、煤、树木和木炭等燃料也会排出二氧化碳。当二氧化碳在空气中的含量超过 10%时，人类会感觉神志不清；25%以上则会在几个小时内死亡；30%以上会立即死亡。

科学家侦测：如果地球表面温度按现在的速度不断升高，到 2050 年全球温度会上升 2~4℃，北极冰山会大面积融化，导致水平面大大上升，一些岛屿国家将会淹没在水中。

瞭望塔

大气中的二氧化碳产生的温室效应，是全球变暖的原因之一，并因此产生一系列的环境灾害：

1.使冰山溶化，海平面上升。

2.增加热带旱涝灾害的发生。

3.使土地干旱，沙漠化面积增大。

4.气候反复无常。

5.农作物虫害增加。

6.使疟疾、霍乱等传染增多。

7.使生态系统造成不利影响，珍稀物种逐渐减少。

怎样从身边开始进行节能减排？

变废为美

我们的生活用品，如服装等更换快速，各种精美的包装盒、包装纸随处可见，浪费严重。如果你多注意这些相似的废旧物，你就可以把它变废为美。

请参照一下这些作品尝试自己设计吧！

用废旧的丝袜和铁丝做成的装饰花

用一次性桌布和光碟做成的孔雀演出服

智慧泉

什么是可回收物?

可回收物(再生资源)是指回收后经过再加工可以成为生产原料或者经过整理可以再利用的物品,主要包括废纸类、塑料类、玻璃类金属类、电子废弃物类、织物类等。

(一)废纸类:报纸、纸箱板、图书、图画、杂志、其他干净纸张、各类纸质包装牛奶袋、饮料纸盒(需冲洗晾干)。

(二)塑料类:各种塑料饮料瓶、塑料油桶、塑料盆(盒)。

(三)玻璃类:玻璃瓶、平板玻璃、镜子。

(四)金属类:铝质易拉罐,各类金属厨具、餐具、用具,其他民用金属制品。

(五)电子废弃物类:各类家用电器产品。

(六)织物类:桌布、衣服、书包。

活动场

一、用收集来的废旧品,分成小组各做一件环保物品,比一比哪组作品又漂亮又实用。

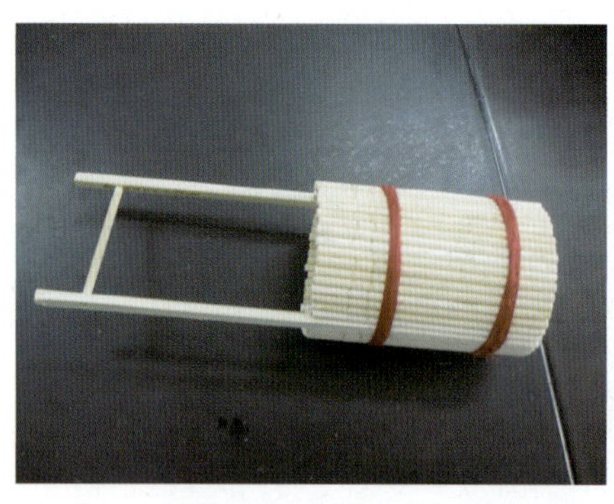

二、找一找家里的废旧物品,与家长共同完成一件小作品,参加班级的“变废为美”展览会。

我们的动物朋友

启迪园

这些动物多么可爱呀！你知道它们的名字吗？

智慧泉

它们就是我国四大国宝动物：大熊猫，金丝猴，白鳍豚，白唇鹿。我国地域辽阔，自然环境多样，野生动物资源丰富，是世界上拥有野生动物种类最多的国家，占世界种类的10%以上。有160多种闻名世界的特产珍稀动物，如：华南虎，扬子鳄，白鳍豚、白唇鹿、麋鹿（四不像）、鳄蜥、大鲵（娃娃鱼）、中华鲟、白鲟、白头叶猴、岩猴（台湾猴）、藏酋猴、普氏原羚、藏羚、扭角羚、台湾鬣羚、野牦牛等。由于森林被破坏、无节制的盲目猎取等原因，许多珍稀动物如麋鹿、湾鳄等已在我国野外灭绝，野骆驼、普氏野马、海南坡鹿、滇金丝猴、黔金丝猴、扬子鳄等正濒于灭绝，亚洲象、大熊猫、小熊猫、扭角羚、梅花鹿和绿孔雀等，生活区域正在缩小，直接威胁着这些珍稀动物的生存和发展。据科学家估计，自16世纪以来，世界上约有250多种动物已经绝种了，尚有600种动物正濒于灭绝之灾。从哺乳动物来看，1771年至1870年的100年内，有12种绝了种；在1871年至1970年的一百年内，至少有43种被灭绝。现在平均每年绝灭一种。

可见，野生动物灭绝的速度越来越快。因此，保护珍稀动物，抢救濒于灭绝的动物种群，保存和发展自然资源，是一件关系子孙后代的大事，是一项刻不容缓的紧迫任务。

活动场

一、上网搜索，了解更多的稀有动物特征。

二、小组讨论，为什么会有越来越多的动物灭绝？

我们应该怎样用实际行动来保护稀有动物？

三、收集资料和图片，办一次稀有动物图片展。

智慧泉

活动场

太阳是地球万物的好朋友，温暖的阳光不但让地球充满生机，太阳能的开发、利用还为我们的生活带来了巨大的能源，并且太阳能使用方便，无污染。

智慧泉

地球上万物的生长、大气的循环、日夜更替、四季的轮替、气候冷暖的变化都与太阳密切相关。

当今世界，太阳能已经成为最有发展前景的储存能源之一，人类利用太阳能，发明了太阳能电池、太阳能灯等。

太阳能不像煤、石油等消耗资源，也不会在燃烧时产生废气污染环境，它无污染，而且使用方便，所以越来越受到人们的欢迎。

活动场

一、奇思妙想演台赛

小组合作，设计一个利用太阳能解决环境污染的小发明。比一比，那一组更具科学性和实用性。

二、想一想，生活中还有哪些利用太阳能的好方法。

《红土情怀》节选

——上饶市第一小学校本教材

主　编:程一红

封面照片

目录

目 录

题目	页码	编著者
家乡美景	1	周华敏
快乐的六一节	3	伍　翀
塔	5	马婷婷
有创意的公交车	7	舒媛媛
勇敢者的游戏	9	童福洲
晨曲	11	伍　翀
家乡的桥	13	马婷婷
水墨三清	15	舒媛媛
上饶小吃	17	吴颖骅
鄱湖美	19	伍　翀
板灯风采	21	舒媛媛
“我”的城市	25	童福洲
带湖故事	28	童福洲
婺傩面具	33	马婷婷
凝固的美	35	童福洲

适合年级:（一、二年级）（三、四年级）（五、六年级）

教材:第十四课《婺傩面具》

教材内容:

傩是中国一种古老的精神逐鬼、祈福免灾的文化现象。婺源傩始于明朝嘉靖年间,历史久远,是中国傩的重要组成部分。傩面具是傩文化中傩祭、傩仪中使用的道具,是较为原始的面具造型。

许多傩面具堪称艺术精品,面部特征或写实,或抽象,大多粗犷狰狞。

婺傩面具

婺傩面具

傩戏表演

傩舞(婺源)

画一画：

临摹或设计一张傩面具，并可做成实物面具戴起来。要画得线条流畅、色彩鲜明。

28

《山林拓韵之探索与发现》节选

——上饶市玉山县城东小学校本教材

主　编:郑美莲

走进清代考棚

我们的家乡是富饶的,是美丽的,在武安山下,冰溪河畔,古城墙旁有一排排古色古香的徽派建筑,小朋友,你知道那是什么吗?让我们一起走近它,了解它吧!说不定你会有丰厚的收获哦!

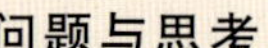

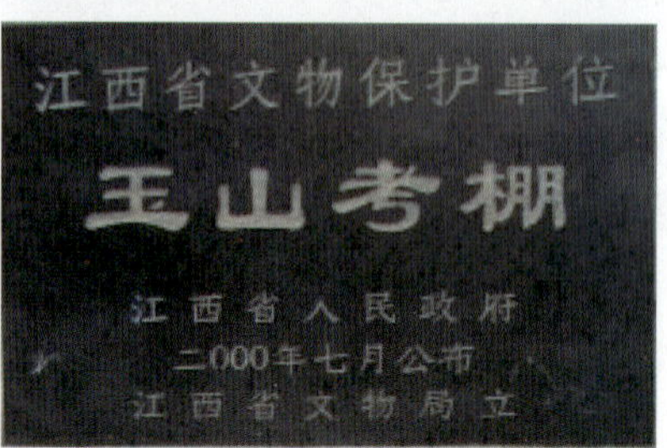

1.你知道这些建筑叫什么,是干什么用的吗?

探索新干线

小资料

玉山科举考棚位于江西省上饶市玉山县冰溪镇内湖塘沿宝桥东侧,是建于清乾隆五十七年(1792年)供封建社会时期学生参加科举考试的场所。玉山科举考棚是目前长江以南仅存的两处记载封建社会科举考试制度的不可移动文物之一,另一处是南京的"贡院"。

1.查一查我们玉山考棚的历史。

____

____

____

____

2.讨论:这些建筑分别是有什么用呢?

玉山考棚始建于清乾隆五十七年(1792 年),是省内现存的唯一一处科举考试场所,被国内专家学者誉为见证中国千年科举制度的“活化石”。

据历史记载,清代的科举分为小试、乡试、会试、殿试 4 个等级。玉山考棚是中国科举制度的产物,它见证着中国科举制度的漫长历史。

玉山科举考棚拥有四幢青砖瓦房,总占地面积 2000 多平方米。这片古老建筑群中间的青砖瓦房是考号,可容纳 100 人考试。两排考号之间,除两厢走廊,还有一条长 75 米、宽 3 米的甬道,甬道用以展示考题。

我还知道了……

3.交流:上网查找了解一下中国的科学制度。

我知道______________________

____

我还知道______________________

____

“保护古文物”,你有什么好建议?

玉山科举考棚位于江西省上饶市玉山县冰溪镇内湖塘沿宝桥东侧，是建于清乾隆五十七年(1792年)供封建社会时期学生参加科举考试的场所。玉山科举考棚是目前长江以南仅存的两处记载封建社会科举考试制度的不可移动文物之一,另一处是南京的“贡院”。

玉山科举考棚拥有四幢青砖瓦房,总占地面积2000多平方米。这片古老建筑群中间的青砖瓦房是考号,可容纳100人考试。两排考号之间,除两厢走廊,还有一条长75米、宽3米的甬道,甬道用以展示考题。县童子试每天考一场,共考5场。每天的考试题目写在一扇木板的两面,由人扛着从甬道穿行而过,两侧考号内的考生坐在考案前就可看清题目。每间考号分前后两室,面对甬道的为考室,敞开,设考案;后者为考生起居室,设灶台等。县试5天,考生起居都不能走出各自的考号,吃住用具自备。建筑群里,南面的前堂为考前训导衙,北面的后堂是考官的办公室。

据历史记载,清代的科举分为小试、乡试、会试、殿试4个等级。小试即童子试,俗称考秀才。小试考生,无论年龄大小,统称童生。小试又有县试、府试和院试3个阶段。县试和府试是童生考秀才的预备性考试,最后通过院试筛选,上榜者才称为秀才(或称为生员)。县试由知县主持,考期为农历二月。每年正月,知县预先出示考试日期,考生到县署礼房报名,填写姓名、籍贯、年龄、三代履历,还必须有同考5人联保和1名禀保人担保。府试分两场考试,由知府主持,农历四月举行。府试合格后,参加院试。院试分岁试和科试,考试场地称为贡院。由朝廷各部进士出身的郎中到各省担任学政主持考试。学政任期3年,第一年巡视县试、府试情况,第二年举行岁试,第三年举行科试。院试入选者,就是秀才了。

历史上玉山出过300多名进士,现当代出过4名院士、200多名博士、600多名硕士。考棚在江南一带极为罕见,历史意义非常重大。

《童心莲语》节选

——鹰潭市第八小学校本教材

童心莲语

江西省鹰潭市第八小学廉洁教育学生读本

序　言 ……1
第一单元　树理想
为中华之崛起而读书 ……3
没有卖不出去的豆子 ……5
生命的坚持—有感于汶川大地震 ……7
综合实践 ……9
第二单元　守规范
遵守规则的美国人 ……11
抱着石头上学的孩子 ……12
综合实践 ……13
第三单元　讲节俭
季文子的故事 ……14
民间故事 ……15
永远的丰碑：方志敏 ……16
综合实践 ……17
第四单元　重诚信
苏格拉底雪天送铁器 ……18
立木为信与烽火戏诸侯 ……19
鲁迅刻“早”字 ……20
综合实践 ……22
第五单元　倡平等
【男女平等】与孔圣人叫板的女状元-傅善祥 ……23
【民族平等】汉藏一家亲 草原传美名 ……25
【国家平等】倡导国家平等的周恩来 ……28
第六单元　懂自尊
华罗庚的故事 ……29
乐羊子妻 ……30
自尊 ……31
综合实践 ……32
第七单元　淡名利
两获诺贝尔奖的居里夫人 ……33
庄子的故事 ……34
热情为民的辖区民警 ……35
综合实践 ……36
第八单元　崇清廉
毛主席的廉洁 ……37
两袖清风的好干部--孔繁森 ……38
综合实践 ……39
编后语 ……40

2

第一单元　树理想

冬天过去了，春天还会远吗？如果你经历了万物凋零的寒冬，就一定会迎来姹紫嫣红的春天！如果你正在努力付出，就一定会收获幸福。理想是舟，信念是帆，让我们驶舟扬帆，乘风破浪，穿急流过险滩，到达人生的彼岸。同学们，谨记，理想与信念是你成功的起点。

为中华之崛起而读书

少年周恩来

1898年3月5日，周恩来生于江苏省淮安府山阳县(今淮安市)。原籍浙江省绍兴县(今绍兴市)。

1907年秋天，周恩来进入奉天府（今沈阳）小学堂（后改名东关模范学校）读书。学校按西式教育设置课程，教学质量在奉天首屈一指。

这所学校的学生大都是官宦子弟，象周恩来这样的平民子弟极少。班里的富家子弟经常欺负他，周恩来主动联合几个身体弱小的同学做朋友，人多势众，那些富家子弟再也不敢轻易欺负他们了。

学校有一位教史地课的高戈吾老师，是位学识渊博富有正义感的进步教员。他从平日的观察中，看出周恩来是个聪明、勤奋、爱国、求上进的学生，便经常找他谈心，介绍各种进步书刊给他阅读。在学校，周恩来读了邹容的《革命军》，陈天华的《警世钟》、《猛回头》等进步书刊。这些书刊启发了他爱国的民族思想。他常和伯父一起谈论政局的变动和社会的改革。

1911年1月1日中华民国成立了，东关模范学校一片欢腾，周恩来更是无比欣喜。他赶忙找来一把剪刀，“喀嚓”一声，剪掉了象征清朝臣民的辫子，成为全校第一个剪辫子的学生。一天，兼讲修身课的魏校长问学生为什么而读书，一位同学回答了：“为光耀门楣而读书。”另一位回答：“为明礼而读书。”当问到周恩来时，周恩来庄重地回答：“为中华之崛起！”校长为之一震，同学们投去惊异和钦佩的目光。小小年纪，就有如此志向。周恩来一生都在为此奋斗。

小资料

周恩来(1898～1976)，字翔宇，曾用名伍豪等，浙江绍兴人。中国无产阶级革命家、政治家、军事家和外交家，中国共产党和中华人民共和国的主要领导人，中国人民解放军的创建人之一。1949年中华人民共和国成立后，一直担任政府总理，兼任过外交部长，并任中共中央军委副主席，全国政协副主席、主席。

小链接

提起气壮山河的革命烈士诗篇——“砍头不要紧，只要主义真”，人们便会想到它的作者夏明翰。这位只有短短28岁生命的烈士，留下的不仅是那首光照千秋的就义诗，也以自己的奋斗经历在党的历史上写下了重要篇章。

砍头不要紧，只要主义真。
杀了夏明翰，还有后来人！

做一做

同学们，从古到今像周总理、夏明翰这样的爱国志士在我们中国数不胜数，搜集他们的名句做书签送给朋友吧！

小资料

犹太民族长期饱受蹂躏、放逐、杀戮，面对一次次灭绝之灾，他们在挣扎中流亡，在苦难中生存。他们为了不被灭亡，在世界各地长期流离逃难的过程中，融合和吸收了其他民族的智慧精髓，并运用来开创自己的生存空间。他们在成功、信仰、教育、财富、经商、谈判、生存、生活、婚姻、处世、幽默等方面，创造并发展了一套属于自己独特而非凡的犹太智慧，这就是犹太民族发展历史和生存内核中最伟大的最神奇的力量。

犹太人运用自己杰出的理想信念与智慧，生生不息地延续着民族的圣火，创造着民族的伟大辉煌和历史，还创造着世界的伟大知识和财富。

小链接

俗话说：“晴天卖帽，雨天卖伞两不误。”生活中这样进入人生低谷的时期时时有，只要我们坚持自己的理想，不放弃自己的信念，就一定会“柳暗花明又一村。”

说一说

文章里蕴含的道理我们都懂，畅所欲言地发表自己的感想吧！

小资料

2008年5月12日，一个叫中国汶川的地方，魔鬼在地层中疯狂抖动着它的身躯，嘶吼着，向人间展现它残忍的暴戾。当地震沉静下来之后，来自八方的支援涌向灾区，表达着悲悯，表达着温情。在长歌当哭之后，中央领导发出了最强音：“只要有一线希望，我们就要尽全部力量救人。废墟下哪怕还有一个人，我们都要抢救。只要有一线希望，我们就会尽百倍努力。”不抛弃，不放弃。我们整个民族是如此的众志成城，用我们的双手筑起长城护卫着那些受苦难的人民。让无力者有力，让悲观者前行。一切奇迹，就在对生命的不抛弃不放弃中发生。不放弃自救的信念，不抛弃救援的努力，就能创造奇迹。

小链接

向同学们推荐这本书：本书力图从汶川大地震发生72小时后创造的一个个生命奇迹切入，重点描述了不离不弃、艰难曲折的救援过程，展示为创造奇迹付出艰苦努力的一幕幕动人场景。从这一独特的观察视角，彰显党和政府的科学决策，歌颂人民解放军的伟大，反映抗震救灾的艰难历程，折射闪亮的人性光辉，彰显“以人为本”、“生命无价”、“生命高于一切”等重要理念，讴歌在灾难面前不屈不挠、坚忍不拔的意志与力量，并借以纪念那些在汶川大地震中不幸遇难的同胞们，鼓舞人们重建家园的坚强意志。

做一做

生命，每个人只有一次，如何让我们有限的生命发光，发热？同学们，拿起你们的笔，写一写《珍爱生命》。

综合实践

放飞理想 实现志向——小小手抄报

★ **目 的**：通过小手抄报的制作，深化理想信念的现实意义。

★ **要 求**：1、搜集关于理想、信念的资料（如名言、格言、警句、故事）；

2、进行手抄报展览并评比。

★ **建 议**：1、手抄报的刊名自定。

2、可以个人制作，可以小组合作。

★ **主要参考文献：**

1、《人杰地灵江西颂》

2、中国戏剧出版社编《美德故事》

3、励志故事

9

第四单元 重诚信

学习时，诚信是“知之为知之，不知为不知”；做生意时，诚信是“货真价实，童叟无欺”。对国家的诚信叫“忠”，对父母的诚信叫“孝”，对朋友的诚信叫“义”，对真理的诚信叫“德”。诚信是金！诚信是真！诚信是传统！诚信是人生！

苏格拉底雪天送铁器

苏格拉底是目前所知西方最先提出诚信观点的人。

传说苏格拉底的父亲是雅典城中的一个石匠，家里非常贫穷，而非常懂事的苏格拉底也经常帮着父亲干一些铁匠活。

有一年冬天，雪下得非常大。一天，苏格拉底要出门去给别人家送打好的铁器。

妈妈看雪下得那么大，儿子的脚下又没有穿鞋子，就不让苏格拉底去：“孩子，雪太大了，别人在这种天气也用不上它，等到雪融了的时候再去吧！”

“不行，我一定要去，我跟爸爸答应今天给人家送去的。”苏格拉底顶着大雪，光着脚丫把打好的铁器送到了那个需要铁器的人家里。

他把父亲打好的铁器送到客户的手里时，那些接到铁器的人们总会拿了好吃的来招待他。但是他们很快发现苏格拉底对美酒佳肴并不感兴趣，他感兴趣的是书。后来家里有藏书的人们都愿意把书借给苏格拉底看，就这样，苏格拉底逐渐地认识了许多字，读了许多书。

小资料

苏格拉底：（公元前469—公元前399），出生于雅典，著名的古希腊的思想家、哲学家，西方哲学的奠基者，他和他的学生柏拉图及柏拉图的学生亚里士多德被并称为“古希腊三贤”。

【阅读链接】

岔路口的诚信

一个士兵，非常不善于长跑，所以在一次部队的越野赛中很快就远落人后，一个人孤零零地跑着。转过了几道弯，遇到了一个岔路口，一条路，标明是军官跑的；另一条路，标明是士兵跑的小径。他停顿了一下，虽然对做军官连越野赛都有便宜可沾感到不满，但是仍然朝着士兵的小径跑去。没想到过了半个小时后到达终点，却是名列第一。他感到不可思议，自己从来没有取得过名次不说，连前50名也没有跑过。但是，主持赛跑的军官笑着恭喜他取得了比赛的胜利。

过了几个钟头后，大批人马到了，他们跑得筋疲力尽，看见他赢得了胜利，也觉得奇怪。但是突然大家醒悟过来，在岔路口诚实守信，是多么重要。

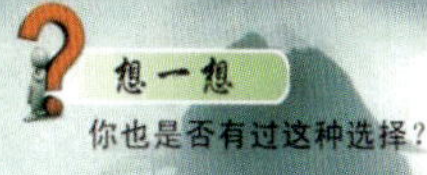

想一想

你也是否有过这种选择？

18

立木为信与烽火戏诸侯

春秋战国时，秦国的商鞅在秦孝公的支持下主持变法。当时处于战争频繁、人心惶惶之际，为了树立威信，推进改革，商鞅下令在都城南门外立一根三丈长的木头，并当众许下诺言：谁能把这根木头搬到北门，赏金十两。围观的人不相信如此轻而易举的事能得到如此高的赏赐，结果没人肯出手一试。于是，商鞅将赏金提高到50金。重赏之下必有勇夫，终于有人站起将木头扛到了北门。商鞅立即赏了他五十金。商鞅这一举动，在百姓心中树立起了威信，而商鞅接下来的变法就很快在秦国推广开了。新法使秦国渐渐强盛，最终统一了中国。

而同样在商鞅"立木为信"的地方，在早它400年以前，却曾发生过一场令人啼笑皆非的"烽火戏诸侯"的闹剧。

周幽王有个宠妃叫褒姒，为博取她的一笑，周幽王下令在都城附近20多座烽火台上点起烽火——烽火是边关报警的信号，只有在外敌入侵需召诸侯来救援的时候才能点燃。结果诸侯们见到烽火，率领兵将们匆匆赶到，弄明白这是君王为博妻一笑的花招后又愤然离去。褒姒看到平日威仪赫赫的诸侯们手足无措的样子，终于开心一笑。五年后，西夷太戎大举攻周，幽王烽火再燃而诸侯未到——谁也不愿再上第二次当了。结果幽王被逼自刎而褒姒也被俘虏。

一个"立木取信"，一诺千金；一个帝王无信，戏玩"狼来了"的游戏。结果前者变法成功，国强势壮；后者自取其辱，身死国亡。可见，"信"对一个国家的兴衰存亡都起着非常重要的作用。

19

鲁迅刻"早"字

鲁迅自幼聪颖勤奋，曾在三味书屋——绍兴城里一所著名的私塾攻读诗书近五年。鲁迅的座位，在书房的东北角，使用的是一张硬木书桌。现在这张木桌还放在鲁迅纪念馆里。

鲁迅的书桌上刻着一个小小的"早"字。字横着，很像一个还没开放的花骨朵，又像一支小小的火把。这个"早"字有一段来历：鲁迅的父亲害了病，鲁迅一面上书塾读书，一面帮着母亲料理家务，几乎天天奔走于当铺和药铺之间，把家里的东西拿到当铺去换了钱，再到药铺去给父亲买药。

有一次，父亲病重，鲁迅一大早又去当铺和药店，之后，到学校时老师已经开始上课了。见他迟到，教书认真的寿镜吾老先生严厉地对他说："十几岁的学生，还睡懒觉，上课迟到。以后要早到！"鲁迅听了，坚强地点了点头，没有为自己作任何的辩解，低着头默默地走到自己的座位上。第二天，鲁迅早早地就来到学校，在书桌右上角刻了一个"早"字，心里许下诺言：以后一定要早起，不能再迟到了。

父亲的病越来越严重了，鲁迅更加频繁地到当铺卖东西，然后到药店买药，家里许多活都落在了鲁迅的肩上。虽然家里的负担更重，但他再也没有迟到过。

在那些艰苦的日子里，鲁迅每当气喘吁吁地跑到学校，进了课室，看到桌面上的"早"字，他都会觉得开心和充满勇气，心想："我又一次战胜了困难，又一次实现了自己的诺言。我一定要勇敢坚强，决不迟到，做一个信守诺言的人。"

那个刻在桌子右上角的"早"字，一直激励着鲁迅在人生的道路上时时早，事事早，不断拼搏，奋发前进。

小资料

鲁迅：原名周树人，生于1881年9月25日，浙江绍兴人。鲁迅是中国现代文坛上的一位巨人，是著名的文学家、思想家和革命家。他笔下刻划的孔乙己、阿Q等人物形象，一直深深地印在我们几代人的头脑里，他的著作全部收入《鲁迅全集》，被译成五十多种文字，在全世界各国广泛地传播。

想一想

鲁迅从一个“早”字体现诚信，你呢？

记一记

- 诚信是为人之本。
- 始于失信，必终于失败。
- 谎言之花易于枯萎，诚信之花永放不败。
- 诚信是根，人生才能花繁叶茂。
- 守信万里还嫌近，无信一寸步难行。
- 失去信用等于碎了的镜子，不可能修复。

品一品

诚信超市

综合实践

诚信快乐　快乐诚信

拥有诚信，一根小小的火柴，可以燃烧一片星空。

拥有诚信，一片小小的绿叶，可以倾倒一个季节。

拥有诚信，一朵小小的浪花，可以飞溅起整个海洋。

精诚所至，金石为开。

不信不立，不诚不行。

诚信，让我们扬起了自信的风帆。

诚信，让我们实现了文明的承诺。

为了我们的明天，让我们再一次诉说我们的誓言：明礼诚信，共创未来。

夸一夸

仔细地观察身边的人和事，寻找最讲诚信的人，夸夸他（她）讲诚信的事迹。

记一记

一言九鼎　言而有信

取信于民　一诺千金

言行信果　信守不渝

言必信　行必果

赤诚相待　抱诚守真

诚至金开　信誓旦旦

君子一言　驷马难追

精诚所至　金石为开

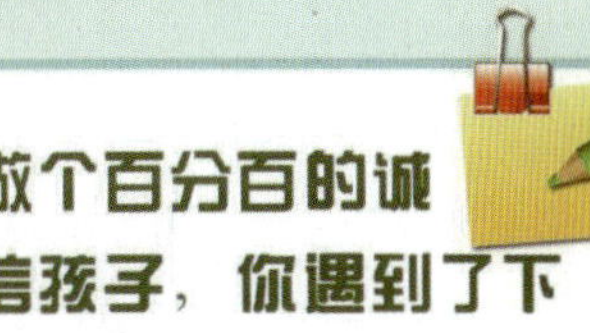

做个百分百的诚信孩子，你遇到了下面的情况怎么做？

1、教室里只有我一个人，发现同桌桌上50元钱：

2、买东西时，出门发现多找钱了：

3、老师给你的试卷评分多加了10分：

4、不小心打碎了家中的花瓶：

5、和我最要好的朋友踢坏了班级的门：

6、我因为在路上玩迟到了，跟老师解释：

7、因为看动画片作业做得很不认真，面对老师询问：

8、遇到有同学抄袭别人的作业：

9、有人向你问路时：

10、遇到考试时有人作弊：

《随钱锺书一道与古人对话》节选

——江西省大余中学校本教材

主　编：张芳芳

封面照片

目录照片

目　录

上编·课本探究（必修5·选修）

一、“炎凉世态”：“势所应然，则事将无然”（《林教头风雪山神庙》）……1

《太平广记·曲阿神》载：“有一逃劫，官司十人追之，逃至庙，跪请求救，许上一猪。因不觉忽在床下。追者至，竟不见。因请曰：‘若得劫者，当上大牛。’少时劫形，吏即缚将去。”钱钟书说：“世态炎凉，有如践迹依样；盖事有此势，人有此情，不必凿凿实有其事，——真有其人。势所应然，则事将无然。”

二、“以形而下象示形而上”（《林教头风雪山神庙》）……6

黑格尔言：“以形而下象示形而上。”钱钟书先生说：“数陈形而上者，必以形而下者拟示之，取譬拈例，行空而复点地，庶堪接引读者。”佛家常说：“非迹无以显本！”“迹”即痕迹，即钱钟书所说的“点地”，也即“形而下”，也即我们所谈到的细致的描写刻画，也即具体的、感性的事物。“本”即根本、特征，即“行空”的思想性格特点，即抽象的“形而上”的思维活动、情感态度。

三、“造艺之窈眇”——“见舞姿而不见鹤体”（《边城》）……14

鹤舞乃至于使人见舞姿而不见鹤体，深抉造艺之窈眇，匪特描绘断切而已。体而态寓于用，质而纯显为动，堆垛尽化烟云，固艺人向往之境地，席勒尝称艺之高者能全销材质于形式之中。弗罗贝欲文成而不觉有题材。……近世英国诗人咏舞，谓舞人与舞态融合，观之莫辨彼此。

四、“亦走亦狗”的别里科夫（《套中人》）……17

后世以“走狗”为刺词；近人刘成禺《洪宪纪事诗本事簿注》载当时有《走狗言志图》，讽读士之趋附袁世凯者，或“狗而不走”，或“走而非狗”，或“亦走亦狗”，尤暴谑尽致。

五、“知识学问亦可为愚民之具”（关于读书）……19

《围城》说：“不受教育的人，因为不识字，上人的当；受教育的人，因为识了字，上印刷品的当。”愚民之法有二：一者，不让民读书，如始皇焚书坑儒；二者让人读指定的书，如后世选拔考试。

六、“文雅渐进，雄猛随减”（关于读书）……23

相传歌特军队攻破雅典，入城焚烧抢掠，聚集公私藏书，蚤付之一炬，一谋士制止说：“留之俾希腊人有书可读，耽书不释卷，则尚武图强无日矣。”(as long as the Greeks were addicted to the study of books, they would never apply themselves to the exercise of arms).

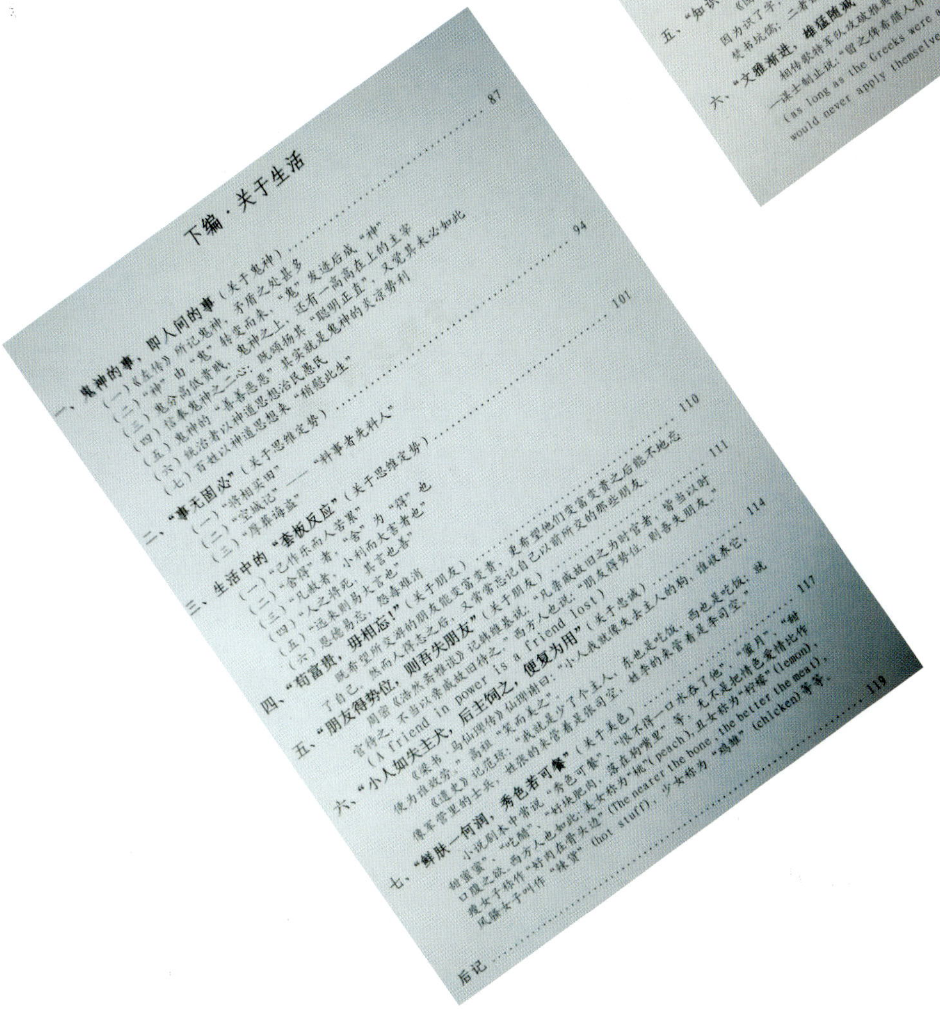

下编·关于生活

一、鬼神的事，即人间的事（关于鬼神）……87

（一）《左传》所记鬼神，矛盾之处甚多

（二）“神”由“鬼”转变而来，“鬼”发迹后成“神”

（三）鬼分高低贵贱，鬼神之上，还有一高高在上的主宰

（四）信奉鬼神之二心：既颂扬其“聪明正直”，又觉其未必如此

（五）鬼神的“善善恶恶”其实就是鬼神的炎凉势利

（六）统治者以神道思想治民愚民

（七）百姓以神道思想来“稍慰此生”

二、“事无固必”（关于思维定势）……94

（一）“将相买田”——“料事者先料人”

（二）“空城记”

（三）“厚葬诲盗”

三、生活中的“套板反应”（关于思维定势）……101

（一）“己作乐而人苦累”

（二）“舍得”者，“舍”为“得”也

（三）“凡献者，小利而大害者也”

（四）“人之将死，其言也善”

（五）“远来则易大言也”

（六）恩德易忘，怨毒难消

四、“苟富贵，毋相忘！”（关于朋友）……110

既希望所交游的朋友能变富变贵，更希望他们变富变贵之后能不忘了自己。然而人得志之后，又常常忘记自己以前所交的那些朋友。

五、“朋友得势位，则吾失朋友”（关于朋友）……111

周密《浩然斋雅谈》记韩维基说：“凡亲戚故旧之为时官者，皆当以时官待之，不当以亲戚故旧待之。”西方人也说：“朋友得势位，则吾失朋友。”（A friend in power is a friend lost）

六、“小人如失主犬，后主饲之，便复为用”（关于忠诚）……114

《梁书·马仙琕传》仙琕谢曰：“小人我就像失去主人的狗，谁收养它，就使为谁效劳。”高祖“笑而美之”。《辽史》记范琼：“我就是少了个主人，东也是吃饭，西也是吃饭；就像军营里的士兵，姓张的来管着是张司空，姓李的来管着是李司空。”

七、“鲜肤一何润，秀色若可餐”（关于美色）……117

小说剧本中常说“秀色可餐”“恨不得一口水吞了他”“蜜月”“甜甜蜜蜜”“吃醋”“好块肥肉，落在狗嘴里”等，无不是把情色爱情比作口腹之欲。西方人也如此：美女称为“桃”（peach），丑女称为“柠檬”（lemon），瘦女子称作“好肉在骨头边”（The nearer the bone, the better the meat），风骚女子叫作“辣货”（hot stuff），少女称为“鸡雏”（chicken）等等。

后记……119

“分阴”“寸阴”与“秒阴”

1959年8月，董必武同志为《中学生》题诗，诗曰：“逆水行舟用力撑，一篙松劲退千寻。古云‘此日足可惜’，吾辈更应惜秒阴。”由“秒阴”一词，我们马上想到《增广贤文》中“一寸光阴一寸金，寸金难买寸光阴”这句话，还能想到《淮南子》说的“故圣人不贵尺之璧，而重寸之阴，时难得而易失也”，西晋陶侃说的“大禹圣者，乃惜寸阴；至于众人，当惜分阴”。很显然，董必武先生的“秒阴”是由“寸阴”“分阴”衍生出来的。

但其实董必武先生这里的“衍生”是错误的。

古人所说的“寸阴”“分阴”，其实是用空间来修饰时间，用空间来表时间。“分”“寸”是长度单位，表示空间距离，属空间范畴；“阴”的本义是“日影”引申为“时光”，属时间范畴；“分阴”“寸阴”意为“极短暂的时间”，其实是用空间距离的短来表示时间的少。这种用法在我们的语言文字中极为常见。如“前朝”“后世”“远古”“近代”等，“前”“后”“远”“近”都是表示空间的词，“朝”“世”“古”“代”都是表示时间的词；这里是用空间词来修饰时间词，用空间距离的长短大小来表时间的长久短暂。董必武同志知道“寸阴”“分阴”之“寸”“分”形容时间短，但没有注意到它是表空间的词语，于是想当然地用表时间的词语“秒”来修饰“阴”，看似仿用实为误用。

用空间词来修饰时间词，用空间词来表示时间，在我国已形成一种传统，这种传统使表达更加形象生动。

如“疆”字，它的本义是“境界、边界”，引申为“极限、止境”。“无疆”一词的本义指无边界、无止境，表示空间的广博无垠；余秋雨先生有本书叫《行者无疆》，取的是疆的本义。而为老人祝寿常说的“万寿无疆”，“无疆”是无尽头的意思，表示的不是空间而是时间（寿），是以空间的广博示时间的长久。

又如《燕子赋》云：“去死不过半寸，但办脊梁只（支）承。”“去死不过半寸”不是说距离死的地方“不过半寸”，而是指离死“不过半寸”光阴，是用“寸”的短来形容离死亡的近。客家方言中也有类似的说法，如老人家常自嘲说：“唉，还能活多久？黄泥已经埋到喉咙这里了。”客家人崇尚土葬，人的最终归宿是土里埋，风趣幽默的客家人便以黄土埋的程度来形容在世的时间。黄土埋到脚是青少年，埋到腰是中年，埋到了胸是晚年的开始，埋到喉咙处，离嘴与鼻再近不过了，距死亡也再近不过了。这里，用空间距离的长短来表示剩下时间的多少，产生一种直观的效果，仿佛死亡就在眼前。

用空间词语来表达时间概念，能把看不见摸不着的时间形象化，把很难用语言来表达的体验感性化。董必武同志由“寸阴”“分阴”衍生出“秒阴”，看似更进一步地珍惜时间，其实是错误的有违传统的表达。

“掩耳盗铃”在事实上不能成立

“掩耳盗铃”在《现代汉语词典》中的解释是：“把耳朵捂住去偷铃铛，比喻自己欺骗自己，明明掩盖不了的事偏要设法掩盖。”

这个成语出自《吕氏春秋·自知》：“百姓有得钟者，欲负而走，则钟大不可负。以椎毁之，钟况然有音。恐人闻之而夺己也，遽掩其耳。”从中可见，这个成语本是“掩耳盗钟”，后世流传说成了“掩耳盗铃”。

如果我们稍作思考就能发现，这个成语存在疏漏，在事实上不能成立。无论是“盗钟”还是“盗铃”，都

必须用手，即使钟与铃很轻巧，一只手就能拿得住，另一只手也只能掩住两只耳朵中的一只；掩住一只，“况然”之声还是能听见，除非用棉絮等东西把耳朵塞住。

《楞严经》卷六有一段类似的记载：“譬如有人，自塞其耳，高声大叫，求人不闻。”此处用“塞”而不用“掩”，把两只手解放出来了，倒为“掩耳盗铃”这个成语找出了纠正的方法。

后人明了这个疏漏。《魏书·尔朱荣传》表曰：“掩眼捕雀，塞耳盗钟。”用《后汉书·何进传》陈琳的话对《吕氏春秋》中的话，“眼”用“掩”而“耳”用“塞”，妥帖而又合适。

教育，让贫富奸邪不生

——《寡人之于国也》拓展与延伸

孟子《寡人之于国也》中说：

五亩之宅，树之以桑，五十者可以衣帛矣。鸡豚狗彘之畜，无失其时，七十者可以食肉矣。百亩之田，勿夺其时，数口之家可以无饥矣。谨庠序之教，申之以孝悌之义，颁白者不负戴于道路矣。

孟子强调，要施行“仁政”，在解决衣与食的基础上，还要办学校，进行思想教育；衣食是基础，思想教育等应建立在衣食这个基础之上。

孟子的思想与孔子的思想一脉相承。《论语·子路》中道：“曰：‘既庶矣，又何加焉？’曰：‘富之。’曰：‘既富矣，又何加焉？’曰：‘教之。’”也是在解决了衣食的情况下再进行思想教育。

这是常识性的问题，即我们常说的经济基础决定上层建筑，也即管仲所说的“仓廪实则知礼节，衣食足则知荣辱”。所以有人从反面说“民贫则奸邪生”，“饥寒至身，不顾廉耻”，一切“奸邪”“不顾廉耻”的行为都是因为温饱问题没有解决导致的，解决了温饱问题，一切社会问题都解决了。

西方也有类似说法。有人说：“饥肠鸣如雷，则良心之呼声弱如丝。”有人说：“人而能日日啜有羹，食有蔬与肉，则奉法守礼不待学而自能。”柏拉图《理想国》中早都说了要“先谋生而后修身”(Get a livelihood, and then practise virtue)。这不仅对个人是这样，对一个政权、一个国家也是这样。要使天下百姓归顺，就得让百姓衣食无忧；百姓丰衣足食，又施之以政治教化，天下必然安定无事。

上面文字强调衣食等物质条件的重要性，有相当的道理，但如果我们联系现实做深入的考察，就会发现，这种观点显得有些片面。“贫则奸邪生”在现实生活中确实存在，但生活特别优裕而恣意妄为以致良心泯灭的也并不少见。《寡人之于国也》不是也说到“狗彘食人食而不知检，涂有饿殍而不知发”这一社会现象吗？杜甫不是也说过“朱门酒肉臭，路有冻死骨”？他们都直指社会现实，直指富贵者恣意妄为、良心泯灭。“贫则奸邪生”有一定道理，“富则奸邪生”也应有一定道理，并且“富则奸邪生”这个道理也许更为深刻地揭示出人本性之劣根。

人作恶犯罪，当然有许多是因为生活困窘被逼无奈，不得已而为之的，但也有许多是因为生活太优裕了而恣意妄为。富贵能改变人的思想，俗话不是说“饱暖则思淫欲”吗？沉迷于酒色财气中的人，无不是家财万贯、富可敌国的人，他们为争权夺利不惜越货残民；逐利之心随着聚敛财物的增多而增长，揽权的欲望与权势一同膨胀，他们的“不顾廉耻”与“饥寒无告”的穷百姓比较，大概超过百倍千倍还不止。而那些自称升官发财之后就金盆洗手的人，想来他们开始的生活一定不是贫困窘迫的，一定不是饥寒交迫的。到他们果然发财之后，恐怕就像那个偷鸡贼一样，只不过由“日攘一鸡”变为“月攘一鸡”，“明日遥无期”(tomorrow come never)，金盆洗手遥遥无期！

《庄子·胠箧》中说:“彼窃钩者诛,窃国者为诸侯。”“窃钩者”,定是贫贱之人,为衣食所迫;“窃国者”,定是大富大贵之人,衣食无忧。因而“贫则奸邪生”与“富则奸邪生”一样,只说明了事物的一个方面,二者结合才是全面看问题。我们俗话也常说“有钱能使鬼推磨”,突出钱的作用,钱的威力,有钱可以为所欲为、恣意妄为,即“富则奸邪生”;又说“没钱是万万不能的”,则突出了钱财对于生活生存的重要性,因为“万万不能”,所以为了生存,为了钱,“贫则奸邪生”。

既然“贫则奸邪生”,“富”也“奸邪生”,难道不贫不富社会上奸邪之事才会平息?其实孔子、孟子与柏拉图早就为我们找到了解决的方法。孔子的方法是“教之”,理由是“不仁者不可久处约,不可长处乐”;孟子的方法是“谨庠序之教,申之以孝悌之义”;柏拉图的方法是“先谋生而后修身”。物质问题解决之后还得有精神追求,有良好向上的精神追求,达到如孔子所说的“贫而无谄,富而无骄”甚至“贫而乐,富而好仁”的理想,这个教育对“贫”者要实施,对“富”者也应实施!

《万寿宫文化》节选

——南昌市第二十一中学校本教材

主　编：熊　祎

目　录

序　一

序　二

导　读

第一课　道教文化

第一节　道教的创立及其历史发展

第二节　道教的信仰特征和基本教义

第三节　道教对中国古代文化的影响

第二课　万寿宫与许真君

第一节　许真君与万寿宫

第二节　许真君的传说

第三节　奔赴国难　净明忠孝

第四节　真诚学艺　诚信待人

第三课　万寿宫的道教文化

第一节　净明道“垂世八宝”

第二节　清规戒律和宫观礼仪

第三节　宫观建筑

第四节　道教官职与道士的称谓

第五节　道士服饰

第六节　斋醮科仪

第四课　万寿宫的民俗文化

第一节　香期、庙会、香社

第二节　春节、端午、中秋

第三节　太平戏

第四节　西山万寿宫庙会和剪柏会

第五节　其他习俗

第五课　万寿宫、江西会馆与“江右商帮”

第一节　万寿宫与江西会馆

第二节　“江右商”的辉煌历史

第六课　遍及各地的万寿宫

第一节　省内万寿宫

第二节　省外万寿宫

第七课　万寿宫文化的思考

第一节　宗教与俗信

第二节　许真君给我们留下了什么

第三节　“江右商”带给我们的思考

导读　走进万寿宫文化

亲爱的同学们:

当你们拿到南昌二十一中学录取通知书的时候,或许有人会告诉你,它坐落在翠花街旁,那里曾经是赫赫有名的万寿宫。当你们走进南昌二十一中的时候,稍作细心的观察便会发现,两块巨大的长条麻石,横卧在校门两旁的大树下。在北边教学楼的前方,有一大块凹形空地,空地的边缘都是天然大石块。在主席台旁边的老围墙上,可以看到一块块烧有“万寿宫”字样的砖块,还能看到刻了许多人姓名与款数的石碑——那是早先为修建万寿宫捐款留下的痕迹。围墙边有一只石刻的狮子。教学大楼的葡萄架下,古香古色的石桌石凳。你再费点心去寻一寻,或许你还能发现一口古井。如果你有兴趣绕学校外围一圈,在合同巷拱形门旁边的老万寿宫墙上,你还会发现那上面有一块“南昌总商会”的石碑,上面的字还清晰可见。这时候你可能会想:“这万寿宫是怎么回事呢?”“这是怎样的一方古迹?”“它有什么故事吗?”确实,万寿宫真的有许多故事,它原本是闻名于海内外的一座道教宫观。翻开这本书,欢迎你跟随我们一同走进万寿宫文化。

第二节　许真君给我们留下了什么

讲到江西的历史文化名人,我们往往脱口而出的是文天祥、欧阳修、王安石、汤显祖等人。由于历史原因,曾经对宗教文化的偏见,让“许真君”被历史尘封,年轻人几乎都不知道江西有这么一位历史文化名人。在民间,江西老百姓颂扬许真君为民除害造福的功德,盛赞他的毅力智慧、英雄形象和浩然正气。民间还赋予其神话色彩,传说许真君赣鄱降蛟治水,据相关专家研究,其镇蛟的方式寓含了生态治水的思维,以及“道法自然”得来的治水思路。此道教神话暗含了洪水泛滥、筑堤防洪、植树造林的生态治水原则。生态治水以致今天来说,仍是一个崭新的话题。同样,他的人伦道德、惩恶扬善精神,也充分表现了传统孝悌思想和宽容风度。

许真君在江西民间得到普遍崇信,在高层士大夫中同样受到尊重。王安石在《重建旌阳祠记》一文中对许真君的旷世功德给予褒扬,认为“明德之士”要像许真君那样,立志为民众办实事;做官要像许真君那样清正廉明,去贪戢暴,救灾解厄;许真君斩蛟治水,是有功于江西的。元代治史专家虞集的《许旌阳祠堂记》对许真君功业的总评价是“阴佑其民,治化成功”八个字。何等经典,入木三分!江西历代的许多鸿儒,都把许真君列为人杰。

20世纪50年代,南昌市的京剧、赣剧舞台上还上演过新编剧目《许真君》,剧院观众爆满,极受观众好评。

许真君清正廉明的政治风范,救灾捍患的宗教精神,舍身为国的英雄气概,铁柱锁蛟的生态思维和净明忠孝的道德教义,是中华民族的优秀文化遗产,至今仍然光辉夺目。

近年来,我们也关注到,人们思想的滑坡,传统美德的丧失,均影响到青少年学生的成长。例如,对祖国、对人民的忠诚,对父母长辈的孝顺,对社会的责任与感恩,为人处事的诚信……为此,多年来我们学校非常重视学生的思想道德教育,并且做了不少的工作和探究:在宏观管理上,我们制订了校训——崇德、明理、笃行、拓新;创设了校徽——以两个“21”数字形状的变形,构成一个酷似汉字“飞”的造型字,象征南昌二十一中积极向上、朝气蓬勃,正踏着时代的步伐腾飞;还谱写了校歌——《我们是祖国的明天》。在德育教育的课题研究方面,我们承担的省级课题“家校资源整合研究”正在积极地实践探讨中。

平时学校经常开展励志做人的各种活动——军训历练、主题班会自我教育、文学艺术的熏陶、青年志愿者活动……在活动中，让学生得到潜移默化的思想品德教育。

新课改给了我们极好的机会，学校校本教材的编写，是新课改内容的组成部分。我们学校地处万寿宫遗址，发掘万寿宫文化，用好我们独有的校本资源，让学生了解我们赣文化的精髓，对学生进行优良的传统文化教育和道德教育，这就是我们编写这本教材的初衷。

思考与练习

1.许真君的“忠不但忠君，一物不欺之谓也；孝不但孝亲，一体皆爱之谓也。”这段话是什么意思？今天我们怎么去理解这段话？

2.诚信，是许真君身上的美德之一。谈谈当今社会一些“诚信”失落的现象，今天我们应该如何继承这一传统美德？

第三节 “江右商”带给我们的思考

万寿宫不只是联系各地赣人的纽带之地，更是赣人自我教育的文化阵地。古代江西作为传统儒家文化的大基地，江右商帮自然而然地会受到儒家“诚信”“修身”“济民”文化的影响。许真君净明忠孝道的儒释道三教合一的道义，为官清廉、为民除害、治病救人的精神，锻造了江西商人，铸就了江右商帮的灵魂。他们吃苦耐劳，艰苦创业，讲究“贾德”，注重诚信，遵循职业道德；他们团结互助的团队精神和回报家乡、建设家乡的豪迈气魄，带来了古代江西经济文化的繁荣；他们谱写的一幅幅辉煌灿烂的江西商贾文化的历史画卷，值得今天的江西人倍加珍惜；他们的创业精神值得我们传承。

说到江西，很容易被人忽略，偶尔被提及时，往往也要在前面加上一个定语：“革命老区”。老区，在人们的联想中往往跟贫穷落后联系在一起。但江西并非一直贫穷落后。曾经，这里不仅是全国最富庶的地区，更是整个中国的经济文化中心。“物华天宝，人杰地灵”，初唐诗人王勃在南昌赣江边的滕王阁上，挥笔写下了光照千古的《滕王阁序》。江西没有愧对这两句话，在江西的历史上，那是一段群星闪耀、光照华夏的辉煌时期。

撩开历史的尘埃，在浩瀚的中国历史上，江西人曾经扮演过重要角色。在政治、文化、思想、教育、经济、科技等方面，江西曾经均领先于全国。

政坛方面，两宋时期，江西一省就出了5142名进士，占宋朝进士总额的六分之一以上。其中，有27人曾出任过正副宰相之职。晏殊、王安石、欧阳修、文天祥等，即是其中的佼佼者。两宋的正副宰相，五分之一来自江西。到了明代，更有“朝士半江西”的盛况。

文学方面，唐宋散文八大家中，江西独占三家：王安石、欧阳修、曾巩。晏殊、晏几道父子和姜夔，则是宋朝词坛的三座高峰，开了北宋一代词风。黄庭坚开创的江西诗派，则成了宋诗的代名词。到了明朝，创作出《牡丹亭》等“临川四梦”的戏剧大师汤显祖，更是可与西方同时代的莎士比亚交相辉映。

思想方面，当时更可谓天下宗师皆出江西。儒家，朱熹是理学的集大成者，陆九渊（陆象山）则开创了心学。道家，就如同山东曲阜的孔庙是儒家的祖庭一样，江西龙虎山的天师府一直被公认为道教的祖庭。释家，慧远在庐山东林寺创中国佛教开宗立派之先河，后人尊之为净土宗初祖；慧能开创的禅宗，就是通过江西传向全国并发扬光大的，后来禅宗所谓的五家七宗皆发源于江西。

教育方面，两宋时期全国共有书院515个，而江西一省独占170个，占了全国的三分之一。其中，白鹿洞书院由朱熹主持，象山书院由陆九渊主持。鹅湖书院是朱熹和陆九渊的“鹅湖之会”之处，在这里开创了中国哲学史上第一次学术争鸣大辩论。北宋四大书院，以白鹿洞书院居首。南宋四大书院，白鹿洞书院、象山书院均列其中。

经济方面，江西是当时全国商品经济最为发达的地区，是全国最重要的手工业基地。瓷都景德镇，青花瓷工艺世界一流，为中国挣下了一个瓷器(CHINA)的国名。“江右商帮”为全国十大商帮之一。“临川才子金溪书”，江西的印刷业独领风骚。此外，如德兴、铅山的冶金，樟树的药材，进贤的制笔、烟花，铅山的造纸，宜黄的夏布织造等，皆盛极一时。

手工制造业的繁荣，带来科技的发展。由江西人宋应星撰写的《天工开物》被誉为中国古代的“农业、手工业科技百科全书”，有关部门已把它列入“国学基本丛书”。

这段显赫的历史让我们江西人感到无比骄傲和自豪。但今天江西的政治、经济、文化领域要达到明清时期在全国的位次还差得较远。江右商的吃苦耐劳、艰苦创业、注重诚信、团结互助，回报家乡、建设家乡的豪迈气魄，带来了古代江西经济文化的繁荣。身为江西的年轻人，我们能做点什么？应该做点什么？我们祖先给我们留下了丰富的遗产，为我们铸造了一个看不见摸不着，却经常鼓舞一代又一代的江西人奋发前进的精神支柱。骄傲和自豪之后，恐怕更多的是思考了。建设江西，振兴江西，这是我们的使命！同学们，让我们踏踏实实地行动起来，从我做起，从现在做起！

思考与练习

1.社会调查。南昌是一座有着2200多年历史的文化古城，1986年被国务院批准为国家历史文化名城。南昌拥有大大小小的历史文化遗迹60多处。这些遗址的本身以及与这些遗址有关的人物，都曾经那么鲜活地出现在历史上，都是那么声名显赫，如雷贯耳。例如，象山路纪念的是陆九渊；渊明路留有陶渊明的影子；青云谱可追寻到八大山人的足迹……请你利用多种途径作个社会调查，说说南昌有哪些古迹，与谁或什么事有关。调查完后，可用表格进行整理。（有条件的可带上相机拍点照片）

2.“江右商”的历史让我们联想到江西曾经的辉煌。找找看，历史上还有哪些影响力很大的江西名人，他们的功绩是什么？了解了江西历史上的辉煌，今天的你有什么感想？说给大家听听。

《责任根深 礼仪花繁》节选

——德兴市银城第一小学校本教材

主　编：徐飞燕　帅冬玲

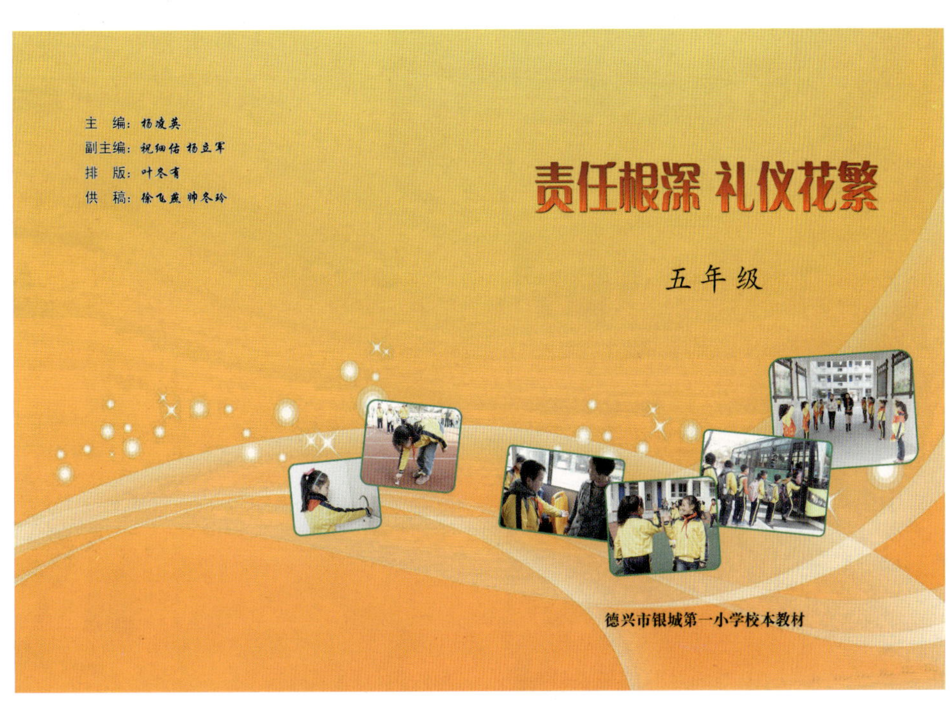

目　录

第 1 课　整理房间 ……………………………2
第 2 课　和父母商量办 ……………………………5
第 3 课　有同情心 ……………………………7
第 4 课　珍惜时间 ……………………………11
第 5 课　好少年，讲谦让 ……………………………14
第 6 课　做班级小主人 ……………………………17
第 7 课　保持环境卫生 ……………………………20
第 8 课　奉献，让生活变得更美 ……………………………23

第1课　整理房间

大家好，我叫王大伟，可是伙伴们都叫我“邋遢大王”。我从来不会整理书包和房间，平时这些事都是我妈妈帮我做的，我也就乐得轻松。

议一议

如今，在教育孩子的问题上，家长们有许多不同的观点，其中一种就是像大伟的妈妈那样，凡事包办代替，以学习重要为由，从不让孩子动手做一些力所能及的家务。而另一种观点却与之相反。让我们来听听他们的说法吧！

正方

杨琳利的妈妈：

我让女儿从小就学做家务。现在，她自己会做饭、洗衣、打理房间，还懂得关心、体贴父母。这说明，让孩子做家务是正确的。孩子长期不做家务，动手能力差，就会产生惰性和依赖心理，导致自立、自理意识缺乏，对他们的身心健康不利。在合理安排时间、保障孩子安全的前提下，家长要尽可能引导孩子多做家务。

江浩洋的妈妈：

从小做家务对孩子的健康成长有利，不让孩子做家务的做法是错误的。家务活既是体力劳动又是脑力劳动，多做家务活有利于培养孩子的劳动观念和责任意识。多做家务的孩子，自理自立意识强，将来的生活、工作会更加幸福。老师、家长应利用假期时间，引导孩子多做些家务。

反方

张玲玲的妈妈：

从主观上讲，我很赞成孩子做些自己力所能及的家务，比如晚上自己铺床、早上起来叠被子、收拾书桌一类简单的事。但是如今的孩子一周5天上课，作业多，再加上课外班的奥数、英语培训课，或钢琴、画画等特长课，每天晚上都是紧紧张张的，等把该做的都做完就已经晚上10点或者更晚，早上起床时总是睁不开眼，我们还怎么忍心让他们再做这些事呢？索性代劳了。毕竟作业和睡眠是最重要的，实属不得已而为之。再说，如果学习落下了就很难赶上，会不会做家务倒是次要的。

黄键的妈妈：

应试教育下，学习成绩无疑在评价孩子的各项指标中占据龙头老大的地位，甚至在不少老师、家长眼里能“一好遮百丑”。学习好的孩子老师喜欢，在班上有地位；学习好也能赢得父母和家人的欢心，自己的各种愿望也容易得到满足，这就能使他们体验到成就感，导致孩子对学习感兴趣。而孩子的家务活或是班集体劳动做得好，却得不到这些。

对于这个问题，你怎么看待？

整理房间

到处都是物件／这儿堆一点／那儿放一点／感觉整个身子都要被挤扁／两脚不知放在哪儿

将随意搁置的书摆一块装入书橱／将衣物被褥叠好塞进柜子／将鞋赶到架上休息／将各种家具电器桌椅挪挪位置

觉焕然一新／无论是站在里面还是坐在里面／都俨然一位威武的将军／而那些东西就像正在等待检阅的士兵

我能行

下面的这些事情我都能行！

第2课　和父母商量办

亲爱的小伙伴们：

你们好！

我一直很喜欢小狗，可是上次养的那条小狗永远地离开了我。那天我在北门街看到有一个人在那里卖狗，大约有十来只吧，那些狗狗好可爱哦。有斑点狗、狮子狗、狐狸狗等等。看到这样的情景我忍不住了，我发誓一定要买一只回去。正好手里有些零花钱，我决定今天从学校回来就买！

一放学，我来到了卖狗的那个地方，一眼就相中了一只所谓的狮子狗：金色的犬毛，粉嘟嘟的小嘴，真是人见人爱。付了50元后，我抱着这只可爱的小狗回家了。

回家后，我先切了一根火腿肠给它吃，又从床肚里翻出一个纸盒做它的临时居所。这时，妈妈回来了。我兴奋地把小狗抱到妈妈面前，想让同样爱狗的妈妈一同高兴一番。没想到妈妈极力反对。我生气极了，和妈妈大吵了一架。妈妈大发雷霆，并扬言要将它驱逐出境。我激烈反对，妈妈狠狠地揍了我一顿。后来，小狗还是被送走了，我伤心极了：妈妈为什么会这样呢？

烦恼

×年×月×日

烦恼诉说的这件事中，有哪些地方考虑得不周到？

让我来开导烦恼：________________

____

____

____

为什么要和父母亲商量着办?

这个问题值得思考,我要和同学讨论讨论。

我们把讨论的结果归归类:

既然如此,那我们应该在什么时候和父母亲商量着办呢?该怎样商量最好呢?

明明是个品学兼优的好孩子。妈妈为了培养他,不但每天陪着他学习写作业,还给他的周末时间安排得满满的,既要学羽毛球、拉丁舞和中国画,又要学英语和作文。这不,妈妈觉得这还不够全面,又打算让他去学小提琴。明明心里很不愿意,你们能帮他劝劝他妈妈,让她打消这个念头吗?

生活中,你有没有遇到过这样的问题?说出来让大家帮你分析一下,出出主意。

九江市第一小学校本教材节选

第5课 岳母祠

同学们，听说过岳母祠吗？

九江是岳飞的第二故乡，岳母祠坐落在县城西面株岭村，是九江县爱国主义教育基地。

南宋绍兴六年（公元1136年），岳飞母亲姚太夫人在军中逝世。岳飞即奏明朝廷，请求将其母安葬庐山。宋高宗准奏，赐葬庐山，将其安葬于九江县株岭山东端。

1996年，值岳母逝世860年之际，政府在墓区内修复了叠翠亭、享殿、岳母祠、石翁仲、仪门等建筑。进入墓区，正气浩然，足以激奋后人。

在株岭西北端处，安葬着岳飞的续弦夫人李氏夫人墓，与岳母墓，遥遥相对，互成犄角。这两墓葬与青山秀水相融，它不再是处“青山可埋骨”的坟墓，而是一种景观，一种慰藉，为人们所敬仰。此外，在岳母墓旁有石雕马两具，高与长各1.5米，重约1吨，还有秦桧夫妇跪势石俑残块。

一进入景区，首先跃入眼帘的是仪门，仪门上挂着“一代贤母”的匾额，为当代书法家舒同所题。进入仪门，顺台阶而上是岳母祠，祠内供奉着手拄着龙头拐杖的岳母坐姿塑像；祠内陈列着岳母教子的图片和现代领导人的题字等。继续沿祠后台阶拾级而上，是供有岳飞立像的享殿，享殿内有岳飞塑像和一些岳飞手书复制品。沿殿旁石阶继续向上是叠翠亭，翘檐飞角，临空而立。岳母墓就在这享殿和叠翠亭之间。

实践场

岳母姚氏深明大义，曾支持他抗御外侮、收复中原的主张，被中国人民尊崇为千古母教典范。

查找资料，和同学们说一说下面这幅图的故事。

拓展区

我们所说的“精忠报国”与下图的“尽忠报国”有区别吗？想一想。

聪明泉

这几个塑像为什么跪着？他们分别是谁？

第 8 课　中华贤母园

智慧窗

中华贤母园是九江县挖掘历史文化资源，彰显地方文化特色，以岳母、陶母文化为核心，以贤母文化为内涵，以旅游休闲为外延，构建集文化展示、生态休闲、旅游观光为一体的寓教于乐、寓教于游的贤母文化主题公园。

真是有气派，找找入口在哪里吧！

中华贤母园效果图

知识汇

中华贤母园位于九江县县城中心原渊明公园处，其范围包括原渊明公园以及周边山体，规划面积 1100 亩。建设分为五大区域，颇具特色的区域为：入口景观创意区、贤母主题博览区、廉孝仁爱感知区、女性文化展示区、休闲活动体验区。

我国古代的四大贤母分别是：孟母（孟子的母亲仉氏）、陶母（陶侃母亲湛氏）、欧母（欧阳修之母郑

氏)、岳母(岳飞的母亲姚太夫人)。其中陶母、欧母、岳母均在这里留下了许多故事,岳母还安葬在九江县,九江县也是官方确认的陶侃后人陶渊明的故里。

在贤母主题博览区内,建有四大贤母经典故事演绎场所,分别为:孟母三迁园、陶母延宾坊、欧母画荻居、岳母精忠堂。在廉孝仁爱感知区内,还建有清廉家风廉政教育文化园。

实践场

中华贤母园是一座文化的宝库,距我们学校大约只有一千米的路程,一定要多去看看!

先听老师讲讲四大贤母的故事!

孟母三迁

欧母芦书

封坛退鲊

岳母刺字

拓展区

我知道,四大贤母她们的儿子分别是:

孟　母——(　　　)

欧　母——(　　　)

陶　母——(　　　)

岳　母——(　　　)

聪明泉

伟大的母亲培养出了杰出的子女,他们勤奋、爱国、孝敬父母,是我们学习的典范!

和同桌讲讲,我学到了……

《经典美文读本》节选

——江西省万载县第一小学校本教材

主　编:丁梓秀

封面

目录

目录

《诗经》选读

第 17 课 关雎…………57
第 18 课 樛木…………61
第 19 课 兔罝…………66
第 20 课 羔羊…………69
康乐拾韵……72
第 21 课 式微…………74
第 22 课 伐檀…………77
第 23 课 硕鼠…………80
第 24 课 终南…………83
康乐拾韵……86
第 25 课 无衣…………88
第 26 课 匪风…………91
第 27 课 蜉蝣…………94
第 28 课 鹤鸣…………97
康乐拾韵……100
第 29 课 北山…………102
第 30 课 击鼓…………105
第 31 课 燕燕…………108
第 32 课 黍离…………111
康乐拾韵……115
附录 这就是一小

目录

《孟子》选读

第 1 课 反身而诚…… 1
第 2 课 浩然之气…… 4
第 3 课 舍生取义…… 8
第 4 课 大丈夫……… 11
康乐拾韵…… 15
第 5 课 人性善……… 16
第 6 课 心之四端…… 19
第 7 课 牛山之木…… 22
第 8 课 何必曰利…… 26
康乐拾韵…… 30
第 9 课 仁者无敌…… 31
第 10 课 不为与不能… 35
第 11 课 与众乐乐…… 39
第 12 课 得道多助…… 44
康乐拾韵…… 48
第 13 课 明人伦……… 49
第 14 课 君子有三乐… 53
第 15 课 教之道……… 56
第 16 课 生于忧患…… 60
康乐拾韵…… 64

《我要学会》节选

——新余市暨阳学校校本教材

主　编：王丽娜

副主编：刘知常　阮淑艳

封面

目录

目录

第一单元　学会做人
懂礼仪　有礼貌　3
队伍齐　安全行　5
手拉手　好朋友　7
好孩子　要诚实　9

第二单元　学会求知
要上课了　13
我爱学习　15
我会读　我会写　17
认真完成作业　19

第三单元　学会劳动
劳动最光荣　23
当好值日生　25
我是小帮手　27
巧巧手　29

第四单元　学会生活
我爱暨阳学校　33
高高兴兴上学　平平安安放学　35
丰富多彩的课间活动　37
爱护学校公物　39

第五单元　学会健体
正确的坐立行　43
天天锻炼身体好　45
我们爱做操　47
各种各样的运动场所　49

第六单元　学会感恩
我有一颗感恩的心　53
我懂得感恩　55
尊敬长辈　其乐融融　57
老师我们爱您　59

要上课了

说一说

要上课了，我们应该怎么做？

议一议

课前我们还要做什么？

你知道吗

课间要把课本和文具盒摆放整齐，铃声响了，要迅速有序地进教室，静静地等待上课。

学一学

书包整齐地放进抽屉

书本和文具整齐地摆放在桌面

13

练一练

看谁把学习用品摆放得又快又整齐？

课前诵读一二三

- 预备铃响，立即进教室。
- 轻轻坐下，在值日干部带领下唱歌、诵诗。
- 诵读时坐端正，声音响亮，不唱读，不拖音。

读一读

上课铃声响，赶快进课堂，
书和文具盒，摆在桌子上，
起立要站直，坐下不乱晃，
不做小动作，上课要听讲，
发言先举手，回答要响亮，
学会守纪律，做个好学生。

记一记

- 玉不琢，不成器；人不学，不知义。
- 敏而好学，不耻下问。
- 少壮不努力，老大徒伤悲。

《书香童年》节选

——新余市暨阳学校校本教材

主　编：胡美琴

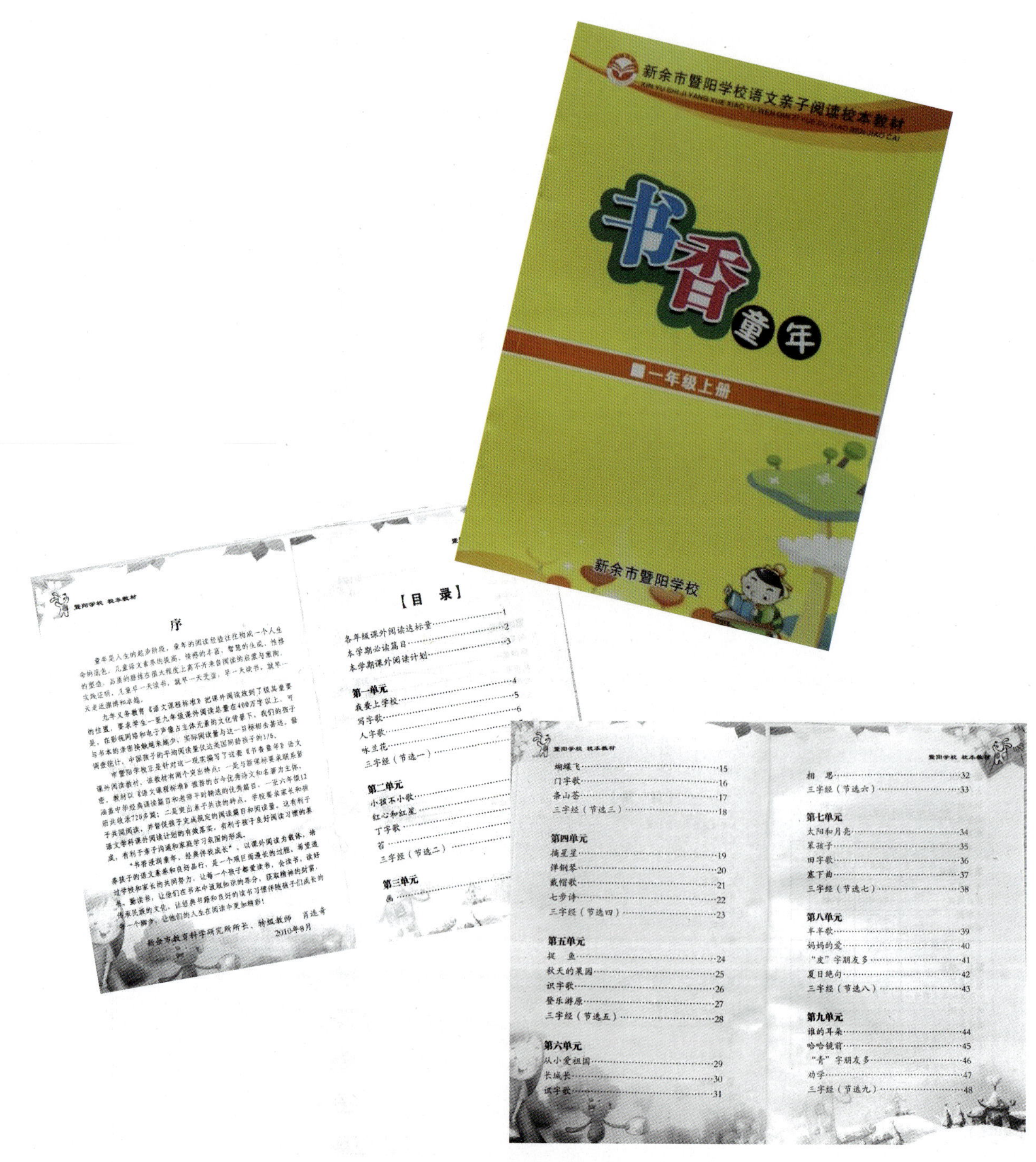

暨阳学校 校本教材

序

童年是人生的起步阶段，童年的阅读经验往往构成一个人生命的底色。儿童语文素养的提高、情感的丰富、智慧的生成、性格的塑造、品质的磨炼在很大程度上离不开来自阅读的启蒙与熏陶。实践证明，儿童早一天读书，就早一天受益，早一天读书，就早一天走近渊博和卓越。

九年义务教育《语文课程标准》把课外阅读放到了极其重要的位置，要求学生一至九年级课外阅读总量在400万字以上。可是，在影视网络和电子声像占主体元素的文化背景下，我们的孩子与书本的亲密接触越来越少，实际阅读量与这一目标相去甚远。据调查统计，中国孩子的平均阅读量仅达美国同龄孩子的1/6。

市暨阳学校正是针对这一现实编写了这套《书香童年》语文课外阅读教材，该教材有两个突出特点：一是与新课标要求联系紧密，教材以《语文课程标准》推荐的古今优秀诗文和名著为主体，涵盖中华经典诵读篇目和老师平时精选的优秀篇目，一至六年级12册共收录720多篇；二是突出亲子共读的特点，学校要求家长和孩子共同阅读，并督促孩子完成规定的阅读篇目和阅读量，这有利于语文学科课外阅读计划的有效落实，有利于孩子良好阅读习惯的养成，有利于亲子沟通和家庭学习氛围的形成。

“书香浸润童年，经典伴我成长”，以课外阅读为载体，培养孩子的语文素养和良好品行，是一个艰巨而漫长的过程，希望通过学校和家长的共同努力，让每一个孩子都爱读书，会读书，读好书，勤读书，让他们在书本中汲取知识的养分，获取精神的财富，传承民族的文化，让经典书籍和良好的读书习惯伴随孩子们成长的每一个脚步，让他们的人生在阅读中更加精彩！

新余市教育科学研究所所长、特级教师　肖连奇
2010年8月

【目　录】

各年级课外阅读达标量……1
本学期必读篇目……2
本学期课外阅读计划……3

第一单元……4
我要上学校……5
写字歌……6
人字歌
咏兰花
三字经（节选一）

第二单元
小孩不小歌
红心和红星
丁字歌
苔
三字经（节选二）

第三单元
画
蝴蝶飞……15
门字歌……16
条山苍……17
三字经（节选三）……18

第四单元
摘星星……19
弹钢琴……20
戴帽歌……21
七步诗……22
三字经（节选四）……23

第五单元
捉　鱼……24
秋天的果园……25
识字歌……26
登乐游原……27
三字经（节选五）……28

第六单元
从小爱祖国……29
长城长……30
识字歌……31
相　思……32
三字经（节选六）……33

第七单元
太阳和月亮……34
笨孩子……35
田字歌……36
塞下曲……37
三字经（节选七）……38

第八单元
羊羊歌……39
妈妈的爱……40
“皮”字朋友多……41
夏日绝句……42
三字经（节选八）……43

第九单元
谁的耳朵……44
哈哈镜前……45
“青”字朋友多……46
劝学……47
三字经（节选九）……48

节选自一年级上册教材

从小爱祖国

冬　水

鸟儿爱蓝天，
鱼儿爱江河。
蚯蚓爱泥土，
蜜蜂爱花朵。
我们好儿童，
从小爱祖国。

编者的话：

我们敬爱的周恩来总理小小年纪就立下了“为中华之崛起而读书”的远大志向。我们爱祖国，所以我们从小就要好好学习，学好本领，长大了为建设祖国做贡献。

长城长

杨　畅

长城长，长城弯，
长城像条长扁担。
一头挑着山海关，
一头挑着嘉峪关。
大山公公腰板硬，
一直挑了几千年。

编者的话：

万里长城是中国古代一项非常了不起的雄伟建筑。他的最东边是山海关，最西边是嘉峪关，全长有6300千米。长城在1987年就被列入世界文化遗产的名单，可是世界建筑史上的一大奇观哦！

识字歌

佚　名

“可”字加水成小“河”，
“工”字加水长“江”流，
“乌”字有口方可“鸣”，
“啬”字添土堆高“墙”，
“周”字说话很“调”皮。

认一认：

hé	jiāng	míng	qiáng	tiáo
河	江	鸣	墙	调

相　思

［唐］王　维

红豆生南国，
春来发几枝。
愿君多采撷，
此物最相思。

【注释】

①红豆：红豆树，乔木，产在亚热带地区，种子鲜红色，叫红豆，亦叫相思豆。

②采撷：采摘。

【译文】

晶莹闪亮的红豆，产于南方；春天来了，该长得枝繁叶茂吧？愿你多多采摘它，嵌饰佩带，这玩意儿，最能把情思包涵！

三字经（节选六）

香九龄，能温席。
孝于亲，所当执。
融四岁，能让梨。
悌于长，宜先知。

【译文】

东汉人黄香，9岁时就知道孝敬父亲，替父亲暖被窝。这是每个孝顺父母的人都应该效仿和实行的。汉代的孔融4岁时，就知道把大的梨让给哥哥吃，这种尊敬和友爱兄长的道理，是每个人从小就应该知道的。

节选自二年级上册教材

笠翁对韵（节选二）

黑对白，绿对红，日下对天中。
依依河畔柳，郁郁涧边松。
楼外春阴鸠唤雨，庭前日暖蝶翻风。

节选自三年级下册教材

新余市暨阳学校语文亲子阅读校本教材
XIN YU SHI JI YANG XUE XIAO YU WEN QIN ZI YUE DU XIAO BEN JIAO CAI

书香童年

三年级下册

新余市暨阳学校

序

2010年8月

目 录

各年级课外阅读达标量
本学期必读篇目
本学期课外阅读计划……3

第一单元
题诗后
春天吹着口哨……4
孔子论三友……5
百家姓（节选一）……7
成功激励格言……8

第二单元……9
望洞庭
妈妈是棵大树
不自见故明
百家姓（节选二）
成功激励格言

第三单元
登科后
……18
黄河……19
黄师爱黄……20
百家姓（节选三）……21
成功激励格言

第四单元……22
江南春……24
春天来了……26
兼相爱，交相利……27
百家姓（节选四）……28
成功激励格言

第五单元……29
望天门山……30
奋斗……32
特而待之……33
百家姓（节选五）……34
……35
……37
……38
……39
百家姓（节选六）……40
成功激励格言

第七单元……41
偶书……42
繁星……44
愚悉……45
百家姓（节选七）……46
成功激励格言

第八单元……47
暮江吟……49
儿童……50
井蛙之见……51
百家姓（节选八）……52
成功激励格言

第九单元……53
月子弯弯照九州……54
再别康桥……56
青出于蓝……57
百家姓（节选九）……58
成功激励格言

第十单元
金缕衣
花和树……59
图难于其易，为大于细……60
百家姓（节选十）……61
成功激励格言……62

第十一单元……63
芙蓉楼送辛渐
阳光是一种语言……64
利人在教，成身在学……65
百家姓（节选十一）……66
成功激励格言……67

第十二单元……68
如梦令
土家女儿歌……69
为国之本……70
百家姓（节选十二）……72
成功激励格言……73

亲子阅读记录卡……74
小学课外阅读自选篇目推荐……75
……99

各年级课外阅读达标量

年级	每天阅读量（达标）	每月阅读量（达标）	学期总阅读量（达标）	学期总阅读量（优秀）
一	不少于200字	不少于5000字	2万字	4万字
二	不少于300字	不少于8000字	3万字	6万字
三	不少于1000字	不少于2.5万字	10万字	20万字
四	不少于1700字	不少于5万字	20万字	40万字
五	不少于3000字	不少于9万字	35万字	70万字
六	不少于4000字	不少于12万字	50万字	100万字

百家姓(节选一)

zhào 赵	qián 钱	sūn 孙	lǐ 李	zhōu 周	wú 吴	zhèn 郑	wáng 王
féng 冯	chén 陈	chǔ 楮	wèi 卫	jiǎng 蒋	shěn 沈	hán 韩	yáng 杨
zhū 朱	qín 秦	yóu 尤	xǔ 许	hé 何	lǚ 吕	shī 施	zhāng 张
kǒng 孔	cáo 曹	yán 严	huà 华	jīn 金	wèi 魏	táo 陶	jiāng 姜
qī 戚	xiè 谢	zōu 邹	yù 喻	bǎi 柏	shuǐ 水	dòu 窦	zhāng 章
yún 云	shū 苏	pān 潘	gě 葛	xī 奚	fàn 范	péng 彭	láng 郎

成功激励格言:

每一个成功者都有一个开始。勇于开始,才能找到成功的路。

世界会向那些有目标和远见的人让路。

造物之前,必先造人。

与其临渊羡鱼,不如退而结网。

千里之堤,溃于蚁穴。

青出于蓝

学不可以已。青,取之于蓝而青于蓝;冰,水为之而寒于水。

——摘自《荀子·劝学》

【译文】

学无止境。青色的染料,是从蓝草中提取的,却比蓝草更青;冰块,是由水凝结而成的,却比水更冷。成语“青出于蓝”,源出于此。

古代经典名句

黑发不知勤学早,白首方悔读书迟。

——《劝学》

【译文】

年轻的时候不知道抓紧时间勤奋学习,到老了想读书却为时已晚。

读书百遍,其义自见。

——《三国志》

【译文】

读书必须反复多次地读,这样才能明白书中所讲的意思。

人之为学,不可自小,又不可自大。

——顾炎武

【译文】

学习时不要在渊博浩瀚的知识面前感到自卑,也不能因为学到一点点知识就骄傲自满。

大丈夫处世,当扫除天下,安事一室乎?

——汉·陈蕃

【译文】

有志气的人活在世上,应当敢于跟各种不利于国家的行为做斗争,哪能只满足于处理好自己小家的小事呢?

现代诗歌

自　嘲

鲁　迅

运交华盖欲何求,未敢翻身已碰头。
破帽遮颜过闹市,漏船载酒泛中流。
横眉冷对千夫指,俯首甘为孺子牛。
躲进小楼成一统,管他冬夏与春秋。

【赏析】

这是一首人们熟知的名诗。其中"横眉"两句成为传诵的名言,"横眉""俯首"形象地写出了革命战士对待敌人和对待人民两种截然不同的态度,不仅意味深长而且形象鲜明。

《用心养成我成材》节选

——新余市明志小学校本教材

主　编：丁六芳

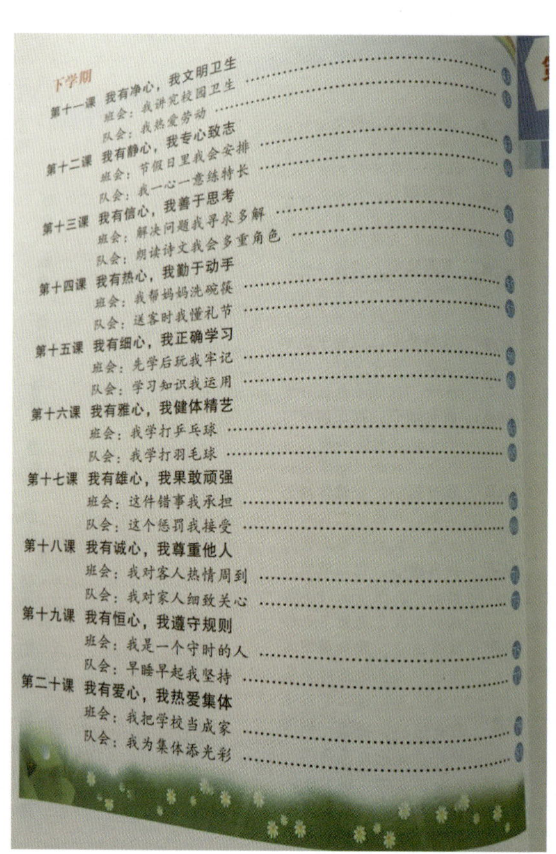

下学期

第十一课 我有净心，我文明卫生
班会：我讲究校园卫生
队会：我热爱劳动

第十二课 我有静心，我专心致志
班会：节假日里我会安排
队会：我一心一意练特长

第十三课 我有信心，我善于思考
班会：解决问题我寻求多解
队会：朗读诗文我会多重角色

第十四课 我有热心，我勤于动手
班会：我帮妈妈洗碗筷
队会：送客时我懂礼节

第十五课 我有细心，我正确学习
班会：先学后玩我牢记
队会：学习知识我运用

第十六课 我有雅心，我健体精艺
班会：我学打乒乓球
队会：我学打羽毛球

第十七课 我有雄心，我果敢顽强
班会：这件错事我承担
队会：这个惩罚我接受

第十八课 我有诚心，我尊重他人
班会：我对客人热情周到
队会：我对家人细致关心

第十九课 我有恒心，我遵守规则
班会：我是一个守时的人
队会：早睡早起我坚持

第二十课 我有爱心，我热爱集体
班会：我把学校当成家
队会：我为集体添光彩

第二课　我有静心，我专心致志

班会：我节假日会安排

议一议

小华同学在暑假刚开始时想法颇多，但是随着假期的推进，假期刚开始时的那些想法就逐渐在脑中消失了，假期过成了每日吃喝玩乐、昏睡无度的日子，到了临近开学，才发现自己该做的事情没有做，想做的事情已经没有时间做了，自己都感觉这个假期过得一无所获、无聊乏味。

你能做到吗？

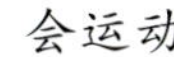

说一说

假日里你还会做些什么呢？要做好这些事情应该具备怎样的精神？

填一填

1.你是否能自由安排暑假生活？（　　　）

A.完全自由安排　B.基本自由，家长做出指导

C.完全不自由，由家长安排我做不愿做的事情

2.你暑假最想做的事情是什么？

____

____

3.你这个暑假是否上了培训班？（　　　）

A.是　　　　B.否

4.你上了哪些培训班？（　　　）

A.语文（作文）　B.英语　C. 数学　D.美术

E.舞蹈　F.声乐　G.体育类

5.你参加培训班的动机是什么？（　　　）

A.提高水平　B.个人兴趣爱好　C.应付考试

D.父母要求　E.学校或老师规定　F.其他（如果你选F，请写出相应的原因________）

6.你每天的时间安排分别是怎样的？

睡觉：　上培训班：　自己学习：　做运动：　看电视：　玩电脑：　其他：

7.是否有外出旅游或社会实践？（　　　）

A.是　　B.否

8.假期里是否与父母一起聊天、出去玩、谈心、探访亲友了呢？（　　　）

A.经常　B.偶尔　C.从未

9.假期里与同学、朋友在一起玩又占了多少呢？（　　　）

A.经常　B.偶尔　C.从未

10.你还有什么要说的话吗？想抱怨抱怨暑假繁重的学习，或者想补充点什么，都请大胆地说出来吧！

____

____

动动手

参照以上调查表及个人实际制作一份假期活动安排表。

等级＼评价	自　己	同　学	家　长	老　师	综合评价

我知道

队会：我一心一意练特长

想一想

你知道什么叫做特长吗？

1.特别擅长。
2.特有的长处。

说一说

同学，你能分享一下你的特长吗？它是怎样练成的呢？

夸一夸

哇！太厉害啦！

1 分钟能跳 191 个，神啦！

比一比

有句话说得好，“是骡子是马，牵出来遛遛”，你能展示一下自己的绝活吗？比比谁厉害。

1.提高自信。
2.挖掘潜能。
3.愉悦身心。
4.培养毅力。

你知道练就特长还有哪些好处？

写一写

你认为要练就特长需要哪些意志品质？

____

____

评价 等级	自　己	同　学	家　长	老　师	综合评价

第三课　我有信心，我善于思考

班会：解决问题我寻求多解

如下图，从甲地到乙地最近的道路有几条？用不同颜色标出。

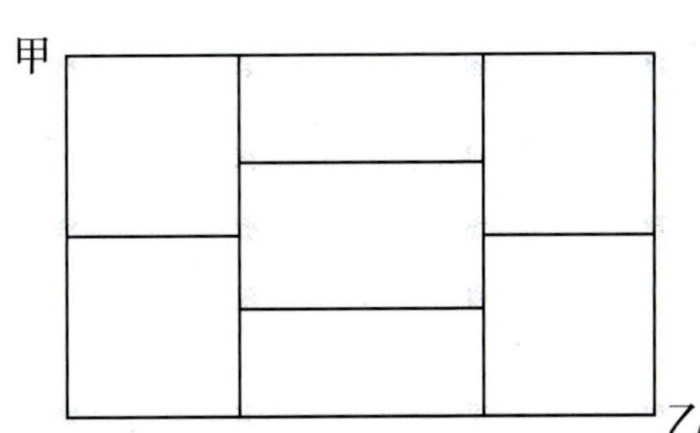

"横看成岭侧成峰，远近高低各不同"蕴含着怎样深刻的道理？

说一说

在日常生活中，当你遇到问题时，你有勤于思考、寻求多种方法解决问题的习惯吗？

议一议

很久以前，有位秀才第三次进京赶考，住在一个原来经常住的客店里。

考试前两天他做了三个梦，第一个梦是梦到自己在墙上种白菜；第二个梦是下雨天，他戴了斗笠还打伞；第三个梦是梦到自己被一块石头沉沉地压在床上。这三个梦似乎有些深意。

秀才第二天就赶紧去找算命的解梦。算命的一听，连拍大腿说："你还是回家吧。你想想，高墙上种菜不是白费劲吗？戴斗笠打雨伞不是多此一举吗？睡觉却被大石头压着，不是没戏吗？"秀才一听，心灰意冷，回店收拾包袱准备回家。

店老板非常诧异，问："不是明天才考试吗，今天你怎么就回乡了？"秀才如此这般说了一番，店老板乐了："哟，我也会解梦的。我倒觉得，你这次一定要留下来。你想想，墙上种菜不是高种(中)吗？戴斗笠打伞不是说明你这次有备无患吗？睡觉时被石头压着，不是说明你翻身的时候就要到了吗？"秀才一听，更觉得有道理，于是精神振奋地参加考试，居然中了个探花。

故事读完了，你知道秀才为什么会心灰意冷吗？店老板的话给了你什么启示？

不要轻信一种说法，即使它看起来是对的。多一个思路就多一种出路。

大显身手

同学们，在数学领域，你是个"一题多解"的高手吗？

有一次，我遇到了一道难题，但最后我经过妈妈的帮助和我的思考，还是做出来了。这道题的题目是：106、107、108、109 这四个数填入框中，使等式成立。□+□-□=□。

评价 等级	自 己	同 学	家 长	老 师	综合评价
(心形图标)					
(心形图标)					
(心形图标)					

队会:朗读诗文我演多角色

看一看

他们的表演精彩吧?

说一说

请说说你朗读时喜欢扮演什么样的角色? 为什么呢?

比一比

在一片美丽的森林里,住着一群活泼可爱的小动物。

有一天,孔雀、天鹅、燕子……聚集在一棵粗壮的大树下,讨论森林里谁最美? 孔雀骄傲地说道:"当然是我最美了,你们看,我开屏多好看哪! 身上的羽毛五彩缤纷。你们比得上吗?"说着就开起屏来。"不对! 应该是我最美,你们瞧,我优雅的脖子,雪白的羽毛,多漂亮啊!"天鹅赶紧说道。孔雀和天鹅互不相让,谁也不甘示弱。

只见燕子沉默不语,孔雀和天鹅的目光一齐投向了燕子,异口同声地问道:"你觉得我美,还是她美?"燕子进退两难,只好说:"都美,都美!""只能选一个!"她们俩说道。

这时候,燕子看见空中有几只虫子飞过,顾不得与她们讨论,连忙飞去捉虫子。河马大叔正好从这里经过,看到了刚才的一幕。孔雀和天鹅急忙赶过去,问:"河马大叔,你说森林里谁最美啊?"河马大叔慢慢地说:"当然是人家燕子了!"她们俩气愤地说:"难道我不美吗? 燕子的羽毛黑乎乎的,长得又瘦又小,好看吗?"河马大叔和颜悦色地说:"燕子天天抓害虫,保护我们的家园,而你们呢?"她们这才恍然大悟,点头说:"是啊! 燕子才是最美的!"

请分角色朗读,比一比,看看谁才是真正的朗读高手。

朗读"六不"

- 不添字
- 不漏字
- 不唱读
- 不重复
- 不颠倒
- 不读破句

教师寄语

朗读是一种有声的语言艺术，因此，提高朗读水平也不是一朝一夕的事情，“春种一粒粟，秋收万颗籽”，只要我们有信心、有恒心，采取科学的训练方法，培养朗读兴趣，那么，朗读水平的提高也就指日可待。

评价 等级	自己	同学	家长	老师	综合评价

教学案例

《航展——奇幻的视觉盛宴》教学设计

——南昌市洪都小学《航空梦 飞无垠》校本教材节选

设计者:颜 洁

一、设计意图

《航展——奇幻的视觉盛宴》是南昌市洪都小学《航空梦 飞无垠》校本教材高年级上册中集趣味性、知识性于一体的一课。根据本单元的目标,结合本课的特点和学生的实际情况,在进行教学设计时我主要从:了解航展、走进航展、参加航展三方面入手进行教学设计。学习本文前让学生搜集资料,对航展有个初步的感性认识,在课上通过交流航展知识,看航展图片、视频,模拟飞行表演,为航展设计徽标、解说词,设计概念飞行器等等,让学生在玩中学,在生活中学,在思维中学,在快乐中学。

二、教学目标

1.了解航展相关知识,知道世界知名的几大航展。

2.激发学生向往航展、热爱航空航天事业的情感。

3.能根据相关知识,看懂航展的动态表演,并能分组模拟飞行表演。

教学重点:了解航展知识,激发学生向往航展、热爱航空航天事业的情感。

教学难点:看懂航展的动态表演,并能分组模拟飞行表演。

三、教学过程

(一)欣赏图片 激趣导入

1.同学们,在上课之前想请大家看一组图片,边看边想:图上画的是什么?

(课件出示各大航展历届的徽标)

2.说说看,你们有什么发现?(学生交流发现,老师板书:航展)

设计意图:从航展徽标导入,激发学生的探究欲望。通过对图片中蓝色背景、英文单词 sky、飞机等元素的观察、分析引出本课的主题——航展,既符合学生的认知规律,又激发了学生的学习兴趣。

(二)走近航展 直观感受

1.教师简单介绍本次航展的知识背景,并出示相关图片。这些产品你们都认识吗?是怎么知道的?学生交流课前搜集的资料。

2.教师小结:这些奇妙的高科技产品,如真似幻的表演,让人大饱眼福,真是一场奇幻的视觉盛宴。(板书:奇幻的视觉盛宴)

3.请其他参观了航展的老师来讲述这次珠海之行中印象最深的航空航天产品和表演。听了老师刚才的介绍,你们有什么感受?根据学生的回答播放飞行表演视频。

4.刚才的表演只是航展上的几个片段,其中的精彩真是说也说不尽道也道不完。那么看完了飞行表演大家有什么想说的?学生交流感受。

5.进行小组活动:你们能不能也来做一次飞行员,进行一次模拟飞行表演呢?出示要求:以四人小组为单位,结合之前学过的飞行编队知识,选择喜欢的队形进行模拟编队飞行训练。教师巡视指导。

6.选择两个"飞行小队"为大家表演,其他小组的同学评价他们的表演。

7.老师小结:精彩的飞行表演大家都爱看,但是要模拟飞行表演不仅要记牢飞行的动作,还要注意与伙伴的配合。

设计意图:

先交流课前搜集到的航空航天产品的资料,再由其他老师讲参观航展的感受之后,学生对本次航展有了比较初步的了解,观看飞行表演视频更是极大激发了学生的学习兴趣。随后结合之前的旧知让学生动起来,分小组进行模拟飞行表演。学生先讨论要排练的队形,再进行分工,最后反复练习。在这个教学环节中,学生通过生生交流、师生交流、分小组讨论等形式去了解航展、感受航展。

(三)认识航展　深入了解

1.参观航展,光有激动的心情还不够,丰富的知识准备也必不可少。关于航展你还想知道什么?

2.学生自由提问题。

3.自学课文:请自由读一读课本的74~76页,看看能不能找到满意的答案。

4.学生交流自学结果:航展的历史,航展的举办地,中航工业洪都参加各大航展的情况,等等。

5.教师小结:知识必须靠平时的认真积累,才能运用自如。

设计意图:通过自学了解航展的历史,并利用地域优势,通过介绍、对比新旧航空航天产品,重点交流中航工业洪都参加各大航展的情况。这样的设计学生倍感亲切,学起来也更得心应手。

(四)参与航展　学以致用

1.创设情境:如果下一届航展向咱们发来了邀请函,你们打算通过什么样的方式向航展献礼呢?学生交流想法和创意。

2.教师归纳:请同学们按照自己的兴趣和特长自由分组准备。(设计徽标、排练航空文化主题的小合唱、航空航天产品解说、模拟飞行表演、设计新型飞行器等)

3.分小组展示。

设计意图:通过前面三个环节的层层递进,学生不仅从各个方面了解了航展,还对航展产生了强烈的向往。这时顺势让学生学以致用,将其他知识整合起来,用自己喜欢的方式向航展献礼:擅长美术的学生设计徽标,喜欢唱歌的孩子唱航空主题的歌曲,想象力丰富的学生设计新型飞行器……让学生自由表现,用自己的方式"参与"航展。

(五)总结本课　展望未来

1.教师总结:今天这节课大家享受了一顿丰富的视觉盛宴,还学到了航展的知识,更大胆展示了自己,相信在未来的航展上一定可以看到你们自己设计的飞机,自己驾驶的飞机。航空航天事业的美好明天要靠你们来描绘,请牢记我们的校训。

2.板书并齐读:励志蓝天上,求学大地中。

设计意图：以校训作为本课的结束，在学生心中播撒下热爱航空、向往蓝天的种子。

板书设计：

航展——奇幻的视觉盛宴

学生作品：

励志蓝天上

求学大地中

《寻找起飞力量之源》教学设计

——南昌市洪都小学《航空梦 飞无垠》校本教材节选

设计者:史海平

一、教学目标

1.了解飞机起飞需要的各种力量之源:如拉力、推力、升力等。

2.通过合作实验,培养学生的动手、动脑能力和合作探究的能力。

3.激发学生树立学科学、爱科学的理想,学习科学家严谨、认真的学习态度。

二、教学重点、难点

通过实验合作探究学习,揭示飞机机翼产生升力的原理。

教学准备:课件、视频、实验报告表、薄纸、飞机机翼横截面卡纸。

三、教学过程

课前谈话:先说说《西游记》的孙悟空。

(一)回顾旧知,激发学习兴趣

1.在古代,人类就向往着像鸟类一样能在天上自由飞翔,有着种种飞往天空的遐想。但由于当时科学知识的限制,人类飞往天空的愿望无法实现,于是,就把理想寄托于神话和传说。随着科学技术的初步发展和生产力的提高,人们一直努力探索飞行的技术。提出要求:大家先讨论图片中的人们都做过了哪些探索?想想这是利用什么实现的?

出示图片,学生分小组讨论并交流,教师随机点拨。

学生交流:鲁班造木鸟、风筝、孔明灯、热气球、齐柏林飞艇、莱特兄弟飞机等知识。

今天,让我们继续前人的步伐去实践,去求知!看看飞机这个庞然大物是靠什么在蓝天上自由飞翔的呢?

(二)指导看图,组织讨论

1.请同学们看到屏幕上的图,注意图中的箭头和注解,在小组里讨论:这架匀速直线平飞的飞机都受到了哪些力?看看谁的眼睛亮、脑子灵、嘴儿巧?

2.学生组成学习小组,对照飞机模型进行讨论、交流,教师相机指导。

学生交流并派代表总结。

3.同学们分析得如此清楚,相信一定是收集了许多资料吧!能和大家分享一下吗?

(1)学生交流发动机是如何提供拉力或推力的。

(2)学生讲一个神奇的故事(简介):在我国北方某军用机场,刮起一阵大风,风呜呜刮着,正对着机头。意想不到的事情发生了,苏 27 战机这个重达 20 吨的庞然大物,居然飘离了地面几个厘米。还好风向变了,苏 27 战机又稳稳地落了下来。

教师引导:相信同学们也在纳闷,苏 27 战机怎么飘起来啦? 那么飞机的升力从何而来? 让我们进入战机的风洞实验室,自己亲手做做实验,来感受一下空气流动产生的压力。

(三)动手实验,深入感知

1.刚才我们说进入战机的风洞实验室,那要像科学家一样注意些什么?(出示要求:严格守纪,听清要求,大胆设想,动手动脑)

大家先听我把实验的内容介绍一遍,再竞猜一下实验的结果,接着动手实验,最后说说实验所得并完成实验报告。

(1)请仔细听好! 看谁听得最仔细,想得认真。

实验一:(如图 34 页)两手各拿一张薄纸,使它们之间的距离大约 4~6 厘米,然后用嘴向这两张薄纸中间吹气。

实验二:取一张薄纸,用两手拇指、食指各捏住一边,平放在自己的嘴唇下,并用力吹气。

(2)聪明的你,想好了吗? 说说你大胆的设想吧!

(3)风洞试验要开始了,请大家看看这张实验报告表,做完实验后,完成报告表。(出示实验报告表)

(4)大家赶快来说说自己的实验吧!

2.学生交流,教师相机指导。

生:这个实验说明,当用嘴向两张薄纸中间吹气时,中间的气流速度就加快了,这样,两侧的大气压就大于中间气流的压力,所以两张薄纸就被两侧的大气压挤向了中间。

生:第二个实验,流过薄纸上面的气流速度快、压力小,与薄纸下面的大气压形成压力差,薄纸便会飘起来。

师:(出示完成的实验报告表)我把大家的发言总结了一下,请一个同学来读一读,大家看看有没有补充。

师:(出示一张飞机机翼的横截面纸片)大家可以把第二个实验中的纸条想象成机翼,是什么力量让它向上升起来? 每个小组我都准备了一张飞机机翼的横截面纸片,大家看完视频后讨论交流。(课件演示动态气流速度、下方压力大于上方的压力、飞机升力来源的原理视频)

3.学习小组讨论交流,派代表上台画图讲解:升力是在机翼处产生的,机翼并不是一个简单的片片,它的上表面是凸的,而下表面是平的。(学生贴机翼横截面图)既然机翼的上表面是凸的,那么空气流过上表面经过的路程就比下表面要长,气流速度就会快些。这样,机翼上表面的气流速度就大于下表面的气流速度,所以机翼下方气流产生的压力就大于上方气流的压力,飞机就被这巨大的压力差“托住”了。这就是飞机的升力来源。

我要祝贺你们,在我们的“风洞实验室”里,不仅掌握了飞机升力来源的知识,还学到了科学家认真严谨的治学态度。

4.作为奖励,我再介绍几个小实验:“会跳舞的硬币”“会敬礼的火焰”“简易喷雾器”,有兴趣的同学还可以做一做。(课件展示小实验内容)

5.回顾整堂课，大家通过自己的努力探索，已经明白了飞机起飞的力量之源。请你们大胆想象，说说未来还会发明怎样特殊的飞行器？说说它们有哪些特点和功能？

生：磁力飞行器，利用磁力飞行，环保无污染，不会发生碰撞。

生：喷水式海上飞行器，太阳能飞行器，星球钢索悬挂飞行器，电磁力飞行器……

6.现在就拿出手抄报，把预留的“寻找起飞力量之源”一角完成，可以画画飞机的升力示意图并说明，可以画画未来会发明的特殊飞行器，也可以写写你今天的收获哟！（学生展示手抄报并交流）

（四）总结所得，激励探索

今天，我们通过实践活动，初步了解了飞机起飞力量之源，体验和感受到生活中时时处处有科学，体验到亲历科学探究过程的乐趣。我们只有勇于探索、勤于实践、善于思考，才能获得开启智慧之门的金钥匙。

板书设计：

寻找起飞力量之源

拉力或推力

升力

教学反思：《寻找起飞力量之源》是校本教材中一篇知识性很强的课程。本课教学重点放在了升力上，通过实验合作探究学习，理解升力这个知识难点，自主、合作、探究的学习方法在这节课中得以充分体现，培养了学生的动手动脑等能力，课堂气氛相当活跃。

《芽苗菜种植》教学设计

——南昌大学附属小学《开心菜园》校本教材节选

设计者:涂宜梅

一、教学内容

芽苗菜种植。

二、教学目标

1.认识芽苗菜,了解芽苗菜的营养价值等知识。

2.结合菜地种植经验,探究芽苗菜种植方法。

3.尝试种植芽苗菜并和同伴分享经验心得。

三、教学方法

讲授法、小组合作探究。

四、教学准备

1.白萝卜种子(已浸泡)、纸巾、水、简易生鲜托盘。

2.教学课件、奖励种子袋。

3.学生分组,每组1名组长。

五、教学过程

课前交流:

人有两个宝,是(生:双手和大脑),双手可以(生:做事),大脑可以(生:思考)。那么,今天同学们就要开动自己的脑筋,运用自己的双手,跟着老师一起去探索。你们准备好了吗?

(一)新课导入

课件出示开心菜园图片,与学生谈菜园种植的经历和体会,特别是已经收获的蔬菜及品尝,引入到新的不用在菜地上就可以快速种出新鲜蔬菜的方法——芽苗菜种植,即本节课的学习内容(板书课题)。

(二)认识芽苗菜

1.什么是芽苗菜。

想要种植芽苗菜,我们首先要了解和认识这个玩意儿,什么是芽苗菜呢?

引导学生从字面上说说芽苗菜的定义，即种子培养出来的芽菜或苗菜，从“菜”字强调必须是可以吃的，进而课件呈现比较专业化的定义：利用植物种子或其他营养器官，在黑暗或弱光条件下直接培育出的可供食用的嫩芽、芽苗、芽球、幼梢等蔬菜。强调可供食用的嫩芽、芽苗、芽球、幼梢等蔬菜，让学生了解什么是芽苗菜。

接着，让学生说说自己见过或吃过的芽苗菜。

进一步提问：是不是所有的种子发的芽、长的苗都可以吃呢？

总结：并不是所有的种子都可以种植芽苗菜，像辣椒苗、西红柿苗都是不可以吃的。人们在长期的劳动实践中，发现了一些比较常见且深受欢迎的芽苗菜，我们一起来认识一下。

实物展示萝卜苗，让学生观察认识（萝卜苗的叶子像心形），紧接着课件展示常见芽苗菜及其名称，让学生一边认识一边说出名称（萝卜苗、香椿苗、荞麦苗、小麦草、黄豆芽、绿豆芽、黑豆芽、豌豆芽、葵花芽、花生芽、枸杞芽、苜蓿芽）。

2.芽苗菜的营养价值。

认识了这些常见的芽苗菜，那你知道这些芽苗菜为什么深受大家的欢迎吗？引导学生回答：美味好吃、营养丰富等。

那么，这些芽苗菜到底有哪些营养价值呢？课件呈现所有认识到的芽苗菜，引导学生说出自己知道的芽苗菜营养知识。最后教师总结常见芽苗菜的营养价值，如黄豆芽可以延年益寿，美颜秀发；绿豆芽有预防坏血病，黑豆芽有补肾明目的功效；枸杞芽能够预防白内障；苜蓿芽可以降低胆固醇；小麦草被誉为绿色血液等。

（三）种植芽苗菜

芽苗菜的营养价值高，且种植非常简便快速，大家想不想学习种植芽苗菜？

1.了解芽苗菜的生长过程。

在种植之前，我们先看看芽苗菜是怎样生长的？下面我们就看看绿豆的发芽生长过程。

播放视频：绿豆芽生长过程。

2.探究芽苗菜的种植方法。

感受了种子发芽生长的惊心动魄的过程，现在，我们就要亲身见证整个过程，开始尝试种植芽苗菜了。那么，怎么种植芽苗菜呢？

（1）让学生回想菜园种植历程，与芽苗菜种植对比，畅谈应该如何种植芽苗菜。

（2）播放萝卜苗种植视频并解说，为学生解惑。

同学们说的对不对呢？我们来看看农学专家怎么种植芽苗菜吧（播放视频）。

通过专家的介绍，你了解了芽苗菜的种植方法和基本步骤了吗？

①选种。

②泡种。

③码盘（盘，超市生鲜盘，种植的容器；码：摆放）。

④催芽（不见光，浇水）。

⑤生长（每天浇 2 次水）。

⑥收获。

根据学生的回答板书：选种——泡种——码盘——催芽——生长——收获。

3.课堂种植活动(种子码盘)。

通过探究,我们了解了种植芽苗菜的基本步骤和要点,现在,就要运用我们的双手进入动手操作阶段,种植芽苗菜。

先说明任务和要求:

(1)任务:种子码盘。

(2)形式:小组合作。

(3)要求:操作正确、播种均匀、干净整洁。

(4)评比:以"操作正确、播种均匀、干净整洁"为标准,每组评出最佳,并说明理由。

温馨提示:注意安全。

学生分组在课堂上尝试进行芽苗菜种植的码盘(种子提前浸泡好),教师分组查看并个别指导。

展示最佳芽苗小菜农种植的芽苗菜,分享其种植芽苗菜的经验心得。并让其他同学反思自己做得不好的地方,思考如何改进。

总结:一棵小小芽苗菜的种植,可以让我们感悟解决问题的方法,在生活中,我们遇到问题也可以如此举一反三。

4.课后观察及记录。

同学们,做好了芽苗菜种子的码盘,我们就可以吃到自己种植的芽苗菜了吗?还需做哪些工作呢?

总结:是啊,一分耕耘,一分收获,付出了汗水,才能成功,我们回家后还需要精心照料芽苗菜,芽苗菜才能茁壮成长。老师设计了芽苗菜生长小档案,同学们可以每天记录芽苗菜的出芽和生长情况。相信十天后,你们一定能够和爸爸妈妈一起分享自己种植的芽苗菜,品尝劳动的味道。

(四)课后拓展

经过这次种植实践,你还想做什么呢?

引导学生回答:再次种植、写种植日志、与家人分享、技术推广等。

《青菜的定植》教学设计

——南昌大学附属小学《开心菜园》校本教材节选

设计者:殷　芳

一、教学目标

1.初步了解蔬菜生长的知识并掌握蔬菜定植的一般方法,培养学生的动手能力。

2.通过小组合作培养学生发现问题、研究问题、解决问题的团队精神。

3.激发学生热爱劳动的情感。

二、教学重难点

运用相关知识,进行青菜的定植。

三、材料准备

青菜定植的相关课件,青菜秧苗、土壤、劳动工具的准备。

四、课堂教学

1.激趣导入。

课件出示两幅菜地图,一幅排列整齐,丰收在望;一幅青菜苗杂乱无章,个头大小不一。请同学们说说有什么发现? 那么整齐的菜地是通过定植达到的。那什么是定植呢?

2.了解并掌握定植的含义。

介绍定植的概念(是将生长到一定时间或程度的蔬菜秧苗移植到田地里),并利用课件展示定植的视频给学生看,提醒学生注意视频中提到的在定植过程中要保护到幼苗的根部。最后,再用课件演示定植后菜地的效果图,让学生直观感受蔬菜定植的效果。

五、定植实践

1.实践的准备工作。

为了确保实践活动有效顺利地进行,学期初,我让孩子们根据自己的意愿组成 8 人小组,选出小组长,由其负责全组的活动秩序及菜地命名。

在菜园里,引导学生观察苗床中青菜苗的生长情况,他们很快就会发现有的菜苗挨挤在一块,个头都很小,可空隙较大的菜苗,个头却更大。孩子们很快意识到菜苗的疏密对生长的影响,此刻,顺势引导他们回忆课堂上有关青菜定植的知识，让他们在实践中感受定植的作用。

2.示范青菜定植。

教师示范如何将青菜进行定植，边提示注意事项：注意深挖土壤保护到幼苗的根部，在定植的田地中，要通过手腕的力量左右晃动松开土壤挖出一个小窄穴，将带土的青菜苗放入小穴中，保证定植后的青菜直立不倒，培上土并洒水。保证植株间的距离在10厘米左右。

3.尝试定植。

学生们尝试着进行定植，在这个过程中可能会有同学提出是否使用直尺测量青菜间距，确定好位置后再进行定植。

引导孩子们思考：在地里劳动的农民伯伯带尺子吗？那他们又是怎么确定植株间的距离呢？

组织种植小组成员进行讨论，学生可以很快联系起数学中“估一估”的办法，用拇指与食指比画下，找一个合适的长度就行。

那么要使得整块菜地植株整齐该怎么做呢？

有孩子想到只要确定好第一行菜苗的间距之后再前后左右对齐，就能达到整齐。

在学生尝试种植的同时提出问题，解决问题。

4.种植能手比赛。

请同学们分小组进行比赛，看看谁种得又快又好。

《茶叶的分类》教学设计

——南昌大学附属小学红谷滩分校《悠悠茶话》校本教材节选

设计者：张冬梅

一、教学目标

1.了解茶的分类及用途，学习区分红茶、绿茶、乌龙茶。

2.欣赏茶艺表演，品尝功夫茶，初步了解品茶礼仪。

3.初步感受、体验中国的茶文化，激发民族自豪感。

二、教学重难点

如何区分红茶、绿茶、乌龙茶。

三、教具准备

1.工夫茶茶具、茶叶；泡在透明杯中的红茶、绿茶、乌龙茶各一杯；品茗杯人手一只；音乐。

2.茶样准备。

四、教学过程

(一)谈话导入

在漫长的年代里，我国劳动人民在生产生活中积累了丰富的制茶经验，创造了名目繁多、形制各异的茶类，成为世界茶类最丰富的国家。（图片、茶样展示）

(二)茶叶分类的依据

1.按采制季节可把茶叶分为春、夏、秋茶。

2.按产地取名为西湖龙井、信阳毛尖、武夷岩茶等。

3.还有根据销路、制茶技术、初制发酵程度、形状等进行分类。

4.科学的分类方法应该以制法为基础，结合品质进行系统的分类，可分为：绿茶、黄茶、黑茶、白茶、青茶、红茶六大茶类。

(三)学习区分红茶、绿茶、乌龙茶，了解茶的分类及用途

1.观察茶叶，从颜色、外形、香味上区分茶叶，教师介绍乌龙茶茶名的由来。

(1)师生：看看盆子里是什么?(教师启发学生比一比三种茶叶的不同。学生已有粗浅的辨茶经验，自然地用看颜色、闻味道、比外形的方法来区分盆中的茶叶)

(2)师生坐下,教师提问:一共有几种茶?你认识哪一种茶?(学生轻松地分出其中的红茶和绿茶,教师鼓励学生说说如何区分)

(3)教师出示乌龙茶:这是什么茶?它是什么形状的像什么?教师告诉学生这种搓成小圆球状的茶叶叫乌龙茶,并讲述乌龙茶的传说。乌龙茶学生没有接触过,教师介绍时他们听得很专注,传说深深地吸引了学生的注意。

(4)教师小结:三种茶叶分别是红茶、绿茶和乌龙茶,可以看茶叶的外形、闻茶叶的香味来区分。

2.观察泡好的三杯茶,从茶汤的汤色、茶味上区分三种茶。

(1)教师出示三杯茶:我用三种茶叶分别泡了一杯茶,怎么来区分它们呢?(学生争着说出红茶、绿茶的茶汤分别是红色和绿色,教师肯定学生的回答并启发他们说出乌龙茶的茶汤是琥珀色的)

(2)教师:可以看泡好后茶汤的颜色来区分不同种类的茶,除此之外,还有其他的方法吗?(好几个孩子讲出了可以喝一喝,从茶的味道来区分不同的茶。老师及时表扬,肯定可以通过看茶汤颜色、尝茶汤味道来区分三种茶)

3.教师小结:我们可以用看外形、闻香味、看汤色、品茶味的方法来区分红茶、绿茶、乌龙茶。

4.讲讲说说:师生讨论喝茶的好处及茶叶的其他用途。教师简单介绍中国茶的茶史,让学生知道中国是茶的发源地,是茶的祖国,激发学生民族自豪感。(喝茶的好处孩子讲了很多:止渴生津、提神益思、强身防病、减肥消脂等,这些知识都是在收集资料时积累的。当老师介绍中国的茶史时,孩子脸上显露出钦佩、自豪的神情,由衷感慨中国人真了不起!)

(四)欣赏茶艺表演,少儿品茶,感受茶文化

1.学生欣赏工夫茶茶艺表演。

(1)教师:今天请大家喝工夫茶,什么是工夫茶?请小朋友猜一猜。(有的孩子说喝了工夫茶就会武功了,逗得大家哈哈笑)教师介绍:之所以叫工夫茶是因为泡茶的方式极为讲究,操作起来要有一定的工夫,泡茶、沏茶、品茶都有很多的学问。

(2)教师表演工夫茶茶艺。(教师身披传统披肩,操作精致的工夫茶茶具,用简洁易懂的话语介绍茶道,孩子目不转睛地欣赏,表演结束送上了热烈的掌声)

2.教师示范闻香品茗:细闻幽香、品啜甘霖。

教师:小杯的茶应该怎样欣赏和品尝呢?(教师轻轻地吸气闻香、细品香茶。教室里茶香四溢,古筝悠悠,孩子们屏息凝神,深深陶醉)

3.学生品茶,学习“三龙护鼎”手法,说说茶香、茶味以及品茶的感受。

(1)教师介绍“三龙护鼎”的品茗手法:以拇指与食指扶住杯沿,以中指抵住杯底,俗称三龙护鼎。

(2)学生人手一只品茗杯,教师给学生斟茶,一起闻香品茗,互相说说乌龙茶的茶香、茶味以及品茗时心里的感觉。(孩子端起杯子翘着兰花指,颇有架势,脸上满是兴奋和惊奇)

(五)学生动手泡茶、品茶,交流感受,请同伴、老师品茶

1.教师介绍提供的茶具,要求学生泡茶时注意安全,品茶、请茶时注意手法和礼仪。

2.学生动手泡茶、品茶、请茶,互相交流感受。(学生开心地选择茶壶和茶叶,老师帮助倒上开水,启发学生先观察茶叶、茶汤的变化,品一品自己泡的茶,然后请听课的老师品茶。孩子们大都先痛快地喝上好几杯茶,然后兴奋地给老师倒茶,还请老师猜猜喝的是什么茶。听课的老师同样对工夫茶产生了浓厚的兴趣,向孩子们请教品茶的手法,大家沉浸在温馨、美好的气氛中)

(六)结束语

中国人喝茶非常有讲究,不同的茶叶要用不同的茶具和不同的泡茶方法,我们下次再来了解更多的中国茶的学问。

附:

乌龙茶的传说

传说清朝雍正年间,在福建省的安溪县有个茶农,他擅长采茶制茶,还是打猎的好手。他姓苏名龙,因为长得黝黑健壮,所以乡亲们都叫他乌龙。有一年春天,乌龙腰挂茶篓,身背猎枪上山采茶,采到中午,一头山獐突然从他身边溜过,乌龙举枪射击,负伤的山獐拼命逃到山林中,乌龙紧追不舍终于捕到了山獐。当他回到家时天都黑了,乌龙和家人忙着做饭、吃饭、分享野味,把炒茶的事给忘了。当时人们会制作红茶和绿茶,采回来的新鲜茶叶都要当天炒好,这次乌龙到了第二天才想起昨天采的茶叶还没有炒,心想:哎呀,茶叶肯定已经变质了,真可惜。可是没想到放了一夜的茶叶边上变红了,绿叶镶红边煞是好看,并散发出阵阵清香。当茶叶炒好后,滋味格外的清香浓厚,没有了绿茶的苦涩,又比红茶清淡,回味无穷,于是人们就采用这种方法来制茶叶。乌龙再经过反复的尝试,终研制出了品质优异的茶叶新品——乌龙茶。

附:

工夫茶茶艺表演步骤

孔雀开屏:孔雀向同伴展示自己美丽的羽毛,我呢要向大家介绍工夫茶的精美茶具。

茶巾:清洁用具。

紫砂壶:江苏宜兴产的紫砂壶是最好的最上乘的工夫茶茶壶。

茶盅:又叫公道杯,盛茶汤用。

茶杯:高的为闻香杯,矮的是品茗杯。

茶荷:盛放茶叶,还有电热水壶。

温壶洁具:先温紫砂壶,再温茶盅,最后温茶杯。茶叶中有特殊的芳香油,高温下才能挥发出来,温壶温杯是为了提高茶壶和茶杯的温度,让茶更香醇。

鉴赏干茶:用茶勺量取干茶,今天我们喝的是上好的台湾冻顶乌龙茶。

乌龙入宫:用茶匙拨取干茶到紫砂壶中。

涤茶留香、春风拂面:涤茶留香,往茶壶中冲入开水;春风拂面,用壶盖刮去茶壶表面泛起的泡沫和茶叶。

乌龙入海、熏洗仙颜:第一泡的茶只有汤色没有茶香,一般都倒掉,大家看,琥珀色的茶汤从壶口流向茶海就好似蛟龙入海,故称为乌龙入海;熏洗仙颜,再往茶壶里加入开水,用热水冲壶。

游山玩水、慈母哺子:泡茶时间为45秒,游山玩水,执壶沿茶船运转一圈,可以擦去壶底的水滴,慈母哺子,将茶汤倒入公道杯中。

分茶入杯:杯中倒茶七分满,留下的三分是情谊。

扣杯:将品茗杯扣在闻香杯上。

鲤鱼翻身:一一翻杯。

奉茶、请茶:双手奉茶,请品茶。

闻香品茗:这小杯的茶应该怎样欣赏和品尝呢?我给大家演示一下:

细闻幽香。拿起闻香杯,双手轻搓杯身来闻茶的热香,待热气散尽,再闻它的留香。清气四溢,让您心旷神怡。

品啜甘霖。小杯的茶用三口喝下,因为中国的汉字"品"是三个"口"组成的,一口为喝,两口为回,三口为品。让茶汤在舌尖和齿缝间稍作停留,再慢慢送入喉中,可以品味到乌龙茶苦、甘、酸、甜、涩、香六种味道。然后你会觉得满口生津,齿颊流香。

《悠悠茶韵知礼仪》教学设计

——南昌大学附属小学红谷滩分校《悠悠茶话》校本教材节选

设计者:余　艳

一、教学目标

1.体会中国茶所传承的待客礼仪,从中培养学生观察细节的能力、动手实践的能力和阐述内心想法的语言能力。

2.学生通过多种形式的观察与体会,以小组评比的形式熟识茶礼仪。

3.通过学习茶礼仪,学生感悟中国茶文化内涵的礼数,学会尊敬他人,拥有一颗懂得感恩的心。

二、教学重难点

1.学习和运用茶礼仪中的鞠躬礼、伸掌礼、奉茶礼、扣手礼、寓意礼。

2.能够通过茶礼仪学会尊重他人、感恩他人。

三、教学过程

(一)导入

1.礼仪是中华民族的优良传统,礼文化在中国有着悠久的历史。在先秦的文学著作中对礼仪有着这样的描写:(PPT 展示)

不学礼,无以立。——《论语》

人无礼则不生,事无礼则不成,国家无礼则不宁。——荀子

人有礼则安,无礼则危。——《礼记》

2.学生齐读有关礼的诗句,并谈谈自己的理解。

3.学生带着各自的理解朗读句子。

(二)茶文化

1.初识茶礼仪。

中国具有五千年文明史,素有“礼仪之邦”之称,曾有人这样解读道:“魏巍中国,礼仪之邦,待客之道,以茶为尊。”可以说在茶事活动中,茶礼仪是贯穿始终的。那么何为茶礼仪呢?(PPT 展示学生齐读)这些礼仪规范在茶艺当中有专门的注释,同学们,根据你们之前搜集的资料,你知道哪些茶礼仪?(指名回答)下面请同学们观看一段茶叶冲泡演示的视频,我们先对今天学习的礼仪作个初步的了解。

2.学习茶礼仪。

下面我们以小组合作探究的方式来学习这些礼仪，根据之前的分工，各组员先明确各自的职责。

（1）组长将档案袋打开，把材料分发给每个组员，小组学习开始。

（2）小组合作学习，教师巡视。

（3）创设情境，学习成果展示。

同学们，你们看今天我们很荣幸来到南大附小"悠悠茶话"茶话馆。在这茶香弥漫的地方，有各式各样的茶具，有琳琅满目的茶叶，余老师特意为大家带来茶礼仪的讲解者、演示者，让我们用掌声欢迎他们。（学生展示叩手礼、鞠躬礼、奉茶礼、伸掌礼、寓意礼）

3.茶礼仪展示，茶艺队表演。

（三）课堂升华

课堂最后，余老师想问问大家，通过这堂课的学习，你有什么样的收获和体会呢？（学生自由发言）

（四）板书设计

茶礼仪：

鞠躬礼　寓意礼

奉茶礼　伸掌礼　叩手礼

《垃圾的危害》教学设计

——南昌市右营街小学《绿色教育》校本教材节选

设计者:刘湾梅

一、活动目标

1.了解垃圾给我们生活带来的危害,认识到减少垃圾保护环境的重要性。

2.激发学生的环保意识,养成良好的生活和行为习惯,尽量减少垃圾的产生。

3.培养学生搜集、分析资料的能力。

二、活动准备

师生做好相应的调查及资料的搜集。

三、设计思路

《课程标准》指出:"教育的内容和形式必须贴近儿童的生活,反映儿童的需要,让他们从自己的世界出发,用自己的眼睛观察社会,用自己的心灵感受社会,用自己的方式研究社会。"因此,在设计时,以学生的社会生活为主线,从学生生活的社区环境导入新课,然后逐步扩展到整个城区,再到全国城市的垃圾状况,让学生在调查与体验中,了解垃圾给生活带来的危害。同时,引导学生提出问题,查找资料,调查问题,发表自己的意见等,以激发学生的探究欲望。

四、教学过程

(一)导入

师:(出示地球图片)我们只有一个地球,但地球的每个角落都散布着垃圾,就连蔚蓝色的海洋也受到了垃圾的污染。上节课,我们了解到垃圾从哪里来。课后,又请同学们做了关于垃圾的调查。现在,谁先来说说你的调查结果?

生1:我们家里,我和妈妈特别爱吃水果,水果皮和烂菜叶每天有两大袋。

生2:我妈妈在医院工作,我去医院做的调查。我在输液室发现废针管、药瓶加上绷带、纱布等,每天至少也得一推车。

生3:我观察了我们学校的垃圾箱,大多是一些废纸,也有一些树叶,每天都有好几大桶呢。

生4:我看到邻居家装修房子,有很多砖块、灰砂。

生5:学校旁边小卖部门口的地上有好多小食品包装袋,还有串火腿肠的小棒。

（二）新授

1.讨论交流：身边的垃圾带来的危害。

师：看来我们每天制造的垃圾还真不少，好多人还有乱扔垃圾的习惯，那么这些垃圾对我们的生活又会有什么影响呢？大家讨论一下，看哪些同学知道得多。

生1：我们小区的垃圾箱特别脏，离很远就能闻到臭味。

生2：我听我妈说，医院里产生的垃圾有很多病菌，处理不好的话就会传播疾病。

生3：我们家旁边正在建房，晴天尘土满天飞，雨天满地泥。人吸入灰尘影响健康。

2.课件展示：城市垃圾带来的危害。

师：刚才同学们说的都是自己身边的情况。其他地方是什么情况？请跟随我们的摄像镜头去看一看。（课件：城市周边的垃圾倾倒处及垃圾场的画面）

师：在画面中，我们只能看到苍蝇满天飞，污水到处流。如果你到了现场，还会有阵阵恶臭熏得你喘不过气来。垃圾问题不光在我们城市存在，我们国家的许多大城市也都被垃圾问题所困扰。下面我们一起来看一看我国面临的城市垃圾问题。（课件：城市垃圾的现状）

材料一：据报道，中国约有2/3的城市陷入垃圾围城的困境。我国仅“城市垃圾”的年产量就近1.5亿吨，而且每年以6%～8%的速度增长，垃圾堆侵占的土地面积多达4亿多平方米。这些城市垃圾绝大部分是露天堆放，它不仅影响城市景观，同时污染了与我们生命至关重要的大气、水和土壤，对城镇居民的健康构成威胁，由此垃圾已成为城市发展中的棘手问题。

材料二：江苏洋桥村因为靠近一家农药厂、两家化工厂，该村于2001~2004年间有20多人死于癌症；因空气和水污染，村民睡觉时以湿毛巾捂口鼻。

材料三：江西新建区望城镇从化工厂外漏的污水流进水稻田，将田里的水稻苗全部染黑。2004年，80户人家近20人患癌，以喉癌、肺癌为主。

3.小结感悟：垃圾带来的危害大。

师：看了以上报道，你知道了什么？有什么感想？

生1：我们知道了垃圾对环境的污染主要表现在侵占大量土地、污染空气、污染水源、污染土壤、传播疾病。

生2：我恨垃圾，让那么多人患上了癌症。

生3：我觉得垃圾问题太严重了，人们应该重视，要减少垃圾的产出。

生4：大家都不要乱扔，特别是我们小学生，应该节约用纸。

……

（三）总结

师：随着社会的发展，人们的生活水平不断提高，在生产、生活中产生的垃圾也越来越多。垃圾不仅占用了大量的土地，污染了我们的生活环境，而且直接危害了人体的健康，不断挑战人类的生存状态。及时清理和处理城市垃圾，是建设优美、整洁、文明的现代化城市不可缺少的条件，这就涉及“垃圾的处理”。请大家在课后继续进行关于垃圾的调查，只不过要把重点放在“垃圾对人类的危害”和“如何处理垃圾”两个方面。有兴趣的同学也可以写一下你对垃圾处理的一些设想，下节课我们一起交流。

《拒绝噪声污染》教学设计

——南昌市右营街小学《绿色教育》校本教材节选

一、教学目标

(一)知识目标

1.了解噪声的来源和危害。

2.知道防治噪声的途径,增强环境保护的意识。

(二)能力目标

1.通过体验和观察,了解防治噪声的思路。

2.通过学习控制噪声的办法,培养学生应用物理知识解决实际问题的能力。

3.培养学生通过调查、访问网站、查阅资料等多种途径获取知识的能力。

(三)德育目标

1.通过本节课的学习,培养学生热爱、保护我们赖以生存的“地球村”的环境意识,提高学生的道德修养。

2.通过开展社会调查,培养学生参与社会实践的兴趣。

二、教学重点

教学要从环境保护出发,突出噪声的危害和怎样减弱噪声,联系实际,提高学生保护环境的意识。

三、教学难点

噪声的等级。

四、教学方法

讨论法、阅读法、实验法。

五、教学用具

闹钟、纸盒、耳塞、泡沫塑料。

六、课时安排

1 课时

七、教学过程

(一)引入新课

[师]:声音各种各样,优美动听的乐音使人心情舒畅,杂乱的噪声令人心烦意乱……噪声问题伴随着现代化工业的发展,越来越严重,已成为国家公害,它严重地污染着环境,危害着人们的身心健康。噪声污染、水污染、大气污染同固体废弃物污染一起成为当代社会的四大污染。关于噪声,今天我们就一起研究。

(二)进行新课

1.噪声的来源。

演示:课件出示:利用示波器观察铁钉刮玻璃时产生的噪声的波形。

[师]:大家观察铁钉刮玻璃时产生的噪声的波形,它有什么特点?

[生]:我们观察到示波器上的波形是杂乱无章的。

[师]:大家观察得很仔细。那么,从环境保护角度来看,什么是噪声?

[生]:凡是妨碍人们正常休息、学习和工作的声音,以及对人们要听的声音产生干扰的声音,都属于噪声。

[师]:既然大家已经知道噪声的定义,那么,城市噪声的主要来源有哪些?能举例说明吗?大家分组讨论一下。(学生讨论)

[生]:我知道有交通运输噪声,如:各种交通工具的喇叭声、汽笛声、排气声、机械运转声等。

[生]:有工业噪声,如纺织厂、印刷厂、机械车间的噪声等。

[生]:施工噪声,如:筑路、盖楼、打桩等。

[生]:社会生活噪声,如:家庭、娱乐场所、商店、集贸市场里的吵闹喧哗声等。

[师]:大家说得非常好!可见大家课前做了充分准备。

[师]:那是不是所有优美动听的音乐都不可能成为噪声?举例说明。

[生]:不是的,也可能会成为噪声。如:如果上物理课忽然有同学唱歌,那么这种时候,音乐就成了噪声。

[生]:……

2.噪声强弱的等级和危害。

[师]:声音有强有弱,声音的强弱通常以分贝(符号是dB)为单位来表示。

课件出示以下问题:

(1)人刚能听到的最微弱的声音是(　　)dB;较为理想的安静环境为(　　)dB;干扰谈话,影响工作效率的声强为(　　)dB;听力会受到严重影响的声强为(　　)dB以上;能引起双耳失去听力的声强为(　　)dB。

(2)为了保护听力,声音不能超过(　　)dB;为了保证工作和学习,声音不能超过(　　)dB;为了保证休息和睡眠,声音不能超过(　　)dB。

[师]:大家先阅读书本,然后回答这些问题。

[生]:看书,并回答。

[师]:噪声的危害有哪些?大家讨论。(学生讨论)

[生]:有心理影响,可使人烦躁、精力不集中,妨碍睡眠和休息。

[生]:有生理影响,可使人耳聋、头痛、消化不良、视觉模糊等,严重的神志不清、休克或死亡。

[生]:高强度的噪声能够损坏建筑物。

[师]:喷气式飞机产生的噪声能够将附近建筑物的窗户玻璃震碎,噪声导致工作设备“疲劳”以致断裂。1964 年,美国空军 F—104 喷气式飞机作超音速飞行实验,在飞机的轰鸣声中,附近农场的 1 万只鸡就有 6000 只死亡。

[师]:噪声的危害这么大,那么我们如何控制噪声?

3.控制噪声。

[师]:下面我们来看一个演示实验:是在什么处减弱噪声?(由学生上来做实验)

[演示实验一]:实验器材是闹钟、泡沫塑料。

[生]:我是把闹钟闹响放在泡沫塑料上,其他学生观察。

[生]:从实验现象可以知道,这是在声源处减弱。

[演示实验二]:器材是闹钟、纸盒。

[生]:我是把闹响的闹钟放在纸盒里,其他学生观察。

[生]:从实验现象可以知道,这是在传播过程中减弱。

[演示实验三]:器材是耳塞。

[生]:我是把耳塞塞紧自己的耳朵。

[生]:这是在人耳处减弱。

[师]:大家做得、说得都非常好。我们可以把控制噪声的途径说成是三个方面:在声源处减弱——在传播过程中减弱——在人耳处减弱。下面大家再来思考以下物品是如何控制噪声的?

(1)无声手枪。

(2)城市道路旁的隔声板。

(3)工厂用的防噪声耳罩。

[生]:第一个是在声源处减弱。

[生]:第二个是在传播过程中减弱。

[生]:第三个是在人耳处减弱。

[师]:最近小明遇到个问题:

[课件出示]晚上在家学习时,邻居放音乐的声音很大,干扰了学习,你怎么帮助小明?

[师]:小组讨论。(学生讨论)

[生]:我会让邻居把音乐的声音开小一点,这是在声源处减弱。

[生]:我会把门窗关好,这是在传播过程中减弱。

[生]:我会把耳朵用棉花塞紧,这是在人耳处减弱。

(三)小结

噪音影响我们的生活。然而作为“绿色学校”的学生,我们的认识应该要更深入些,比如噪声有危害,但可不可以利用呢?我们下一节课再来探究。

(四)布置作业

调查一下如何利用噪声?在活动课上同学们之间再互相交流。

(五)板书设计

噪声的来源——危害——控制噪声的途径

《生命——美丽的旅程》教学设计

——上饶市实验小学《生命教育》校本教材节选

设计者：何梅香

一、活动目标

1.通过情境活动，引导学生初步认识生命是个美丽的旅程，带领学生感悟生命，激发学生热爱生命、珍惜生命的情感。

2.初步了解生命教育的意义，了解生命教育课堂的内容，激发学生学习的愿望。

二、活动重难点

激发学生热爱生命、珍惜生命的情感；激发学生参与生命教育课的兴趣。

三、活动过程

（一）热身导入

1.谜语热身（课件出示）：有一样东西，无论你是富人还是穷人，无论你是权倾天下还是一介平民，你只能拥有一次，它是什么？

2.当你看到“生命”这个词的时候，你想到了什么？

点题：从现在开始，我们就要开启一门与生命有关的课程——生命教育课（课件出示课题：生命——美丽的旅程）。我们将共同探讨关于“生命”的话题，希望大家走进生命——这唯一而又美丽的人生旅程。

设计意图：通过谜语营造轻松的氛围，帮助学生明确生命对每个人来说都是平等的、唯一的，引起学生对生命的审视和思考，唤起学生探索本次主题的内心需求和愿望。

（二）感悟和认识生命

1.情境设置：感受丰富美好的生命世界。

导语：首先让我们共同走进生命的世界。（课件出示：大千世界视频录像）

分享提纲：

（1）在录像中你看到了哪些生命？

（2）每个生命会经历怎样的生命旅程呢？

（3）谈谈生命给你的感受。

2.情境设置：体会生命的多样性。（课件出示：地震的图片及视频）教师进行解说。

分享感悟：

（1）板书：生命是……

（2）启发：此时你对生命又有了什么感悟？

设计意图：用优美的画面和音乐，调动学生已有的生活经历，唤起他们对自然、对生活的热爱之情，从而感受生命的美好可爱。用汶川地震的冲击性情景，引发学生对生命的深入思考和深刻认识，激发学生充分体验生命的丰富与复杂。在两个对比鲜明的设置情境中，引导学生用客观而庄严的态度重新审视生命历程。

（三）激发对生命的珍爱之情

1.音乐冥想。

请同学们调整身体，保持最舒服、最放松的姿势坐好，闭上眼睛。播放音乐，学生随着教师的引导词，对自己不同生命阶段的生命状态进行冥想。

设计意图：这是一个承上启下的环节。一方面舒缓学生置身地震情境产生的压抑感受；另一方面调动学生形象地体验自己生命的美丽旅程，使课堂中的每个学生都发现和感受自我存在的过程，以开放的心态"悦纳"人生，并为下一环节的取舍游戏作好铺垫。

2.标记数轴，进行舍弃游戏。

（1）下面请大家找到这张纸上的数轴（出示课件，请学生取出学习用纸），在上面找到自己年龄的位置，用笔标出来。你看，从你现在的年龄开始算，你的人生之路还有漫长的 60 年、70 年甚至 80 年，在这么长的时间里，你想做些什么事情？（请学生回答。）

0　　10　　20　　30　　40　　50　　60　　70　　80　　90　　100 岁

（2）请选择其中的 6 件事情写下来——这 6 件事情应当是你经过思考后，发自内心地认为是你人生中最应该去做、最有必要做、最值得做的事情。想好后，请用简短的语言快速地写下来，写的文字自己能看懂就可以了，不需要告诉别人。（播放音乐，请学生动笔完成。）

（3）进行舍弃游戏。

教师渲染：

* 受日益恶劣的环境威胁，你只能再拥有 30 年的生命了。生命缩短，你能做的事情也只剩 4 件了，请用笔把另外 2 件画掉。画掉的事情将永远不再有机会完成，即使是你十分不愿割舍的，也再不能实现了。

* 因为疾病的侵扰，你被迫还要再舍弃将近 20 年的生命，从余下的 4 件事情中再减掉 2 件吧。请开始行动，画掉的事情今生将与你无缘了。

* 因为战乱的原因，你的生命只有 1 年的时间了，短短的一年中，你只能做好 1 件事情，请把你无力去做的事情画掉。画掉意味着永远的舍弃。

* 因为灾难的不期而至，你的生命只有 1 天了，你已经无力再做任何事情了，请舍弃最后一件事情吧。这件事情的消失意味着，你什么事情都无法实现了。

（4）分享：此时，你有怎样的感受？（请学生回答）

（5）板书：生命，我想对你说……（引导学生用一句话升华自己的感受）

3.感受的进一步升华。

教师出示几位国内外文学大家对生命的感悟。（出示课件，课堂欣赏文章片段：《假如今天是我生命

中的最后一天》《谈生命》《生命的七种颜色》）

感兴趣的同学课后可以继续读这几篇文章，它们将帮助我们更深入地思考生命、感悟生命。

设计意图：人总会在失去一些东西后才去切身体会曾经拥有的宝贵。这个游戏让学生在取舍的艰难选择中，切身体验生命的既美好又短暂、既有目标又不可预见，唤醒学生好好把握和珍爱生命。

（四）悦纳生命

1.启发思考。

（1）生命如此珍贵、丰富而又不可重复，不禁让我们肃然起敬。你希望通过生命教育课学到什么呢？（请学生回答）

（2）资料简述瑞典的生命教育课内容和学习方式。在我们的生命教育课上，你想要怎么学呢？（请学生回答）

2.订立契约：我们怎样才能上好生命教育课呢？

（1）作为老师，我承诺：（课件出示）我将真诚地尊重每位同学，尽可能带领你们了解生命，不管是关于"生"的还是关于"死"的，美丽的还是残酷的，我承诺给你们客观和真实的认识。

我承诺在带领你们探寻"生命"的过程中，坦率真诚地与你们进行交流，不掩饰自己的真实情感，也不取笑、不指责你们的真实想法。

（2）你们想怎样做呢？以小组为单位，把你们的承诺写在这张契约纸上吧。

（3）集体交流，梳理出主要的条目，全班签订契约书，总结下课。

设计意图：在学生亲身经历了生命教育课，初步了解、感知生命教育之后，尊重学生的学习需要，让生命教育从内容到形式都能吸引学生，形成学习愿望，共同达成学好这门课程的契约。

板书设计：

生命——美丽的旅程

生命是……的

生命，我想对你说……

《扇形统计图》教学设计

——上饶市实验小学《生命教育》校本教材节选

设计者：阮萃萃

一、教学目标

1. 使学生结合实例，认识扇形统计图，练习对百分数意义的理解，能对扇形统计图提供的信息进行简单的分析。

2. 使学生能结合扇形统计图提供的信息，提出或解决简单的实际问题，初步体会扇形统计图描述数据的特点。

3. 使学生体会扇形统计图在实际生活中的作用，感受数学与生活的紧密联系，培养数学应用意识。

二、重点难点

1.能对扇形统计图提供的信息进行简单的分析。

2.在数学课堂中渗透生命教育。

三、教学准备

（一）情景导入　回顾旧知

师：同学们，我们先来看一段 DV 短片，短片中的主角就是咱们六年级的同学。（播放录像短片《我的烦恼》）

师：老师原以为只有我们大人才有烦恼，殊不知你们小小年纪也有这么多的烦恼。通过了解，老师大致把你们的烦恼分成以下几类：

烦恼一：书包重、作业多、考试难。

烦恼二：睡觉时间少，玩的时间更少。

烦恼三：比！比！比！世上没有不唠叨的家长。

烦恼四：老师的批评是个“宝”，有时也是大烦恼。

烦恼五：同学间的友谊多，烦恼也不少。

师：老师用问卷调查的方式，对咱们六年级全体同学的烦恼原因进行了调查和统计，并制成了统计图。

师：在出示统计图之前老师想问问，以前我们学习过哪几种统计图？你能简单说说这几种统计图的特点吗？（生回答条形统计图和扇形统计图的特点）

师:我们来看看今天我们所制成的统计图和原来的一样吗?请看大屏幕。(课件演示统计图)

师:这种统计图你们在生活中见过吗?在哪见过?(生回答生活中的实例)

师:如果让你给这种统计图取一个名字,你想称它什么统计图?

生:扇形统计图。

(师板书课题)

(二)教学新课　分析图意

1.出示统计图。

2.师问:

(1)图中整个圆表示什么?

(2)图中的圆被分成了几个扇形?

(3)每个扇形表示什么?

(4)各种烦恼原因的人数是多少?能计算吗?还需要什么条件?该怎样计算?

(5)算出人数后把各个部分人数相加,看是否等于年级人数。

(6)扇形的大小说明了什么?(部分占整体的百分比的多少)

(7)比较条形统计图、折线统计图,扇形统计图有什么独有的特点吗?

(生总结)

教师小结:扇形统计图能够十分清楚地看出各部分数量同总数量之间的关系。

师:当你们碰到烦恼的时候你们会怎么排解呢?我们也来看一段DV短片,看看老师采访的这些同学是怎么排解烦恼的。(课件演示短片)老师对你们所说的:向家长倾诉、向老师寻求帮助、向同学诉说、埋藏在心里、发泄五个方面在我们全体六年级同学中进行了问卷调查。

师问:

(1)从这个扇形统计图中你能获得哪些信息?

(2)选择哪种方式排解烦恼的人最多?选择哪种方式排解烦恼的人最少?

(3)你还能根据统计图提出哪些问题?和你小组里的同学进行交流。

(4)对于大家选择排解烦恼的方式你有什么想说的?

教师小结:最后老师有一段话和大家分享与共勉:人的成长要经历很多个阶段,每个阶段都会有不同的烦恼与忧愁,烦恼可以说是我们人生成长的一部分,我们要学会与烦恼相处。不要怕烦恼,以平常心对待烦恼,我们会觉得烦恼也不那么令人讨厌。烦恼最怕行动和微笑,如果我们能以微笑面对烦恼,以实际行动去解决烦恼,烦恼就会离我们而去。

(三)巩固练习　联系生活

师:扇形统计图不仅能统计同学们的烦恼原因和排解烦恼的方式,在我们生活的很多方面都得到了应用。

1.(出示练习一:平时饮食搭配图)

师:哪一种搭配比较合理?

生:第一天的食物搭配比较合理(说明理由)。

师:是的,在平时我们不要一味地追求胖与瘦,而要做到合理搭配食物,这样才能使我们的身体更健康。

2.（出示练习二：路边摊卫生调查统计图）

师：你有什么想说的？

生：要注意饮食卫生。

3.（出示练习三：全国中小学生死亡原因统计图）

师：从这幅统计图中你知道了什么？你有什么想说的？

教师小结：同学们，这是一份比战争还无情还残酷的数据。这些数据的背后，这一个个惨烈的事故背后，有多少家庭失去了亲人，有多少快乐变成了悲伤，有多少美满变成了悲剧，有多少幸福化为了乌有！同学们，珍爱生命、尊重生命，先从珍惜自己开始吧。

（四）谈收获

师：同学们本节课你们都有哪些收获呢？

教师总结：同学们有这么多收获，老师很开心。咱们在学习中不仅仅是学习书本知识，更应该把这些知识用于解决生活中的问题，也就是所谓的学数学用数学。今天难能可贵的是同学们还在学习的过程中有了这么多对生活的感悟：在死亡原因统计图中感悟到要珍爱生命；在搭配饮食的统计图中感悟到了要合理搭配食物，健康生活；在烦恼原因和排解烦恼方式的统计图中感悟到了要以微笑面对生活中的烦恼、挫折，要快乐地生活。最后祝愿咱们班的每一位同学都能够珍爱生命、健康生活、快乐成长。

《勇敢者的游戏》教学设计

——上饶市第一小学《红土情怀》美术校本教材节选

一、教学目标

1.通过本节课的教学使学生能够根据自己的生活体会，自由地表现出自己的感受。

2.了解“夸张”性手法在表现性绘画中的运用。

3.引导学生观察生活、体会生活，从而更深层地感受生活，热爱生活。

二、教学重点

了解赣东北乐园中的各种娱乐设施，并能用语言、肢体动作来表现自己在游玩时的感受。

三、教学难点

如何用绘画的形式表现出自己在玩时的感受。

四、教学准备

绘画工具、多媒体课件。

五、教学过程

（一）导入（图片导入，直接进入主题）

（师出示“赣东北乐园”入口处图片）

问：“你们到过这儿吗？知道这是哪儿吗？”

生：“赣东北乐园。”

师：“赣东北乐园”在什么地方？

生：讲述地理位置。

赣东北乐园地处江西省上饶市上饶县政治、文化活动中心的城北新区中心位置。东临县城旭日大道，南靠旭日广场和县政府办公大楼，西边紧连上分线，北接市北环路，总占地面积230亩。是目前我省规模最大的集旅游、休闲、娱乐、度假于一体的游乐园之一，也是上饶市唯一的大型游乐场。

（二）师生对话（了解赣东北乐园中的娱乐设施）

1.师：看样子，大家都到这儿玩过！谁来说说你都玩过什么项目？怎么玩的？

生：旋转木马、双人飞天、碰碰车、激流勇进……

2.师：这么刺激的你都玩过?！看看！这些你们玩过吗?

（师出示课件中更加刺激、惊险的项目图片，由学生辨认，讲述特点）

海盗船、空中转椅、空中飞舞、自控空转机……

生：……

（三）引导观察，激发体会（唤起学生的生活经验）

1.师：真的玩过这种项目吗?

好！你来谈谈你玩“~”的体会！

其余同学听听他的体会和你玩时的心情一样吗?

生叙述谈感受：我很害怕，心脏都要跳出来了……

（师引导学生用动作表情声音回忆情景）

2.师：还有补充吗？还有不同的感受吗?

生：……我一点也不害怕，玩了还想玩……

3.师：噢！这么惊险的项目你都不觉得害怕，你真是个“勇敢的人”。

（揭题：勇敢者的游戏）

（四）观察人物表情图片（体会不同的人对刺激的各种宣泄方法）

1.师：我们来看看这几个人物的表情和当时的你是一样的吗?（师出示图片）

A.紧闭双眼和嘴

B.紧闭双眼，张开嘴大叫

C.满脸通红，大声叫喊

D.眼泪！眼泪都出来了

E.看！她还能笑出来

2.师：你们也来模仿一下吧！（学生模仿，进一步感受）

生：模仿动作，可大声叫出来。

3.不同性格的人对惊险、刺激的事物所产生的反应是不同的，这不是自己能控制的，而是一种自然的流露，只要敢去尝试的都是“勇敢者”。

（五）欣赏学生作业（从学生作品中激发创作灵感和欲望）

1.学生作品《刺激过山车》。

师：他们在玩什么项目？从哪儿看出来的？每个人表情一样吗?（师生分析每个人表情，并和前面的人物表情图片对比）

2.学生作品《碰啊！碰！》。

师：只有在这个时候车子才可以尽情乱开，到处找“碰”，碰车了反而高兴！

师：碰碰车外的弧线是起什么作用的呢？

3.学生作品《快乐水世界》。

师：谁来说说这张画给你的感觉？

（教师引导，从色彩搭配、人物动作、画面安排等方面进行表达）

4.学生作品《恐怖的表情》。

刺激过山车

碰啊！碰！

快乐水世界

（六）学生创作，老师指导

师：下面你也来选一项自己最喜欢的、印象最深刻的娱乐项目，把他表现出来吧。先说说你想表现什么项目。注意要把你当时的心情给体现出来。

（七）展示学生作业

生用语言解说自己的画面，师生共评。

（八）拓展

（出示各种奇妙的游乐场图片）

师：看，这些游乐场建立在哪儿？你能看出这些设施是怎么玩的吗？有兴趣的话，课后你也“建”一个奇妙的游乐园吧！

《婺傩面具》教学设计

——上饶市第一小学《红土情怀》美术校本教材节选

一、教学目标

1.认知目标：让学生初步了解傩戏及傩艺术的特点等方面的基础知识，培养学生对傩艺术的欣赏能力。

2.实践目标：用夸张的方法绘画面具。（了解、练习）

3.情感目标：通过对傩戏知识的学习，激发学生关心、热爱中国傩戏艺术的情感，培养家乡自豪感和学生的想象力和造型能力。（接受）

二、教学重点

培养学生对上饶地区传统艺术的认识和热爱。（通过多媒体、范画解决）

三、教学难点

学习傩面具的图案设计并动手绘画，线条要流畅，构图要合理，色彩要鲜艳。

四、教学过程

（一）课前准备

1.师出示三幅作品，让学生选择合适的画，为后面构图做铺垫。

师："我这里有三幅画，请同学们帮我评出最佳的构图。"

生："第二幅。"

师："同意的同学请举手，请问为什么选择第二幅？"

生："因为第一幅太小了，第二幅最好，第三幅太大了。"

师："非常好，做了比较后，我们都知道最好的构图位置应该是怎样的了，今天我们要上节新课了，上课！"

2.出示图片。

师出示"傩"字，问生怎么读。（示意举手）

生："滩……"

师："傩（出示注音）字。傩是指傩戏也称为傩舞，是中国地方戏曲的一种。那我想请问大家如果把傩字拆开来，可以拆成什么哪两个字？刚有同学说‘难’和‘人’。面临灾难和困难的时候，古代人会怎么做呢？在远古的时候他们会跳一种傩舞，傩舞是用来祈福和消灾驱邪的，但现在的傩舞已经成为表演性的节目了。瞧，在我们最美的乡村婺源也有这样的表演队伍，称为‘婺傩’。‘婺傩’在2006年的时候被列为国家级非物质文化遗产，这是一件让我们上饶人引以为傲的事。”

师：“傩舞表演中一个重要的道具是什么？”

生：“面具。”

师：“我们今天就来学习画婺傩面具。（板书、点题）

（三）新授

1.出示图片（婺傩面具）。

师：“看了面具之后你觉得能用哪些词来形容它们？”

生：“怪，丑，难看，狰狞……”

师：“说了这么多形容词，其实这个面具只是婺傩面具中的一种。这里我还选取了几种，请同学们看图片！”

师：“请同学们仔细看看屏幕上的几幅图，找找它们的特点。（课件出示图片，生分找特点，简单说特点）

生：“眼睛大，嘴巴丑……”

师：“我觉得你们的观察都非常仔细，现在我们就从面具的各个方面来看一看。首先第一个我们看看脸型，这个脸型和我们平时画的人有什么不同？”

生：“椭圆，下巴凹，对称……”

师：“非常好，同学们看得很仔细，对于我们今天要画的面具，有同学说很难把脸型画对称，没关系，今天我们只要大概画个模型就行。下面老师快速示范下。同学们请看，我画的脸型怎么样？……那好下面请同学们也快速地用记号笔或铅笔画在纸上画一个，开始！”

师：“我们分四大组，比一比哪个大组快。时间快到了。10，9，8，7，6，5，4，3，2，1停笔，没画完的等会画。现在我们欣赏哪个部分呢？眼睛的共同点在哪？”

生：“眼睛大、圆，眉毛……”

师：“是的眼睛和眉毛还有眼眶（师示范）……嘴巴，还有花纹、色彩……”

在对不同部位分析的过程中，让生阐述自己的看法，找出不同点和相同点，让学生多加发现。（注：在欣赏分析“脸型”环节，师示范作品并让学生快速在纸上用记号笔画出脸型）

2.欣赏其他同学的作品。

3.欣赏外形特点：色彩、背景等。（注：在欣赏帽子花纹和耳朵花纹时，可提一下“耳翅”，有些婺傩面具有这方面的独特造型）

（四）布置作业

画一幅婺傩面具。

要求：造型独特、花纹丰富、色彩鲜艳。

（五）展示作品

1.分大组展示，粘贴画完成。

2.让学生说一说自己喜欢的作品并阐述理由。

(六)课后小结

师:同学们作品都不错,有的造型独特,有的花纹丰富,有的色彩鲜艳,但也有不足之处,在构图中还有待加强的。

师:“今天我们画的这些婺傩面具造型并不是所有,有的面具比较凶恶,所以我们又称为凶神。(出示图片)还有一些其他面具造型:如正神,人神等有机会我们再进行欣赏!”

《美妙的竖笛》教学设计

——上饶市玉山县城东小学《山林拓韵之快乐学竖笛》校本教材节选

设计者:杨剑芳

一、知识与技能

1.竖笛音阶、基本练习曲的练习,要求气息流畅,音量饱满。

2.多声部竖笛训练,注意音准、和谐。

3.欣赏并吹奏乐曲《大海啊故乡》和《送别》。

二、过程与方法

仔细聆听竖笛演奏曲目(教师示范曲),认真模仿,反复练习,熟练掌握六孔竖笛的指法,体会吹奏的呼吸体验。

三、情感态度与价值观

1.通过聆听、演奏,体会竖笛这一小小乐器给自己带来的愉悦感受。

2.体会合作的力量,启发学生要有团结向上,珍惜友情,热爱生活,成功与快乐,感受学习音乐的乐趣。

四、重点与难点

重点:通过对六孔竖笛音阶和基本乐曲的练习,使学生熟练掌握六孔竖笛的演奏指法及演奏技巧。

难点:演奏竖笛时,气息的控制及体验。

五、教学准备

音乐课本,若干六孔竖笛,教学课件,打击乐器。

六、教学过程

(一)组织教学

师生问好。

(二)导入新课

1.播放一首由竖笛演奏的音响作品,让学生猜猜是什么乐器演奏的。(笛子、长笛、竖笛)

今天咱们就学习六孔竖笛演奏方法。

2.板书课题:美妙的竖笛。

竖笛,是一种从顶端吹奏的小型哨嘴笛,它由簧片振动来发音,音色很美,容易买。竖笛,器美价廉。说竖笛器美,不仅仅是它的音美,表现力丰富,还因为它造型好看,美观大方,且轻便、易携带。在学校可吹,在家里可吹,甚至在路上也可吹,不用时就放在书包里。说竖笛价廉,则更显出其特点。一般乐器的价格都比较昂贵,几十,几百,成千上万的都有。有些虽然较便宜,但使用起来较困难,如竹笛就是这种情况。竖笛就显出了它无比的优越性。

3.要求学生拿出六孔竖笛。

复习六孔竖笛的指法。(出示指法画面)

A.音阶练习

B.基本练习曲

4.教师演奏《大海啊故乡》。

A.让学生体会与练习曲子的区别,指出演奏的技巧在乐曲中的作用,使学生了解到演奏时的气息控制最为重要。

B.让学生上前感受(和老师近距离接触)并将感受说出来。

(三)新课教学

1.六孔竖笛简介。

(1)出示图形幻灯片。

(2)介绍竖笛的来源。

近年来,我国的中小学音乐教学中已经将竖笛确定为器乐教学的首选乐器。

(3)简介六孔竖笛的构造、发音原理。

师:观察自己的竖笛,猜猜竖笛可以分成几个部分?每个部分分别叫什么名字?(学生讨论)

师:我们要学习吹奏的高音六孔竖笛,是一种从顶端吹奏的小型哨嘴笛,分为笛头、笛身、笛尾三个部分。(观看幻灯片画面上竖笛构造图)它音色柔和、甜美,可任意转调,极富歌唱性。这种笛体积小、重量轻、携带方便。手指指距近,吹奏时气息用量小,很适合我们小学生学习、演奏。它的演奏形式多样,可以独奏、重奏、合奏。(播放六孔竖笛吹奏的独奏、合奏曲)

(4)吹奏竖笛应该注意卫生。可准备干净手帕,用后及时擦洗。提醒学生不要交换使用竖笛,以防“病从口入”。

2.学习吹奏竖笛的姿势。

(1)持笛方法。(出示幻灯)

左手在上,右手在下,左手拇指在下方托住,左手食指、中指、无名指按在1、2、3孔。右手拇指轻抵住笛身背面中间,食指、中指、无名指按在4、5、6孔。(教师边讲解边示范,并指导学生练习)

(2)演奏姿势。(出示图影幻灯片)

介绍演奏姿势:分坐姿、站姿两种。不论哪种姿势,身体都要自然端正,竖笛与身体的夹角保持在40度左右,肩放松,上臂自然下垂。手指、手腕放松,用第一关节的指腹按音孔,指控与音孔平行。放开音孔时,手指不宜抬得过高。

进行按指练习:指名演奏姿势好的学生做示范。要求嘴角微内收,双唇放松而有控制地含住吹口,含入的深度约一厘米。

3.介绍吹奏的方法。

强弱不同的气流,能获得不同的音高。如:开同一个音孔,气流强,获得的音则高;气流弱,获得的音则低。所以,同学们要练习好气息控制。根据音高吹气,力量恰当,使发音既轻松又充分,音色圆润明亮,全闭音孔必须缓吹,犹如在近距离吹一支蜡烛的火苗,使之充分颤动而不熄灭。

学生做"按指""缓吹"练习,教师辅导。

读吹奏方法口诀:

吹竖笛,有规矩
左(手)在上,右(手)在下
口含一厘米,与身成45度角
口要圆、气要缓
检查手指要摁严
一字一音用单吐
上有弧线气要连
高音(口形)变扁气要急
眼睛视谱走在前
快速掌握F调技法的实践经验口诀:
要吹好,心莫急
心平气和稳吹笛
把孔按严姿势正
熟悉指法数第一
同学帮助作用大
行动一致听指挥
先难后易心莫急
一切还要把谱识

4.接龙游戏。

(1)教师吹,学生接。

师:1— — — | 生:2 — — — | 师:3— — — | 生:3— — — | 师:2 — — — | 生:1— — — ‖

(2)教师吹长音(一音四拍),学生吹短音(一音一拍)。

1 — — — | 1 1 1 1 | 2 — — — | 2 2 2 2 | 3 — — — |3 3 3 3 | 2 — — — | 2 2 2 2 | 1 — — — | 1 1 1 1‖

通过游戏的方法,让学生分组练习,直到掌握。

(四)巩固练习

1.视奏练习曲(出示练习谱)。

曲一 1= C 3/4

1 2 3 | 1 2 3 | 3— — | 3 2 1 |3 2 1| 1 — — ‖

曲二 1=C 4/4

3 2 1— | 3 2 1— | 2 — 3— | 3 2 1— | 3 2 1— |

2 — 1— | 2 2 2 3 | 2 2 2 3 | 3 2 1— |2 — 1 — ||

第一遍老师吹谱，学生持笛，口唱曲谱，手按指法。

第二遍学生齐吹奏。

学生的笛声用录音机录下来，再放给他们听，进一步激发学生的兴趣。

2.《小星星》的多种节奏性练习。

(1)学习吹奏歌曲《小星星》第一乐句：

1=C 2/4

1 1 5 5 6 6 5 - 4 4 3 3 2 2 1- ‖

让学生注意吹奏时要用缓吹，气息不能太强以免引起其他的噪音，还要注意节奏。

(2)再把《小星星》第一乐句改一种节奏方式：

1=C 2/4

111 55 5 66 6 5 - 44 4 33 3 22 2 1- ‖

注意要发出"吐吐吐"的声音。

(3)再把《小星星》第一乐句改成三拍子的节奏方式：

1=C 3/4

1 - 1 5 - 5 6 - 6 5 - - 4 - 4 3 - 3 2 - 2 1- - ‖

要注意三拍子的"强弱弱"的强弱关系。

A.学生试奏　　B.教师指导演奏方法　　C.学生活动(多声部练习)

(五)展示我的小竖笛

学生把这学期学过的乐曲《雪绒花》《送别》和《闪烁的小星星》和着音乐伴奏，再加上打击乐器和上学期学过的快板进行表演。

七、课堂小结

这节课同学们吹奏得很棒，竖笛吹得是越来越好了。同学们也很认真，老师相信你们今后还能够练出更好听的曲子。

《美丽的家园》教学设计

——上饶市玉山县城东小学《山林拓韵之五彩的油画棒》校本教材节选

一、教学分析

五年级的学生心理逐渐走向成熟，自我意识正处在形成期。根据学生的心理特征，在进行美术活动课的同时要注意学生品格的培养。本次开展的活动主题是“美丽的家园”，希望通过本课的学习激发学生的主人翁责任感，培养学生对环境的保护意识，让学生立志成为美丽家园的建设者和捍卫者。

二、教学重点

对油画棒技法的掌握，处理好颜色和画面的关系，以及对建筑的表现手法。

三、教育目标

1.学习建筑的画法。

2.了解油画棒作品的特点及油画棒的使用方法。

3.感受油画棒作品的形式美，提高审美能力。

四、课前准备

铅笔，橡皮，油画棒，素描纸，PPT 课件。

复习画棒的涂色方法：

1.直接上色法：直接选择一种合适的颜色填涂画面，要求涂色时方向一致，用力均匀。

2.颜色渐变法：选择几种颜色对一个物体上色，表现出颜色的多样性，要求两种颜色衔接的部分要重叠，颜色的选择要类似。

3.画面体积的表现方式：

（1）选择两个深浅不同的相似色，浅色涂正面，深色涂侧面。

（2）运用渐变法由浅到深表现物体的层次和体积。

五、导入

家园是我们赖以生存的地方，自然灾害，或是人为的破坏都能直接威胁到我们的家园，我们每一个人都有责任和义务维护我们的自然环境，争做大自然小卫士。

六、新授课

1.根据学生所喜爱的动画片《熊出没》中的场景引出“森林火灾”这一概念，展示森林火灾的图片让学生感受火灾巨大的破坏力。引导学生展开讨论如何预防森林火灾。

2.运用学生所熟悉的卡通形象，让学生意识到“美丽的家”被森林火灾破坏，我们要帮助他们重建美丽的家园。引导学生根据不同的人物的特征设计出不同特点的房子。

3.欣赏图片《美丽的家园》，引导学生仔细观察“美丽的家园”由哪些东西组成？我们还可以添加哪些东西？画面中用了什么样的涂色方法？我们还可以用什么样的涂色方法让画面色彩更加丰富？

4.教师简单示范，先画一个圆形为基本型，再由圆形的周围开始添加房屋建筑和花草树木。涂色时强调颜色的搭配。引导学生仔细思考，用我们学过的绘画技巧表现“美丽的家园”这一主题。

5.学生可以根据自己的喜好和想象，自行选择绘画内容：为我们所熟悉的卡通人物重建美丽家园。

6.学生绘画，教师巡回指导，强调油画棒涂色技法的注意事项，要求学生认真完成。

7.作品展示，将优秀的学生作品进行展示，鼓励学生以自评为主，同学间互评为辅的方式进行评价，教师给予正面的评价及肯定。

七、课程小结

通过《美丽的家园》这一活动课的学习，让学生了解了森林火灾的危害，同时补充了预防火灾的知识。运用学生所熟悉的卡通人物，激发了学生对美丽家园的热爱之情。培养了学生认真观察周围环境的能力，巩固了学生对油画棒技法的掌握，让学生认识到地球就是我们赖以生存的美丽家园，激发了学生对大自然的热爱之情，和保护环境的责任感。

《廉洁之花遍地开》教学设计

——鹰潭市第八小学《童心莲语》校本教材节选

设计者:邹晓军

一、教学目标

通过活动使廉洁之风走进校园,从小培养学生的廉洁自律意识,让学生知道廉洁就在身边。要从自我做起,从现在做起,从小事做起,树立爱国明理、诚实守信、勤俭朴素、正直无私、遵守纪律等正确的道德观,提高明辨是非的能力,做一个廉洁的好孩子。

二、教学重难点

初步理解廉洁的含义,了解一些廉洁的人物和事件,知道廉洁要从我做起。

三、教学准备

多媒体课件,卡纸花,《童心莲语》读本,学生课前搜集了解与廉洁相关的人物或故事。

四、教学过程

(一)导入,激发兴趣

今天老师带来了两位小同学,他们是谁呢?(课件展示,廉廉、洁洁分别跟大家打招呼:"我们是廉洁组合。")

"廉廉"提问:廉洁是什么意思呢?学生畅所欲言,可能说到的廉洁是:责任、节俭、自律、奉献、知耻、诚实、守信、不攀比、清廉、公正、不贪污……(教师板书)

(二)明理,认识廉洁

1.观看视频:《两袖清风》。

故事的主人翁是谁?于谦。

两袖清风什么意思?两袖中除清风外,别无所有,比喻做官廉洁。

2.你对于谦还有哪些了解?

《石灰吟》(师生齐读)

石灰吟

于　谦

千锤万凿出深山,烈火焚烧若等闲。粉身碎骨浑不怕,要留清白在人间。

译文:(石头)只有经过多次撞击才能从山上开采出来,它把烈火焚烧看成平平常常的事。即使粉身碎骨也毫不惧怕,甘愿把一身清白留在人世间。

于谦为官廉洁正直,这首《石灰吟》更是于谦一生的写照,他以石灰做比喻,表达自己为国尽忠,不畏权贵的品格,不怕牺牲的意志和坚守高尚情操的决心。

3.小结:于谦是古代历史上廉洁为公的一个杰出代表,在中国几千年的历史长河中,有许许多多像于谦这样廉洁自律的人,他们为中华民族的发展起到了不可估量的作用。

请学生说说自己知道的中国古代或当代与廉洁有关的人物或故事。

(三)感悟,了解廉洁教育读本《童心莲语》

1.廉洁跟我们小学生有没有关系?(小组讨论)

学生说说学校中发生的不廉洁的现象,例如不诚实、撒谎,浪费粮食和纸张,同学之间闹矛盾、不团结等等。

教师小结:在我们的校园生活中,确实存在着一些与廉洁自律不和谐的现象,这些现象影响着我们少年儿童的健康成长。

2.我们如何知道什么行为是廉洁的?什么行为是不廉洁的呢?今天,廉廉和洁洁给同学们带来了一本书——《童心莲语》。

引导学生看封面,读书名。提问:书名有什么含义呢?

莲指的是荷花,因为荷花出淤泥而不染,所以人们常用荷花来比喻廉洁自律的人。这儿的"莲"寓意"廉洁","童心"代表少年儿童,"语"就是说,"少年儿童畅说廉洁",这是一本有关廉洁教育的学生读本。

3.引导学生看封二,师生齐读《序言》。

4.学生自由阅读,同桌一起读一读,说一说,老师巡视指导。

5.小结提问:你喜欢这本书吗?书里的故事让你懂得了什么?

学生回答,谈感受。

廉洁——不贪财物,品性清廉,为人清白。廉是清廉,就是不贪取不应得的钱财;洁是洁白,就是指人生光明磊落的态度。廉洁就是我们做人要有清清白白的行为,光明磊落的态度。

(四)激情,游戏《齐栽廉洁花》

教师:孩子们,廉洁,是我们人生旅途中美丽花草的种子;廉洁,是一股清泉,滋润着我们的心田。拥有廉洁,我们的世界会更加美好和谐;拥有廉洁,我们会美丽到永远。

游戏:《齐栽廉洁花》

第一步:请同学们把自己最欣赏、最敬佩的一个人、一件事、一个有关廉洁的词语或一句格言写在准备好的"廉洁花"卡纸上。

第二步:请同学把自己写的大声读出来。

第三步:栽花。在欢快歌曲伴奏下,学生依次把卡纸花贴在黑板主题"廉洁"四周,围成一朵花的形状。

(五)升华,诵读廉洁儿歌

师生齐读儿歌:

廉洁之花遍地开

廉洁文化进校园,全体师生把誓宣;

家长社会齐参与，你一句来我一言。

做人要讲诚和信，道德遵守最重要；

说话行事讲文明，助人为乐是美德。

不可贪图小便宜，拾到钱物要归还；

不可索求他人物，不与他人争名利。

要向清者学榜样，不与浊者同合污；

从小争做小雷锋，廉洁之花遍地开！遍地开！

小结：廉洁是做人的一种品质，是一个人成就事业的根基。希望同学们在今后的学习生活中，从我做起，从身边的每件小事做起，处处做到诚实守信、廉洁自律，为将来的人生道路打下坚实的基础。

愿廉洁之花永远盛开在你我心中！

《守规范》课堂教学实录

——鹰潭市第八小学《童心莲语》校本教材节选

设计者:毛民英

一、教学目标

1.培养学生遵守规则,知道规则的重要性。

2.培养学生自觉遵守交通规则的意识。

3.培养学生利用规则规范自己的言行,并把规则内化为自己自觉的行动。

二、教学重点、难点

培养学生自觉遵守交通规则的意识并能把规则内化为自己自觉的行动。

三、教学准备

多媒体课件。

四、教学过程

(一)创设情境,导入新课

师:孟子曾说:"不以规矩,不成方圆。"人不以规矩则废,家不以规矩则殆,国不以规矩则乱。请观看视频《火烧邱少云》。

学生观看视频。

师:看完故事,你感受最深的是什么?

生:邱少云宁愿自己被火活活烧死,也不暴露目标。

生:邱少云被火烧身时,仍然遵守潜伏时的纪律,否则,不但暴露了自己,还会让敌人发现其他潜伏的战友,使战友的生命岌岌可危,最终导致任务失败。

生:邱少云是个自觉遵守纪律的战士。

生:邱少云那种高度的组织纪律性,那种坚忍顽强的革命意志,那种高度的自我牺牲精神,永远是我们学习的榜样。

师:看完影片,老师也和你们一样被深深触动了,邱少云这位伟大的战士直到生命的最后一刻,也没挪动一寸地方,没发出一声呻吟。他是视纪律重于生命的典型代表。

(二)学习课文,明白规则

师:今天,我们一起走进《童心莲语》,认识更多守规范的人物,请认真阅读书本第10~12页。读完故事,交流读书心得。

生:列宁先生时间那么宝贵,仍坚持按次序理发。

生:毛泽东主席遵守病房的会客制度。

生:周恩来总理严格遵守图书馆的借书制度。

生:如果大家都遵守交通规则,世界上悲剧就会减少,社会会更平安,生活会更美好。

生:学生要遵守学校纪律,尊重老师,尊重同学。

师:同学们看书很认真,总结得很不错。作为学生,在校要遵守什么规则?

生:不在走廊追逐打闹,课间和同学玩有益身心的小游戏。

生:早上认真进行早读,午间在教室看课外书,放学排队回家。

生:文明礼貌,诚实守信,勤俭节约。

生:团结同学,尊敬长辈,待人友善。

生:遵守我校奉行的《学生践行主流文化八条标准》。

生:遵守《小学生日常行为规范》和《中小学生守则》。

师:同学们说得比较全面,这些遵守规则的同学会受到大家的欢迎,违反规则的同学,大家都很讨厌。让我们夸一夸身边遵守规则的同学。

生:陈阳阳很懂礼貌,不骂人,不说脏话,不打架。

生:杨林爱帮助同学,经常帮助值日生打扫教室。

生:刘星宇看见地上有垃圾会随手捡起来。

生:吴思荣很热情,看到接送我们的家长会主动打招呼。

生:王恩茜家离学校较远,但她上学从不迟到。

师:榜样的力量是巨大的,希望我们身边这样的同学会越来越多。

(三)回归生活,升华情感

师:在学校,我们要遵守规范,步入社会,同样要遵守规范。动荡年代可怕的是战争,和平年代可怕的是车祸。下面请认真观看交通纪录片,说一说你发现了哪些违反交通规则的现象。

生:小朋友在马路上踢球。

生:过马路时,攀爬栏杆。

生:乘车时,把头伸出窗外。

生:开车闯红灯。

生:过马路时,一边走路一边看书。

生:横穿马路,三五成群行走在非人行横道上。

师:同学们观察得很细致。一件件血的事实,一曲曲未奏完的生命交响乐警示我们,对交通法规的忽视,就是对生命的忽视。乘坐公交时我们要注意什么?

生:待车子停稳后再上下车,上车时将书包置于胸前,以免书包被挤掉,或被车门轧住。

生:上车后不要挤在车门边,要往里边走;在空处站稳,并抓住扶手,头、手、身体不能伸出车窗外。

生:乘车时看见老弱病残及孕妇要让座。

师:红灯短暂而生命长久,真心希望大家能遵守交通规则,让快乐的音符在我们的生命中跳跃。让我们一起牢记《交通安全儿歌》。

师生诵读：

交通安全很重要，交通规则要记牢。
从小养成好习惯，不在路上玩游戏。
行走应走人行道，没有行道往右靠。
天桥地道横行道，横穿马路离不了。
一慢二看三通过，莫与车辆去抢道。
骑车更要守规则，不能心急闯红灯。
转弯车速必减慢，抢行猛拐酿车祸。
乘车安全要注意，遵守秩序要排队。
手、头不能出车窗，扶紧把手莫忘记。

(四)课后延伸，遵守规则

师：我为大家准备了一张调查表，让大家回去和爸爸妈妈一起调查在公共场合里需要遵守的公共秩序，下一节课继续交流。现在要回教室了，我们应该怎么做？

生：要和老师说再见。

生：轻轻地把椅子放好。

生：排好路队回教室。

生：下楼梯靠右边走，并且要轻声慢步。

师：同学们，你们说得很好，让我们化语言为行动，体验守规则、守秩序给大家带来的快乐。

《“当仁，不让于师”——颜回是孔子的“理想”学生吗？》教学设计

——江西省大余中学《随钱锺书一道与古人对话》校本教材节选

设计者：程秀全

一、教学目标

1.指导学生对材料进行搜集整理。

2.指导学生分析材料，进行质疑与探究。

3.从传统文化中吸收精结，学会求学。

二、教学重点、难点

学生质疑精神与探究能力的培养。

三、教学方法

讨论式、对话式教学。

四、教学过程

师：同学们已经学完了《先秦诸子散文选读》中的《论语》，今天我们就来探讨孔子最喜欢的学生颜回。颜回是孔子最喜欢的学生，这是公论，也是定论。孔子对颜回的偏爱几乎是无以复加的。那颜回是不是孔子的“理想”学生呢？颜回有没有什么缺点令孔子不满意呢？其他弟子有没有优于颜回且令孔子感动的地方呢？今天，我们就根据同学们所收集到的有关孔子与弟子相处的相关事例，来探讨这个问题。同学们有没有搜集到孔子对颜回表扬的话？

生：我找到了两句：(1)子曰：“贤哉，回也！一箪食，一瓢饮，在陋巷，人不堪其忧，回也不改其乐。贤哉，回也！”(2)颜渊死。子曰：“噫！天丧予！天丧予！”

师：这两句是怎么表现孔子喜欢颜回的？

生：第(1)句表现出孔子对颜回的“安贫乐道”思想的高度评价，尤其是“人不堪其忧，回也不改其乐”，更是极度表现出肯定。第(2)句是颜回死后孔子说的话，从“天丧予，天丧予”中可以看出他的悲痛，看出他对颜回的喜爱与不舍。

师:找得好,分析得也好。还没有没有呢?

生:我也找到了两句。(1)颜渊死。子哭之恸。从者曰:“子恸矣!”曰:“有恸乎?非夫人之为恸而谁为?”(2)哀公问:“弟子孰为好学?”孔子对曰:“有颜回者好学,不迁怒,不贰过,不幸短命死矣。今也则无,未闻好学者也。”

师:分析一下。

生:第(1)句可对“天丧予”进行补充,这里从旁人的角度说到了哭的程度——“之恸”,深了一层;还有孔子说的“非夫人之为恸而谁为?”那种不舍更进了一层。第(2)句颜回都死了好久了,别人问孔子的弟子,孔子还是念念不忘,也不怕其他的弟子不高兴。这里突出了他的“好学,不迁怒,不贰过”,充分表现出他对颜回的喜爱。

师:还有没有相关材料呢?

生:我找到一则:“颜回喟然叹曰:‘仰之弥高,钻之弥坚。瞻之在前,忽焉在后。夫子循循然善诱人,博我以文,约我以礼,欲罢不能。既竭吾才,如有所立卓尔。虽欲从之,末由也已!’”这则材料虽然不是孔子对颜回的评价,但表现出颜回对孔子的尊重与效仿学习。这似乎能说明孔子为什么这么喜欢颜回。颜回喜欢追随他,视他为偶像。

生:我不这么认为。固然这则可以看出孔子学问的博大精深,但另一方面也显现出颜回面对高山般学问的拘谨与无措。孔子曾言:“学而不思则罔,思而不学则殆。”颜回是“好学”的,严格按老师说的去做,在个人修养上够合格的了。“不迁怒,不贰过”,然而他只是接受,只“学”而不“思”,在学习的方法上存在问题,没有做到学思结合,所以才会“欲罢不能”,才会“虽欲从之,末由也已”。

师:这个学生对文字很敏锐,思考问题独特,相当不错。王阳明曾言:“食了要消化,若徒蓄积在肚里,便成痞了。博闻多识,留滞胸中,皆伤食之病也。”用王阳明的这句话来评价颜回,也许并不为过。颜回只知道接受,不能真正的消化吸收,活学活用,因而“成痞”,孔子应是看在眼里,疼在心里。这即《圆觉经》所说的“有觉有照,俱名障碍”,颜回“一明”而生“一蔽”。

生:我找到了孔子对颜回心痛的文字:子曰:“回也非助我者也,于吾言无所不说。”正是因为颜回对孔子说的话“无所不说”,孔子才会叹息“回也非助我者也”——这说明颜回学是学,却少了思考。

师:不错。用孔子的话分析,刚好是对前一个同学的补充印证,好!

生:我找到一则,说明颜回学孔子没学到家,做事违反了孔子做事做学问的原则。孔子曾说:“当仁,不让于师。”孔子希望弟子能指出他的不足,然而颜回不能充当这个角色。颜回的这种不足,是一种盲目的相信,是一种能力的不足,从“非助我者也”中我们可以感觉到孔子爱颜回时的惋惜之情。

师:这几个同学的发言都相当不错。从你们所展示的材料和分析中,我们能发现,孔子确实很喜欢颜回,喜欢他的“好学”,喜欢他的“不迁怒,不贰过”,但他也存在过于听老师的话,没有自己的观点,没有质疑精神的不足。那其他弟子有没有敢不听老师话的?对老师的说法做法表示怀疑的呢?

生:我找到一则子路的。“子见南子,子路不说。夫子矢之曰:‘予所否者,天厌之!天厌之!’”孔子要去见淫乱放荡、名声不好的南子,子路敢于表达自己的观点、表现自己的情绪——“不说”,反对之坚决,让老师不得不对天发誓。“天厌之,天厌之”一句话重复说,可见子路的这“不说”不是闹着玩的而是实打实的,而孔子也确实把学生的情绪放在心上。放在颜回身上,颜回是绝对不敢在孔子面前“不说”的,更何况逼老师对天发誓!这是子路优于颜回的地方。

师:这个分析很有道理。子路“当仁不让于师”!

生:我也找到了一则。“子之武城,闻弦歌之声。夫子莞尔而笑,曰:‘割鸡焉用牛刀?’子游对曰:‘昔者偃也闻诸夫子曰:‘君子学道则爱人,小人学道则易使也。’子曰:‘二三子!偃之言是也。前言戏之耳。’”子游依孔子的礼乐教化,把小小的武城治得好好的,孔子“闻弦歌之声”竟然“莞尔而笑”,且言子游是“割鸡焉用牛刀”。子游对此心有不满,于是便抬出孔子说的“君子学道则爱人,小学学道则易使也”来为自己辩解,以孔子之矛攻孔子之盾,逼着孔子说出“二三子!偃之言是也,前言戏之耳”这句话。子游会较真,不惧于老师的权威,能做到“当仁不让于师”,这是颜回所没有的品质,这是子游优于颜回的地方。

师:这两个同学所选的材料与分析都相当不错。看来,孔子是喜欢颜回,但颜回却不是孔子的理想学生。那孔子的理想学生要具有哪些品质呢?

生:要有颜回的“好学”精神与“不迁怒,不贰过”的修养,达到“安贫乐道”的境界。

生:要能像子路、子游一样能“当仁不让于师”,能学思结合,学以致用,能有自己的主见并能坚持之,而不能如“点头虫”一样唯老师的话是从。

师:好!看来作为一个学生,努力学习是一个方面,认真思考必须与努力学习相配合,同时还得有质疑精神,不向权威低头。这也应该成为我们现代学生所具备的基本品质吧。这节课就上到这里,希望这节课所讲的内容,对同学们以后的学习有所帮助,争取让自己成为一名既听话又有质疑精神的学生。

《“史固然尽信哉！”——由史书“虚构”辨析培养学生质疑精神》教学设计

——江西省大余中学《随钱锺书一道与古人对话》校本教材节选

设计者：张芳芳

一、教学目标

1.指导学生对材料进行搜集整理。

2.指导学生分析材料，进行质疑与探究。

3.探究想象艺术的特点。

二、教学重点、难点

学生质疑精神与探究能力的培养。

三、教学方法

讨论式、对话式教学。

四、教学过程

师：同学们在语文课上，学历史传记作品已经有许多篇了，其中学得最多的是《史记》，鲁迅评价它是：“史家之绝唱，无韵之离骚。”鲁迅的这句评价是什么意思？

生：鲁迅的意思是，《史记》既是史学巨著，也是文学巨著，它把史学与文学二者很好地结合起来了。

师：（反问）“史学”具有怎样的特点呢？“文学”具有怎样的特点呢？

生：历史讲求真实。文学应以虚构、想象取胜。

师：（反问）讲求真实的史学，与讲求虚构的文学，二者能合在一起吗？

生：（不知如何回答）

师：其他同学呢？你怎么想的？

生：（底下窃窃私语，没有举手回答）

师：看来，这是个问题。今天，我们就一起来探讨这个问题吧。

师：我们先看同学们学了的《廉颇蔺相如列传》，这个故事精彩吧？

生：（众答）好看，精彩。

师：里面的内容全是真实的吗？有没有艺术化处理的地方？或者虚构的内容？

（学生思考）

师：我们就聊一聊，有什么想法就说出来。我们仅是聊天而已，没有对错之分。看谁先来说说。

生：我觉得还是有虚构成分。书上蔺相如第一次见秦王，秦王傲慢，“传之以示美人”，蔺相如以“璧有瑕，请指示王”就把和氏璧骗到手了，然后“因持璧却立，倚柱，怒发上冲冠”，还威胁秦王说：“大王必欲急臣，臣头今与璧俱碎于柱矣！”秦王有这么好骗？大概没这么好威胁吧。这里，我觉得应有虚构的成分。

师：不错，联系到课文内容来分析。

生：我觉得这里没问题。后文说“秦王恐其破璧，乃辞谢固请”，说明秦王特别爱和氏璧。秦王说要以十五城换璧，无论真心还是假意，都说明他喜欢这块和氏璧，相如要撞璧，秦王忍一忍，没有什么不可以吧。

师：这么说的话，好像也有道理哟。其他同学有没有什么意见？

生：我觉得这篇课文有虚构，但不是在这里，而是在秦王按蔺相如的要求“斋戒五日，设九宾于廷”的时候。但进入朝廷献璧的蔺相如却没有带和氏璧，而是光一个人去。前面蔺相如的“璧有瑕，请指示王”是小手段，以撞和氏璧来威胁秦王，算是看准了秦王太爱和氏璧，但此时让从者“从径道亡，归璧于赵”简直是戏弄。强势而粗暴的秦王受得了么？我想没等到蔺相如说“欺大王之罪当诛，臣请就汤镬”，相如早就“就汤镬”了！前面因为“太爱”和氏璧而容忍，此处却是“不爱”和氏璧而容得下相如的戏弄了？

师：这分析很有道理。前面是小手段，此处是玩弄；前面因为太爱，忍了；此处和氏璧都回赵国了，秦王想必不会这么轻易放过蔺相如。

生：从“渑池之会”中，也能看出其中有虚构的成分。秦王请赵王奏瑟，后御史却说“令赵王鼓瑟”，明显欺压赵国，对赵不屑一顾；蔺相如“奉盆缶秦王”，“秦王怒，不许”，却怎么可能因相如“五步之内，臣请以颈血溅大王”的威胁而就范？这在事实上情理上可以理解么？我们千万别忘了《荆轲刺秦王》等史书记载中的秦王，相如只一文臣耳！

师：这个分析也相当有道理。赵王与秦王会于渑池一节，因为太精彩，后世都谱入了传奇。然而有人对此产生怀疑，以为外交怎么可能同儿戏！有人就深为赵王担心，说：“这是拿赵王的性命来做赌注呀！”又说：“这是不计后果的匹夫才做得出来的事！只不过侥幸成功而已，然而后世却啧啧称赞以为神奇！”所以，当后世出现类似情况时，后人以为不可。司马光《涑水纪闻》卷六记澶渊之战，王钦若在宋真宗面就用“寇准以陛下为孤注与虏博耳”来诬陷寇准。臣子可以不顾自己性命孤注一掷，但如何可以把皇上的性命也作为赌注以求侥幸？“不入虎穴焉得虎子”，臣子可以做，君王却做不得，也不会做！

生：（学生笑）

师：前面几个同学的分析都相当不错。然而，史书要求真实，叙事却出现与现实不符的地方，二者是否矛盾呢？是否有违史书的求实严谨？甚至，鲁迅的这句评价，在表扬《史记》的同时，是否也指出了它的不足呢？（学生思考，只知有问题，不知方向）

师：有关这个问题，我们且看下面两段文字。

（1）叶晦叔闻于刘季高，有估客航海入巨鱼腹中，未能死，有木工数辈在，取斧斫鱼，鱼痛，跃身入大洋，举船人及鱼皆死。或难之曰：“一舟皆死，何人谈此事于世乎？”（《夷坚戊志·序》）

（2）“人希见生象也，而得死象之骨，案其图以想其生也；故诸人之所以意想者，皆谓之象也。”（《韩非子·解老》）

师：这两段话是文言文，同学们应看得懂吧。说说你们对这两段文字的理解。

生:“一舟人皆死,何人谈此事于世乎?”这句话很能表现出历史学家与小说家创作手法的相同之处:想当然。我们未经历的事,往往是凭借已有的知识经验与对事物的了解展开想象,把它具体化、形象化,而在具体化的时候,难免出现虚构。

生:根据“死象之骨,案图以想其生也”,用我们熟悉的事物打比方,就是“见恐龙化石而想生恐龙”。这句话很能表现出想象的现实基础性。我们对“象”的想象不是凭空的,必须根据“死象之骨”来推测;我们想象历史的细节,也不是凭空的,必须依据事实及其相关的信息做合理的想象。

师:那《廉颇蔺相如列传》的想象有没有“依据事实”呢?

生:肯定依据了! 如果没依据,《史记》也就不成为《史记》了。

师:呵呵,也就是说,因为是《史记》,所以不存在“虚构”过甚这样的问题,是吗?

生:(沉默)

师:其实,对于《廉颇蔺相如列传》中所记事件的真实性自古以来就有人怀疑,因为《战国策》一书对廉颇的事迹记载颇为简略,并且没有一句话涉及蔺相如。这篇传记中所记事件,其他史书也未记载。这些内容应多是司马迁踏访各地时根据民间传说整理而成的,司马迁在叙事时有意的进行“增饰渲染,未必信实有征”,我们替赵王生命担忧,恐怕是被太史公捉弄了吧。

生:(学生笑)

师:这么看的话,《史记》作为完美的史书,似乎也存在问题。我们对于史书,或许也应多个心眼,确实如古人所说的,“史固难尽信哉”!“难尽信”,不是“不信”,也不是“全信”而是“不全信”,只信其可信的一部分,这就是质疑的精神,批判的态度,全面看问题。何止于“史不可尽信”,即使是鲁迅的话,我们也要三思。质疑精神,看来我们必须拥有。今天我们的作业是:用质疑的精神、批判的态度重新阅读《鸿门宴》,看看能否找出其中虚构的、可能与现实不符的成分。写一篇小论文予以展示。

《道教与中国传统文化》教学设计

——南昌二十一中《万寿宫文化》校本教材节选

设计者:黄　梅

一、教学目标

1.道教在中国传统文化中的地位以及对中国古代文化所产生的深远影响。

2.道教对中国传统文化的影响体现在哪些方面。

3.通过学习和了解道教对中国传统文化的影响,进一步加深学生对博大精深的中国文化的喜爱。

二、教学重点

1.了解道教与传统文化的联系。

2.了解道教对中国传统社会的思想、政治、社会、文学、艺术、建筑和医学等方面渗透的体现。

三、教学难点

认识宗教的本质及其复杂的作用,形成对待宗教的科学态度。

四、课时安排

1 课时

五、教学过程

(一)课程导入(2 分钟)

英国学者李约瑟说过:"中国人如果没有道,就像大树没有根一样。"道教正式教徒人数之有限与道教文化影响之广大形成鲜明的对比,这在其他宗教是极为少见的。道教信徒历来是中国五大教(佛教、道教、伊斯兰教、天主教、基督教)中最少的,从未超出几十万人。但道教对中国文化的影响却远远超出教徒的范围而达到各阶层、各领域、各地区,是全局性的影响。可以说,不对中国道教进行深入的研究,就不可能全面了解中国封建社会的方方面面。鲁迅先生曾说:"中国根柢全在道教……以此读史,有许多问题可以迎刃而解。""人往往憎和尚,憎尼姑,憎回教徒,而不憎道士。懂得此理者,便懂得中国大半。"所以,道教文化是中国传统文化的重要组成部分。那道教与中国传统文化到底有哪些联系呢?今天我们就来通过本节课来了解一下。

(二)出示学习目标(1 分钟)

1.道教在中国传统文化中的地位以及对中国古代文化所产生的深远影响。

2.道教对中国传统文化的影响体现在哪些方面。

(三)出示自学提示指导(目标问题化、微观化)(2分钟)

请大家自学文本，大字文段细读，小字文段速读，同时思考下列问题，采用圈点、勾画法注明重点难点，针对性突破。

1.道教对中国传统文化的影响大致体现在哪些方面，你能找出来并加以简单说明吗?

2.从道教对中国传统文化的影响程度的角度来说，你认为哪些方面的影响是显而易见的?

3.谈谈道教文化对中国传统文化的影响利弊如何?

(四)课堂讨论与归纳

1.道教思想影响了中国古代的学术思想。

明确：许多道教学者，如晋代的葛洪，南北朝的陶弘景，他们在思想文化方面都各有一定的贡献。特别是道教与儒家和佛教在思想上互相吸收渗透，从而促进了中国学术思想的发展。

2.道教与中国传统社会结合紧密。

明确：在我国漫长的历史中，一方面统治者总是利用道教来为其统治服务，客观上使道教长期得到统治者的扶持。其中尤以唐玄宗、宋徽宗、明世宗最为突出。另一方面，道教本身也在积极地向统治者们靠拢，力求改变其民间色彩，剔除不适应于统治者需要的成分，使道教逐渐成为统治者维护统治的工具。葛洪便是这方面的代表人物之一。除此之外，道教在下层民众中的影响也是非常广泛和深刻的，许多农民起义的领导者也曾利用道教作为他们发动起义的思想工具和组织工具，如黄巾起义，孙恩、卢循起义等等。

列仙传 卷　设色绢本

3.道教与中国传统文学。

明确：道教对中国文学的影响，大致可以从这几个方面来看。

首先，道教保留了大量的神话故事和民间传说，本身也创造了许多神仙故事，这些都为中国文学中的神话部分增添了色彩。

其次，道教中关于神仙的描写，带有浓重的浪漫主义色彩，这一点对中国文学的影响尤甚。

另外，好些词牌就得名于道教神仙故事，诸如《瑶池宴》《霓裳羽衣曲》《渔歌子》等等。

此外，道教对中国文学的影响在小说创作方面也是很大的。

醉酒“诗仙”

4.道教与中国传统民俗。

明确：中国有句俗语：“百里不同风，千里不同俗。”这是说民俗极为繁杂而广泛。其内容涉及衣食住行、婚丧嫁娶、娱乐节庆等各个方面。一般地说，道教主要与民间信仰习俗关系密切，通过与信仰习俗的联系，进而影响到岁时习俗、娱乐习俗等。

5.道教与中国古代科技。

明确：道教的信仰是“长生成仙”，为了达到这一目的，道教徒们不懈地探索、寻求达此目的的各种方法。在这个过程中，客观上亦促进了我国古代科技水平的发展和进步。

6.道教与中国艺术的关系，可以从音乐、绘画、雕塑、建筑等方面略作叙说。

大家所熟知的《二泉映月》，就是无锡道士华彦钧（阿炳）创作的。在国务院公布的两批国家级非物质文化遗产名录中，都有道教音乐，现在非常出名的纳西洞经音乐也是道教音乐。

道教与书法的关系非常密切。道教认为，其神圣的经书，原本是宇宙形成过程中自然凝结而成的天书，蕴藏着无穷的奥秘和巨大的能量，由天上神仙摹写之后，才传到人间的。由于经书的神圣性，故抄写经书对书法提出了很高的要求。这样，书法造诣就成了一个优秀道士必备的宗教素养。近代著名历史学者陈寅恪先生早就意识到道教对魏晋南北朝书法的影响。据陈先生考证，南朝的王、郗，北朝的崔、卢等以书法闻名的大家族都是奉道世家。王羲之写经换鹅的故事大家都熟知。

阿炳

道教与国画的关系，也是十分密切的。历代绘画名家，根据道教题材，创作了许多名画。如东晋著名画家顾恺之，曾绘有《列仙图》《洛神赋》等。唐代著名画家如阎立本曾绘有《元始像》《行化太上像》《北帝像》等近20幅道画。吴道子则绘有《天尊像》《列圣朝天图》等。举世闻名的山西芮城永乐宫壁画，场面浩大，人物众多，生动逼真，堪称中国美术史上的杰作。

道教建筑也是中国古代建筑艺术的典型代表之一。北京白云观、苏州玄妙观、嵩山中岳庙，都已被列为国家级重点文物保护单位。武当山宫观建筑群，更是已入选世界文化遗产名录。

（五）作业与思考

在新的历史时期，我们该如何重新审视对中国文化带来巨大影响的道教思想？

板书设计：

1.道教思想影响了中国古代的学术思想。

2.道教与中国传统社会。

3.道教与中国传统文学。

4.道教与中国传统民俗。

5.道教与中国古代科技。

6.道教与中国艺术（音乐、绘画、雕塑、建筑）。

《珍惜时间》教学实录

——德兴市银城第一小学《责任根深 礼仪花繁》校本教材节选

师:同学们,今天老师和大家一起来分享一个故事。来,我们一起来看大屏幕。

生:好。(看屏幕)

师:谁愿意把这个故事讲一遍?

生 1:(讲故事)有一个小女孩,她到瓜地里去买西瓜,但是她只有 3 毛钱。瓜农说:"这样吧,我给你摘一个小的瓜吧!"小女孩说:"好的,但我要过一个月的时间再来把它拿回去。"

师:(对着一生问)我看见你的嘴角露出了一丝笑容,能和大家说说为什么笑了吗?

生 2:这个小女孩好聪明。

师:怎么说?

生 2:一个小西瓜长在地里,一个月后可就变成一个好大好大的西瓜了。

生 3:她懂得用时间来转换成西瓜的成长,所以她就用 3 毛钱买回了一个大西瓜。

师:是的,这是一个非常聪明的女孩,她掌握了时间的重要性,也利用了时间的重要性,因此她才能用小付出得到大回报。可是,总有很多人觉得时间多得很,认为浪费一点也没有什么关系,还记得原来我们学过的一篇课文《一分钟》吗?

生:记得。

师:谁来回顾一遍?

生 1:元元因为早晨多睡了一分钟,导致路上遭遇红灯而错过了公交车,只好走路去上学,最后因此而迟到了二十分钟。

师:文章中的元元是个怎样的孩子?

生 2:其实元元是很守信的人,她说多睡一分钟,就只睡了一分钟。

生 3:她做事并不拖拉。

生 4:她已经深刻地认识到了自己的错误。

师:那他为什么明明只多睡了一分钟,却迟到了二十分钟?

生 1:因为那一分钟让他错过了公交车。

生 2:那一分钟的时间里,没能赶上公交车,公交车又不会等你一个人,只能走路,走路可比坐公交车慢多了。

师:是啊,就像公交车、火车、飞机不会停下来等乘客一样,时间也不会停下来等你。时间是非常宝贵的,所以你只有不停地向前追赶它,珍惜它。(板书课题:珍惜时间)

师:时间这么重要,不知道古今中外的名人们是怎样对待它的呢?我们先来看两个名人故事。

（生阅读《名人故事吧》中的两个故事）

师：从他们的故事中，你明白了什么？

生1：名人也是非常珍惜时间的。

生2：车胤和鲁迅的故事说明了要想取得成功，必须要争分夺秒地学习和工作，不应该浪费一分一秒。

生3：珍惜时间的人，时间就会给他丰厚的回报。

师：大家说得非常好。你们还知道哪些相关的故事吗？

生1：爱迪生常对助手说："人生太短暂了，要多想办法，用极少的时间办更多的事情。"一天，爱迪生在实验室里工作，他递给助手一个没上灯口的空玻璃灯泡："你量量灯泡的容量。"他又低头工作了。过了好半天，助手仍拿着软尺在测量灯泡的周长、斜度，并拿了测得的数字伏在桌上计算。他说："时间，时间，怎么费那么多的时间呢？"爱迪生走过来，拿起那个空灯泡，向里面斟满了水，交给助手："里面的水倒在量杯里，马上告诉我它的容量。"助手立刻读出了数字。爱迪生说："这是多么容易的测量方法啊，它又准确，又节省时间，你怎么想不到呢？还去算，那岂不是白白地浪费时间吗？人生太短暂了，太短暂了，要节省时间，多做事情啊！"

生2：伟大的科学家爱因斯坦一次与朋友预约，他站在桥头一边等候，一边在纸上急匆匆地写着，雨淋湿了衣服，他也毫不察觉。朋友终于来了，满怀歉意地说："对不起，耽误了你宝贵的时间。"爱因斯坦却兴奋地说："我非常有益地度过了这段时间，因为在此时我又得到了一个出色的想法。"

生3：我国古代著名画家王冕出身贫寒，家中无力供他上学，他只得到一个姓秦的人家放牛。王冕时刻想着读书学习，每次出去放牛，都借书本带在身上，有时骑在牛背上读书，有时牛在吃草，他就坐在树下看书。就这样，王冕利用点点滴滴的时间，靠自学学到了很多知识。后来他又刻苦画画，终于成了著名的画家。

师：是的，就像鲁迅先生说的那样：时间就像海绵里的水，只要你愿意挤，总还是会有的。其实，时间不仅可以为人们创造财富，带来成功，更可以挽救一个又一个鲜活的生命。2008年5月12日14时28分，四川发生了8级地震。温家宝总理第一时间赶赴灾区，提出当前摆在第一位的工作是抓紧时间救人，多争取一分一秒的时间就可能多抢救出一个被困者，要不惜一切代价连夜打通道路。其实，在我们的生活中还有许多这样的事例，就是这一分一秒就可能挽回许多生命，你能给大家讲讲这样的例子吗？

生1：在手术台上，医生多耽误一分钟，病人的生命就会多一分危险。

生2：在火灾现场，消防车早一分钟到达，人们的生命和财产就会多一份保障。

生3：在汽车行驶的过程中，一秒钟的迟疑就有可能会造成车毁人亡的惨剧。

师：时间真的是个非常神奇的东西，把握好了它，可以让我们的人生实现更大的价值，所以我们应该珍惜它。可是，我们该怎样对待时间呢？这个问题值得大家探讨一番，现在先请大家看课文，看看从中能得到什么启迪。

（生自由读《我是一个珍惜时间的好孩子》和《我的故事》）

师：故事中的两个人在对待时间上有什么不同？你比较欣赏谁？

生1：我欣赏第一个人，因为他很会把握时间，合理地利用时间，因此，他既能够有着丰富的课余生活，发展自己的能力，又不会耽误自己的学习。

生2：第二个人的做法是不对的，因为他不懂得珍惜时间。今天该完成的任务没有完成，因此还耽误了第二天的上学时间，又害自己饿着肚子去上学，真是自食其果。

生 3:一天的时间对于任何一个人来说都是相同的。可是不同的人、不同的对待方法,所产生的结果也是不同的。这时候,我们就应该好好地反省自己,改正不足,才能够有好的结果。

师:说得太好了,我们把掌声送给他。

(生热烈鼓掌)

生 4:我们处在生长发育的时期,但是学业任务又不能耽误,因此合理安排时间对我们来说很重要。我们没有很多很长的空闲时间,但是短暂的空闲时间还是有的。就像第一个故事中的孩子一样,他提高自己学习效率的方法就很好用。

师:接下来我们当一回医生,来帮这位李莉同学来诊断一下。

(课件展示故事《忙?盲!》:自习课上,李莉翻开语文课本看了起来。看着看着,突然想到下节课就要上数学了,老师要求提前预习,熟悉一下数学公式,于是她翻开了数学课本。这时她听到同桌正在读外语,马上想到外语作业,于是又急急忙忙地翻开了外语课本。她脑子里乱糟糟的,想法很多。下课铃响时,李莉还在冥思苦想)

(生讨论交流后汇报)

生 1:李莉是“盲”,而不是“忙”,因为她不懂合理安排时间。

生 2:从李莉故事中我得到的启发:我们要学会合理安排学习时间。判断的依据:这样不仅能节约时间,更有助于提高学习效率。时间安排得越科学,可供我们支配的时间就更多,我们就有更多的时间去学习,去做自己想做的事。

生 3:我们安排学习时间要结合学习计划和学习任务,并考虑自己的实际情况。

师:我们班的同学在这方面有什么好方法吗?

生 1:我做事总是有点拖拉,因此,每次妈妈都会规定我的写作业时间,如果按时完成就让我看 15 分钟的电视。不知怎么回事,这样一来,每次我都能按时完成,就连做其他事时都快了很多。(众生偷笑)

师:那是因为你在这样的训练下,效率提高了。

生 2:我学了钢琴,老师要求每天最少练琴一小时以上,可等我晚上吃完饭,散完步,写好作业,就已经快 9 点了,根本没有那么多的时间来练琴。所以,我总会利用下课的时间完成一部分家庭作业,再把练琴的时间一分为二:中午半小时,晚上半小时。这样一来,什么事也没有耽搁。

师:是的,刚才这两位同学的做法非常好,提高效率和化整为零不失为合理安排利用时间的一个好办法。(课件出示“整理房间需 5 分钟,洗漱需 10 分钟,吃早饭需 10 分钟,听英语需 20 分钟,烧开水需 30 分钟,坐公交车需 30 分钟”)现在,我们尝试着合理安排时间,用最少的时间把这些事情做完。

(生自主安排时间)

生:起床后,先烧开水,在等水开的过程中,整理房间、洗漱和吃早饭;坐公交车的时候可以听英语。

师:他安排得非常合理,大家回家后可以参考他的方法,对自己的时间表进行一次合理的修改。现在,我们一起来读读这些和珍惜时间有关的名人名言。(课件出示,生齐读)

师:通过今天的学习,大家有什么收获吗?

生 1:我们要做一个珍惜时间的人。

生 2:我学会了如何合理地安排自己的时间。

生 3:合理安排自己的学习与娱乐的时间,这样才可以两不误。

生 4:我们现在正处于学习的最好时机,应该要好好把握每一分、每一秒的时间。

师:下课之前,送给大家几句话以共勉。(大屏幕出示:聪明者利用时间,愚蠢者等待时间;劳动者创造时间,懒惰者丧失时间;有志者赢得时间,无为者放弃时间;求知者抓紧时间,闲聊者消磨时间;勤奋者珍惜时间,自满者糟蹋时间)

我愿意和同学们一起做一个聪明、勤奋的有志之士,努力前进,珍惜时间,把握现在,合理安排时间,做时间的主人!

《厉行节约，反对浪费》教学案例

——德兴市银城第一小学《责任根深 礼仪花繁》校本教材节选

设计者：童伟贞

一、教材分析

时下，校本课程已在各校开展起来，此次校本课的教学内容以“珍惜资源，保护环境”为主要内容，让学生们懂得珍惜身边的一切有用资源，保护好地球的环境。在主题框架的引导下，我们共同搜索教学内容。有好几个同学提议，勤俭节约是我们国家的传家宝，我们开展节约活动吧！有的说节约水；有的说节约电；有的说节约零用钱……为了呼吁大家珍惜自己身边的任何有用资源，养成勤俭节约的好习惯，维护社会资源的均衡发展与利用，我们开始了教学活动。

二、教学目标

1.引导学生初步养成良好的生活和行为习惯，继承和发扬勤俭节约的好作风，合理利用各种资源，保护环境。

2.学习搜集、整理、分析和运用社会信息，能够运用简单的学习工具搜索问题，学会整理问题、分析问题和解决问题的方法。

3.使学生掌握对比学习的方法；形成初步的辩证思维意识，以及参与社会实践、调查、搜集信息的能力；培养学生合作学习和主动探究问题意识。

三、教学实施

（一）划分小组，设计方案

依据自愿的原则，同学们自行分组，选出小组长具体负责本小组的工作。各组制定自己的活动方案，教师与其他同学进行点评，选择优秀的方案实施。

该课的内容分四个部分：水资源的节约、电力资源的节约、零用钱的节约、日用品的节约。四个部分各设组长一名，由本组成员选出。四个部分设总组长一名，由全体成员推荐选出，由张勇兴同学担任。

点评：学生自主组队有利于活动中的相互合作。本次学习主要以学生活动为主，这能激发他们的积极性和主动探究的热情，便于活动的开展。

（二）制订计划与分工

水资源的节约：教学内容的第一部分。组长张勇兴，成员有余楚沅、王雪等人。主要开展我国水资源的利用与开发情况；学校用水调查；家庭用水调查；宣传浪费水资源的危害；宣传节约用水的好处、方法以及对未来水资源利用的创想等。

电力资源的节约:教学内容的第二部分。组长王启运,成员主要有童元盛、黄飞燕等人。主要开展我国电力资源的调查;家庭用电的调查;学校以及公共场所用电的调查;查找电力资源浪费的现象及其造成的危害;宣传如何安全、合理、节约用电;未来对电力资源的开发的创想。

零用钱的节约:教学内容的第三部分。组长林上乐,主要成员有韩蔓卿、张芷萱等人。主要开展学生生活学习中零花钱多少的调查,以及使用情况;观察有哪些乱花零用钱的现象,从而教育大家不要乱花零用钱,并提出正确的使用方法。

日用品的节约:教学内容的第四部分。组长笪睿凌,主要成员有丁嘉旭、张佳琪等人。主要开展生活调查,调查和发现同学们在生活中存在的一些浪费现象,如作业本、粮食、笔、衣服等各种生活学习用品的浪费。宣传生活的不易,教育大家要珍惜和节约日用品。

(三)教学方法

本次学习主要采用查阅资料、上网查询、观察走访、讨论研究记录、合作等形式进行。

点评:细致的分工、具体的工作思路、积极的活动热情,相信他们一定能将此次校本课开展得红红火火。另外,教师是活动的组织者,在活动中起到的是帮助、组织、促进、监督的作用。

四、教学过程

首先,我给大家提出这样一个问题:水对人到底有哪些作用?多大作用?同学们你一言我一语,有的说什么都需要水;有的说做饭、洗衣都要水;有的说没水人就不能生存……不过谁也不能具体描述一番,大家讨论后还是决定分头查阅。他们有的上网查阅,有的去图书室翻阅,有的问老师……嗨!收获还真不少,最后他们整理为:

在地球上,哪里有水,哪里就有生命。一切生命活动都是起源于水的。人体内的水分,大约占到体重的65%。其中,脑髓含水75%,血液含水83%,肌肉含水76%,连坚硬的骨骼里也含水22%!没有水,食物中的营养不能被吸收,废物不能被排出体外,药物不能到达患病的部位。人体一旦缺水,后果是很严重的。缺水1%~2%,感到口渴;缺水5%,口干舌燥,皮肤起皱,意识不清,甚至幻视;缺水15%就会危及生命。缺水之害往往甚于饥饿。没有食物,人可以活较长时间,而没有水,则只能活几天。

我又给大家提出这样一个问题:既然水这么重要,那么我们国家现在的水资源情况怎样呢?

同学们通过上网把了解到的一些水资源的数据整理为:

我国水资源人均占有量只有2300立方米左右,约为世界人均水量的四分之一;我国农业灌溉每年平均缺水300多亿立方米,全国农村还有300多万人饮水困难;全国城市缺水量为1600万立方米,每年因为缺水影响工业产值2000亿以上,影响城市人口约4000万人……

大家又探讨了我们在生活中有没有浪费水的现象,我们应该如何做到节约用水等问题。大家的讨论很激烈、很热情。同学们还交流了心得体会,并用图画的形式画出了自己的心声,还拟订了自己的口号。

附:调查统计表

生活中浪费水的现象

浪费现象有哪些？看谁找的多，找的详细。	家庭		学校	
	厨房		班级用水	
	饮用水		个人用水	
	洗澡、洗衣服等		公用水龙头	

见到这么多浪费水的现象，于是同学们思考，何不给大家拟出一份节约用水的倡议书或提出一些金点子呢？大家行动起来，有的负责查阅，有的记录，有的编写，整理好后，发与各班级。

附：节约用水倡议书

亲爱的老师们、同学们，你们好！

水，是一切生命的源泉。有了它，才有了这个蔚蓝的星球；有了它，整个世界有了生命的气息；有了它，我们的世界变得生机盎然；有了它，我们才有了秀美的山川，清澈的溪水，湛蓝的海洋……我们才有了一切。

据科学界调查报告指出：占世界人口40%的80个国家正面临着水危机，发展中国家约有10亿人喝不到清洁的水；17亿人无法使用良好的卫生设施，每年约有2500万人死于饮用不清洁的水。在中国北京、湖北、昆明、郑州等十四个省市已严重缺水。水危机已经严重制约了人类的可持续发展，水资源短缺成了当今世界面临的重大课题。前不久，联合国的人类环境和世界水会议已发出警告：人类在石油危机之后，下一个就是水危机。为此早在1993年1月18日，第四十七届联合国大会做出决议，确定每年的3月22日为“世界水日”。之后我国水利部决定3月22日至28日为“中国水周”，以唤起公众对水的危机意识，让全社会珍惜水、节约水，保护水资源。

据我们测定一滴水约重0.07克，虽微不足道，但是若全国13亿人口人人节约一滴水，就会节约91吨水，可以满足30个人一个月的生活所需。另据测定，“滴水”在1个小时里可以集到3.6千克水，一个月里可集到2.6吨水。这些水量，完全可以满足一个人一个月的生活所需。

我们倡议全校师生“节约每一滴水，关爱生命之源，造福未来”。让我们告诉身边的每一个人“爱一滴水就是爱全世界！”让我们一起行动起来吧！

六年级　全体学生

2013年3月6日

《岳母祠》教学设计

——九江县第一小学《我爱我家》校本教材节选

设计者：严玉霞

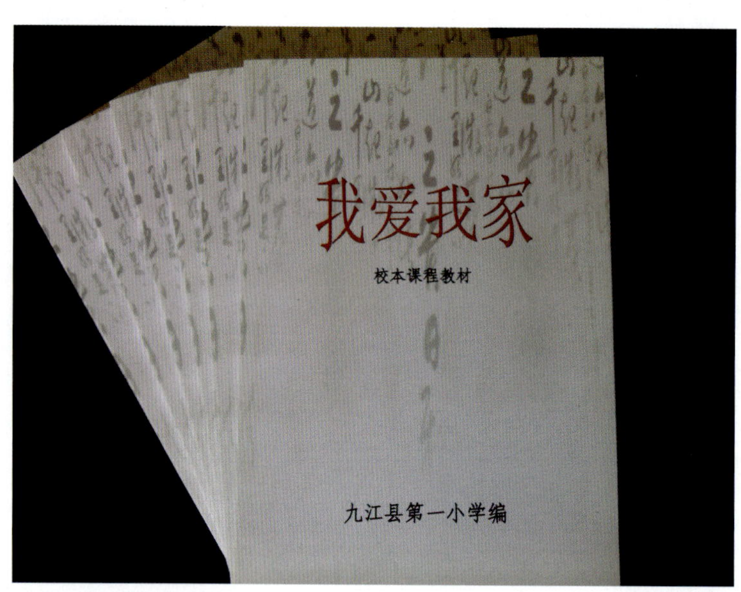

目　录

第 1 课　五柳先生陶渊明……1
第 2 课　抗金名将岳飞……5
第 3 课　报界奇才黄远生……9
第 4 课　中国外交第一人蔡公时……13
第 5 课　岳母祠……17
第 6 课　狮子洞……21
第 7 课　涌泉洞……25
第 8 课　中华贤母园……28
第 9 课　马回岭火车站……32
第 10 课　陶渊明纪念馆……36
第 11 课　家乡的河……40
第 12 课　石画……44
第 13 课　家乡的特产……48
第 14 课　我们的学校……51
第 15 课　家乡的歌三声腔……55
第 16 课　传统项目空竹……61

第一课时

一、教学目标

1.让学生了解岳母,知道岳母祠的知识。

2.培养学生的爱国情感,树立热爱家乡和建设家乡的远大理想。

二、教学准备

1.有关岳飞和岳母的相关知识。

2.岳母祠的相关图片。

三、教学过程

(一)诗句导入新课

1.出示诗句:莫等闲,白了少年头,空悲切!

2.同学们,你们知道这是谁的诗句?什么意思?(学生回答)

全班齐读诗句,感受诗句的意境。

3.岳飞,是伟大的抗金英雄,他取得的成就离不开他伟大的母亲——姚太夫人。南宋绍兴六年,岳飞母亲在军中逝世。岳飞即奏明朝廷,宋高宗准奏,将其安葬于九江县株岭山东端。因此,九江是岳飞的第二故乡,我们九江县一小还是岳飞纪念学校呢!

(二)进入新知,参观岳母祠

1.同学们,上周末老师布置了一次实践性作业"参观岳母祠",能说出你们的收获吗?(学生介绍,多媒体出示相关图片:叠翠亭、享殿、岳母祠、石翁仲、仪门等)

2.请同学们自由阅读课本知识汇,找出介绍这些建筑的句子,说说它们的特点。

3.学生分别说出这些建筑的特点。

4.你们可以做导游吗?有谁能看图片给大家介绍岳母祠吗?(学生上台介绍)

5.说说哪一处给你留下深刻印象。(学生发言)

(三)全班齐读课文

同学们,现在的岳母祠不再是"是处青山可埋骨",而是一种景观,一种慰藉,为人们所敬仰。现在就让我们在朗读中一起去感受吧!

第二课时

一、了解历史

1.同学们,你们知道岳母刺字的故事吗?(出示图片)

2.谁能说说这个故事?

3.出示故事，学生读故事，了解精忠报国的故事。

4.“精忠报国”和“尽忠报国”有区别吗？

现在多作“精忠报国”，其实“尽忠报国”也对，二者为近义词。意思都是为国家竭尽忠诚，牺牲一切。二者都出自《北史·颜之仪传》：“公等备受朝恩，当尽忠报国。”《宋史·岳飞传》：“初命何铸鞫之，飞裂裳以背示铸，有‘尽忠报国’四大字，深入肤理。”

5.你们知道岳飞是怎样死的吗？（老师介绍岳飞的“莫须有”罪名）

“莫须有”的典故，出自《宋史·岳飞传》，岳飞被捕，案子将要定论的时候，韩世忠不服，找秦桧质问。秦桧说，岳飞儿子岳云给张宪的反动信，虽然找不到了，可是“其事体莫须有”。韩世忠说：“‘莫须有’三字，何以服天下？”“莫须有”三个字，原来是“难道没有吗？”的意思。印证《宋史》原文：“狱之将上也，韩世忠不平，诣桧，诘其实。桧曰：‘飞子云与张宪书虽不明，其事体莫须有。’”翻成现代话，明明是“岳飞的罪名，难道没有吗？”的傲慢语气。

听了这个典故，你们有什么感受？学生谈感受。

6.翻开课本第 20 页，看图说说这几个塑像为什么跪着？他们分别是谁？（四个铁铸人像，反剪双手，面墓而跪，即陷害岳飞的秦桧、王氏、张俊、万俟卨四人。跪像背后墓阙上有楹云：“青山有幸埋忠骨，白铁无辜铸佞臣。”）

7.出示诗句：“青山有幸埋忠骨，白铁无辜铸佞臣。”

全班齐读，理解诗句意思。（英雄埋于此是这座山的荣幸，而那些铁被用来打成那四个家伙，把那些铁也玷污了）

二、总结课文，课外拓展

1.同学们，岳母姚氏深明大义，支持岳飞抗御外侮，收复中原的主张，被中国人民尊为千古母教典范。你们知道，姚太夫人和哪些母亲被称为“中华四大贤母”吗？

2.（出示课件）孟母（？～前 317 年）孟子的母亲仉（zhǎng）氏，战国时邹国人。她克勤克俭，含辛茹苦，坚守志节，抚育儿子，从慎始、励志、敦品、勉学以至于约礼、成金，数十年如一日，丝丝入扣，毫不放松，既成就了孟子，更为后世的母亲留下一套完整的教子方案。她本人也成为名垂千秋万世的模范母亲，在中国历史上受到普遍尊崇。黎民百姓传颂着她的故事，文人学士为其立传作赞，达官显贵、孟氏后裔为其树碑修祠，后人把她与北宋文学家欧阳修的母亲欧母、“精忠报国”岳飞的母亲岳母、晋代名将陶侃的母亲陶母列为母亲的典范，号称中国“四大贤母”，而且位居“贤母”之首。

3.同学们，为了纪念这四位贤母，我们县政府还修建了集参观与休闲于一体的中华贤母园，那可是很值得一看的。

《中华贤母园》教学设计

——九江县第一小学《我爱我家》校本教材节选

设计者：罗丽霞

第一课时

一、教学目标

1.让学生知道中华贤母园的地理位置、文化寓意和旅游特色，培养热爱家乡之情。

2.通过中华贤母园工程简介，让母爱的光芒永远绽放，传承永久。

二、课前准备

1.有关中华贤母园的课件图片资料。

2.组织学生用多种途径搜集有关中华贤母园的资料。

三、教学过程

（一）谈话导入，激发兴趣

同学们，你们知道我国古代的四大贤母分别是谁吗？这节课同学们就和老师一起去我们九江县城中的一座主题公园——中华贤母园“游览”一下。

（二）观看图片，深入了解

1.中华贤母园简介。

中华贤母园是江西省九江县挖掘历史文化资源，彰显地方文化特色，以岳母、陶母文化为核心，以贤母文化为内涵，以旅游休闲为外延，构建集文化展示、生态休闲、旅游观光为一体的寓教于乐、寓教于游的贤母文化主题公园。

2.中华贤母园的地理位置。

中华贤母园位于九江市九江县城中心原渊明公园及周边山体。东至庐山北路，南至城门山铜矿宿舍和渊明山庄酒店，西至老民政局宿舍，北至渊明大道，总占地面积1100亩。

3.中华贤母园的文化寓意。

在当前人们多样的文化需求下，弘扬鲜明的地域文化特色，充分彰显一地文化气质，奉献非凡独特的文化精品力作，能改善宜居宜学宜业环境，提升城市品位，扩张城市影响力。九江县与中华四大贤母深厚结缘，四母中有两母曾先后在九江生活居住过，并最终安葬于此。发生在两位贤母身上的历史典故，如陶母即东晋大司马陶侃的母亲谌氏，教子惜阴，截发延宾，送子“三土”，封坛退鲊；岳母即一代抗金名将岳飞的母亲姚氏，岳母刺字。故事中蕴含的忠孝仁爱公廉精神，通过贤母们之口之手之身之演绎，深刻影响了整个华夏民族每个个体的心灵，是中华文化的不可或缺的组成部分。贤母文化也因此被人们永远记住并传承，在国人的无限景仰中，永远光彩照人。

4.中华贤母园的旅游特色。

环庐山旅游带是外地游客必游地，九江中心城区市民近地休息首选地，九江县本地居民引以为豪的最佳休闲地。中华贤母园包括五大区域：入口景观主轴创意区、贤母主题博览区、廉孝仁爱文化感知区、母性女性文化艺术展示区、休闲活动体验区。形成六条观览线路：贤母文化主题游、廉孝仁爱文教感知游、母性女性文化体验游、缘溪行休闲游、绿谷寻野深度游、登高远望康体游。与之配套呼应的建筑包括："一门"（母爱之门）、"一塑"（中华贤母主题雕塑）、"一道"（仁爱台阶）、"两路"（思贤路、怀恩路）、"三场"（入口广场、爱心广场、景区停车场）、"四馆"（母范天下主题馆、陶母馆、岳母馆、金戈铁马苑）。在贤母博览区内，建有四大贤母经典故事演绎场所，分别是孟母三迁园、陶母延宾坊、欧母画荻居、岳母精忠堂。廉孝文化感知区内，还建有清廉家风廉政教育文化园。

5.学生欣赏有关中华贤母园的图片。

三、拓展活动，激发情感

1.出示中华贤母园的地图。

2.中华贤母园是一座文化宝库，距我们学校大约只有一千米的路程，课后请同学们一定要去看看，并思考我们九江县修建中华贤母园的意义。

第二课时

一、教学目标

1.了解四大贤母身上的历史典故，感受母爱的伟大。

2.让学生知道九江县被中华母亲节促进会誉为"母爱之城"，能骄傲地向他人介绍中华贤母园。

二、教学过程

（一）谈话导入

1.上节课老师布置你们去参观中华贤母园，同学们都去了吗？

2.谁来说说我们九江县修建中华贤母园的意义？

教师小结：整个园区将作为爱国主义、廉政爱民、中华优秀传统文化、中华贤母文化等教育基地和母爱文化研究基地。

（二）畅谈感受，激发情感

1.请同学们谈谈参观中华贤母园之后的感受。

2.谁来说一说发生在四大贤母身上的历史典故？四大贤母及她们的儿子分别是谁？

（三）总结全文，拓展延伸

1.教师小结：江西省九江县与贤母文化结缘深厚，被中华母亲节促进会誉为"母爱之城"。伟大的母亲培养出了杰出的子女，他们热爱祖国、孝敬父母，是我们学习的典范！

2.课后，请同学们向自己的亲朋好友讲讲四大贤母的故事，介绍中华贤母园，邀请他们去中华贤母园参观。

(四)布置作业

写作文：中华贤母园游记。

《陋室铭》教学设计

——宜春市万载县第一小学《经典美文读本》校本教材节选

设计者:胥 浩

一、课前谈话

今天,阳光灿烂,我的心情也格外高兴,因为,我来到了高城小学,给在座的同学们上课。孔子说:有朋自远方来,不亦乐乎?不知同学们欢不欢迎我呢?(生答:欢迎)(通过大屏幕,大家知道我来自万载县第一小学)是的,我来自万载县一小,同学们可以叫我胥老师。在我们学校,开设了一堂你们的课表上找不到的课程,那就是经典诵读。我们学校的孩子们可喜欢上这门课程了,在课堂上,他们学习了《弟子规》《三字经》《论语》等经典作品,领略了古圣先贤的风采,从中细细品味社会和人生,获得了成长的自信和快乐。

二、诵读口号,导入新课

师:同学们,请看大屏幕,一齐喊出我们的诵读口号吧!(课件出示:读中华经典,做谦谦少年!诵千古美文,当世纪新人!)

(学生齐读)

师:再看看这两首古诗和作者,相信大家并不陌生吧!(课件出示古诗《竹枝词》和《乌衣巷》)这节课,我们再来学习刘禹锡的一篇文言文。(课件出示课题:第 16 课 《陋室铭》)

(学生齐读课题)

三、简介作者及作品

1.课件出示作者及作品相关资料。

2.解题,课件出示“铭”文的特点。

四、品读经典,熟悉作品

师:《陋室铭》是一篇文言文,对于小学生来说,读起来有一定的难度,但胥老师相信你们一定是最棒的,一定会有精彩的表现,对吗?

生自信地回答:“对!”

师:谈到古文诵读,南宋朱熹说:“凡读书,须读得字字响亮,不可误一字,不可少一字,不可多一字,不可倒一字。”(课件出示)因此,我们首先要能正确,顺畅地朗读。

师:请同学们先自由地读读材料上的文章,不认识的字用横线标出,查查字典。

老师指名学生读,注意“斯是”的“斯”是平舌音,“是”是翘舌音。学生练读。(课件出示词语)

师:文言文用字简洁,慢读才能好好体会,我们读时语速要慢,停顿要恰当。请同学们拿起笔,对照大屏幕,划好节奏线。(生对照大屏幕划节奏线)

师:现在请同学们根据划好的节奏,跟着配音范读小声跟读。老师送六个字给同学们:眼到、口到、心到。注意朗读的节奏。做好准备了吗?

师播放范读录音,学生认真听。

师:有感觉了吗?没有录音,你们能读好吗?试试吧!(出示课件,学生配乐练读,老师巡视指导)

师:我请同学们来读读看。

请一女生读,语速过快,教师跟读,提醒她放慢语速。再请一男生读,读得很棒。

师:刚才同学们读正确、流畅了,可就是少了点韵律美。怎样才能读出韵律美呢?请看大屏幕:

1.朗读时注意句尾押韵的字,同学们拿出笔把它们圈出来。(名 灵 青 丁 经 形 亭)

2.朗读时注意句子的节奏。

3.朗读时语气要平缓,有些音节要适当拉长。

学生根据要求练习读,同桌互相听听看,看是否读好了。师巡视指导。

师:看到同学们练读时摇头晃脑的样子,我都想跟着你们一起读了。看同学们的表情,就知道你们一定练得不错,你们能接受我的检测吗?

生异口同声地:能。

(课件出示自读检测要求:读准字音,读准节奏,读得顺畅,读出感情)

师指定一女生读,读得很好,掌声送给她。

师再请一男一女读。

师:“书读百遍,其义自见。”通过刚才的朗读,同学们知道了文章的大致意思吗?如果还有不明白的地方,请同学们对照注释及译文采用“注释搬家”和“文译对照”的方法再梳理梳理,开始吧!

学生自由读译文,并用笔做好笔记。

师:同学们,考考你们刚才的读书效果,这些题目你能解决吗?

(课件出示句子一:这虽是简陋的房子,只要我的品德高尚,就不会令人感到简陋了。)

生答:斯是陋室,惟吾德馨。

(出示句子二:与我交往谈笑的都是渊博的学者,没有一个粗俗的人。)

生答:谈笑有鸿儒,往来无白丁。

(出示句子三:有什么简陋的呢?)

生答:何陋之有。

师:文章题目是《陋室铭》,在作者看来,他的陋室陋吗?

生大声回答:不陋。

师:为什么?请同学们举手回答。

一男生答:只要主人的品德高尚,就不会令人感到简陋了。

师:你能用文中的哪个句子来概括呢?

生答:斯是陋室,惟吾德馨。

师:所以作者说,陋室——

生接答:何陋之有。

(师适时板书:陋室　德馨　何陋之有)

师:是啊,读经典就是要选择最好的书来读,把它读熟,背出来,默写出来。所以,胥老师给你们带来了一把金钥匙,学习经典的金钥匙。

(课件出示金钥匙)学生齐读:背诵是学习经典最简便最有效的方法。

师:那现在谁能用这把金钥匙开启经典之门?有谁能把这篇文言文背出来呢?

师:有跃跃欲试的,给你们一点时间,练练吧!

(学生自由练习背诵)

师:现在我男生、女生各抽一位代表来背诵。

男生、女生代表上台背诵,女生代表很顺畅地背出,男生有些紧张,老师适当提醒。

师:他们在背的时候,我发现其他同学都在跟着背,现在我们一起来背吧!

(全班齐背)

五、结束语

师:“书中自有黄金屋,书中自有颜如玉。”同学们,希望你们多读书,读好书,让经典美文伴你一生!

板书:

16　陋室铭

名　　　　灵

青　　　　丁

经　　　　形

亭

陋室　德馨　何陋之有

《中华字经第六课　文化》教学设计

——宜春市万载县第一小学《经典美文读本》校本教材节选

设计者:李康伟

一、教学内容

诸子百家,孔孟老庄;扁鹊灵医,鲁班巧匠;罗盘硝药,针灸疗伤;蔡伦毕昇,鉴真玄奘;易经论语,史记达畅;河图洛书,算术九章;西三红水,聊儒瓶厢。

二、教学目标

1.全班100%的小朋友可熟练、标准地诵读和点读本节口诀。

2.全班85%的小朋友可认读一至四级生字;70%的小朋友可认读一至六级生字。

3.知道中国是世界上最早发明造纸术的国家。

4.通过设计游戏的方法来训练小朋友的听力。

三、教学准备

口诀条,用纸做的字卡,白纸若干张,一个口袋。

四、教学过程

(一)复习

背诵学过的第一至五课。

(二)导入

老师:小朋友真聪明!那你们现在告诉老师,老师手里拿的是什么?(学生回答)

老师:对,是纸。那小朋友们知道纸是怎么做的吗?(学生回答)

老师:那小朋友知道纸是谁发明的吗?他为什么要发明纸呢?(学生回答)

老师:听完下面的故事小朋友们就知道了!认真听故事,听完以后老师要提问的!

《蔡伦造纸》:在我国古代,有一个人叫蔡伦。他看到人们都把字写在布上,丝绸上。布和丝绸都很贵,很多人都买不起。他就动脑筋,想办法,最后想出了一个办法,就是用很便宜的树、麻头、破布和破渔网作纸的方法。蔡伦把这些东西捣成浆状,然后均匀地摊在木板上。等干燥以后木板上留下一层东西,这就是纸。

老师:小朋友们听完故事啦,现在告诉老师是哪个国家的人发明了纸呢?

（小朋友回答）

老师：那是谁发明的纸呢？他的名字就在今天我们要学的口诀里，大家认真地把他的名字从今天的口诀里找出来。

（泛读口诀）

老师：谁找到了吗？

（小朋友回答）

老师：今天老师还带来了很多的白纸，如果哪个口诀读得好，字认得多，老师就送给他一张白纸，让他画自己最想画的东西！

（三）新授课（鲸吞）

1.认读：边教边展示口诀条，自由读、齐读、老师小朋友快慢接龙读等各种方式读。

2.认读单字：挑兵选将，叫学生认读单字。

3.出示字卡：出示字卡，结合口诀，认读生字。

（四）巩固（反刍）

游戏1：小小邮递员

（铃铃铃，谁呀？我是小小邮递员。送给谁的信呀？送给XXX的信。）收到信的同学把字卡上的字读出来，并且到邮递员后面，当邮递员的小尾巴。

游戏2：奇妙的口袋

（奇妙的口袋东西多，快来摸摸是什么？）主持人从口袋摸出一张字卡，指名认读，读出的同学站在主持人后面，开小火车回教室。

《爱护学校公物》教学设计

——新余市暨阳学校《我要学会》校本教材节选

一、教学目标

1.通过教学,使学生知道什么是公物,哪些是公物,并懂得如何爱护公物。

2.培养学生爱护公物的好习惯。

二、教学难点

如何爱护公物。

三、教学过程

(一)猜一猜

1.老师给大家带来了一则谜语:

木面铁腿铁身体,规规矩矩站整齐,教室就是它的家,天天陪我来学习。

2.学生猜谜。

3.展示一组教室美图。

小朋友,看这是哪儿?对,这就是我们的教室。(指着图中的课桌椅)瞧,我们的课桌椅可漂亮了!我们的教室宽敞明亮,整齐的课桌椅、干净的地面,墙上有展示个人才艺的展示栏……我们的教室美不美?在这样美丽的环境中学习,我们是多么舒服啊!

4.像桌椅这样,为我们大家服务,又需要我们小朋友共同爱护的公共物品,就叫作公物。

5.我们今天就来学习——爱护学校公物。(出示课题,师领读)

(二)想一想

1.你们知道课桌椅有什么作用吗?

2.学生小组内交流后回答。

3.师:课桌椅是我们平时在学校读书、写字、学习时都少不了的物品,只有我们共同爱护它们,它们才能更好地为我们服务。

4.那么,我们应该怎样爱护它们呢?下面先听老师来讲个故事。

小民是个一年级的小学生。开学第一天,他高高兴兴地来到学校上课。小民随着老师走进教室,呀,眼前摆放着一排排整洁的桌椅,小民可高兴了。他走到自己的座位坐下来。多漂亮的桌椅啊!干净的桌面似乎还隐隐泛着光亮。小民越看越喜欢，忍不住拿出蜡笔，在上面画了自己喜欢的小白兔。小朋友，小民这样做对不对呀？（不对）哪里做错了？

师：是呀，我们可不能在课桌上乱涂乱画，同学们都要爱护公物才能使我们的学校变得更美丽。

（三）小组交流讨论怎样爱护课桌椅

1.我们班的同学都特别有爱心，有办法。那我们应该怎样来爱护课桌椅呢？

2.学生交流后回答。

3.教师小结：我们可以这样来爱护我们的课桌椅——保持整洁、不乱刻乱画、坐稳不晃、轻拿轻放。

（四）由爱护桌椅上升到爱护教室里、校园里的公物

1.我们的教室宽敞明亮，除了由桌椅构成之外，还有许多的物品，它们都是为我们大家服务，都是要靠我们大家来爱护的。前面我们说了，它们都有个共同的名字：公物。说说我们还应该爱护教室里的哪些公物？

（1）爱护黑板、书架。

问：怎样爱护黑板？（不拿尖锐物品在黑板上画，不能用湿毛巾直接擦黑板……）

怎样爱护书架？（不乱涂乱画，保持整洁，上面的书籍要摆放整齐）

（2）爱护门窗。

教师先请一个学生关门、关窗，然后给出正确的做法：门窗轻轻关

（3）不动教室的教学设备。

教师引导学生认识教师的教学设备：白板、投影机、电插板……

问学生：这些东西同学们能动吗？为什么？（不能，因为可能会触电，还有可能弄坏它们）

……

2.教室里有那么多需要爱护的公物，那么校园里还有哪些公物也是需要我们大家爱护的呢？它们各有什么作用呢？

（1）爱护环境。

师问：谁能告诉老师我们该怎么爱护校园环境？（引导学生回答：不乱扔垃圾）垃圾应该扔到哪里？（请个别学生回答，学生评价）

师给出正确做法：无论在教室还是在校园其他地方，都应该把垃圾扔到垃圾桶里，不能随便乱扔，这样我们的教室和校园才能变得整洁、美丽。

（2）爱护花草。

教师给学生讲《公园里的花不要摘》的故事，请学生评价谁做得对。教师再给出正确的做法：我们校园里的花不能摘，草和树叶也不能破坏。

……

3.实践操作。

师：接下来，老师请同学们自己来做一做，看看你是怎样做到爱护公物的。（生做完后，师点评）

A.开关教室门　　B.开关柜门　　C.放椅子　　D.放笤帚

（五）听一听，谁在哭泣

1.在我们的校园里，还是有一些不爱护公物的现象，让我们来听一听，谁在哭泣？（播放录音）

垃圾桶：我是垃圾桶，清洁少不了我，可是有的同学随地乱扔垃圾，我在一旁干着急，呜……

扫帚：我是扫帚，同学们要用我的时候使劲抢，不用了就随便一扔，呜……

凳子：我是大家爱坐的凳子，可是有的同学坐在我身上左摇右晃的，弄得我晕头转向，呜……

课桌：我实在受不了了，我的小主人总爱拿着小刀，在我的小脸上划来划去，害得我满脸都是刀印，可疼了，呜……

2.听了录音，大家知道它们为什么哭泣吗？

3.如果大家看到破坏公物的现象，应该怎样做？

4.教师小结：公物是为我们大家服务的，需要的也是我们大家的共同爱护。轻轻地摆放桌椅、轻轻地开关门窗，等等。这些事情虽然看起来小，可是意义却十分重大，也是我们美好心灵的外在表现。我们班的小朋友人美，心更美。就让我们行动起来，爱护公物，从我做起，从小事做起，从身边做起，让校园在我们每个小朋友的精心呵护下变得更加的美丽，好吗？

（六）拍手念儿歌

让我们来学习一首儿歌，这首儿歌告诉了我们应该怎样去爱护公物。希望每个小朋友都能做到像儿歌中所说的那样。

爱护公物人人夸

小学生要牢记，爱护公物靠大家。
桌椅板凳请摆放，不在门上乱涂画。
上厕所时轻关门，爱护公物人人夸。

1.教师领读　2.学生练习读　3.学生集体读　4.个别学生读

板书设计：

爱护公物
爱护课桌椅
爱护门窗
不动教室的教学设备
爱护环境
爱护花草

《当好值日生》教学设计

——新余市暨阳学校《我要学会》校本教材节选

一、教学目标

1.了解值日生的工作职责。

2.知道当好值日生是爱劳动、爱集体的表现。

3.在参与集体劳动时，学会分工与合作。

二、教学重点

使学生懂得当好值日生的意义，知道怎样认真做值日。

三、教学难点

能按要求认真做好值日。

四、教学准备

教师：多媒体课件、扫帚、拖把、抹布等简单劳动工具。

学生：学唱一首关于值日的歌曲或儿歌。

五、教学过程

（一）情境导入

1.（课件出示美丽校园图）师带领学生参观自己的校园，并请同学们说说自己在这样的环境中学习，心中有什么感受。

2.学生谈感受。

3.教师小结：是呀！我们生活在这样美丽、干净的环境中是多么舒服呀！那么，又是谁让我们的校园变得如此美丽、干净的呢？（生答，师板书：值日生）

4.提问：设想一下，如果不做值日，我们的校园会成什么样？老师这儿还有一组图片，让我们一起去看看吧！（课件出示校园里面脏乱的图片）学生谈感受，引出课题：当好值日生。

5.讨论：为什么要认真做值日、当好值日生呢？

6.教师小结：我们都是班级的小主人，值日劳动是我们应该做的，我们要认真负责地当好值日生，把教室和周围环境打扫干净并保持整洁，使同学们能在干净的环境中学习、生活。

(二)说一说

师:咱们班上的哪些小朋友们当过值日生?

生:(纷纷举手)当过。

师:哇,这么多小朋友都当过值日生呀!

1.师采访学生做值日时的心情。

今天,咱们班是谁担当值日生?当你佩戴这枚值日袖章时是怎样的心情?

2.明确值日生的具体职责。

平时值日时,小朋友们都做了些什么?(师根据学生的回答板书值日生的职责)

3.教师小结:从小朋友们一张张可爱的笑脸中,让老师充分感受到:值日不仅能为同学服务,还能成为老师的好帮手,真是件令人快乐的事情呀!

(三)学一学,做一做

1.出示课件,小组交流:这些同学在干什么?他们是怎么做的?

2.说说自己是怎样做值日的?

3.小组交流:做值日的几项主要任务是什么?在做这些事时,应按什么顺序?

请大家来给任务排排号:

扫地　擦黑板　擦桌子　摆放桌椅　倒垃圾　整理工具

学生结合平日值日情况,小组内讨论交流值日步骤,并说说理由。

4.细节强调:

教师采访小组同学——你们在值日前要做哪些准备工作?(要先开窗。这样值日时,空气流通,就不会感觉尘土飞扬)

那值日的时候还要注意什么?值日完成后还需要做什么……

5.教师小结:是啊,做值日是大家的事,也是每个小朋友自己的事,我们要认真完成这项任务。在值日的过程中,我们不仅要掌握做值日的先后顺序,也要乐于合作、注意安全,抓紧时间完成任务后要赶快回家。

(四)夸夸身边的好榜样

在值日时,你特别佩服谁?他(她)是怎样做的,让你这样佩服呢?

学生交流:你觉得他(她)好在哪里?(勤劳能干、不怕脏不怕累、乐于助人等)

教师小结:看来,在值日时不仅要有明确的分工,还得具有吃苦耐劳、团结协作的精神。希望同学们能向身边的榜样学习,认真做好值日,做爱集体、爱劳动的好孩子。

(五)在线坐诊

每个班级都有值日生,看一段值日生值日的片段。小组说一说说谁做得对,谁做得不对,为什么?(课件出图片)

回答预设:

图一:小男孩值日的时候,请妈妈来帮忙,这样做是不对的。应该自己的事自己做。

图二:值日的时候不能拿着劳动工具打闹,这样做既不安全,又会破坏工具。

图三:劳动的顺序不对。扫地时,不能擦桌子,不然会将扫起的灰尘落到桌子上,费力又费时。应该扫完地后,再擦桌子。

根据同学们的回答,教师及时地给予评价。

(六)读儿歌

爱劳动

值日生,真能干,洒水扫地擦黑板。

教室里,真干净,老师同学都高兴。

爱集体,爱劳动,做好值日真光荣。

板书设计:

当好值日生

扫地　擦黑板　擦桌子

摆放桌椅　倒垃圾　整理工具

团结合作　乐于奉献

《西游记》精选片段及赏析教学设计

——新余市暨阳学校《书香童年》校本教材节选

一、教学目标

1.通过学习引导学生懂得读古典文学原著的方法、技巧，加强阅读名著的信心。

2.通过读原文练习说话，欣赏电视片段，体会原著的精妙，让学生学会精读古典文言名著经典片段的方法，激发阅读的兴趣。

二、教学重点

引导学生懂得读古典文学原著的方法、技巧，增强阅读的信心。

三、教学准备

多媒体课件。

四、教学过程

(一)以课文《猴王出世》导入

老师吟诵："海外有一国土，名曰傲来国。国近大海，海中有一座名山，唤为花果山。那座山正当顶上，有一块仙石。……内育仙胞，一日迸裂，产一石卵，似圆球样大。因见风，化作一个石猴。"这段描写选自我们学过的课文——《猴王出世》(生答)，这个石猴就是我们所熟悉的——孙悟空(生答)。同学们对机智勇敢、天不怕地不怕的孙悟空产生了浓厚的兴趣，利用课余时间继续阅读了《西游记》原著。今天这节课我们就一起走进《西游记》。

(二)读书汇报

据老师课前调查，我们班有36位同学读完了《西游记》。真不简单，这本书有八十万字呢！请读完这本书的同学起立，扬起手中的《西游记》通读证书，为自己欢呼！也请同学们用热烈的掌声向他们表示祝贺！还没读完的同学可要加油哦！无论是读完的还是没读完的，相信同学们对《西游记》都有了一定的了解。现在，老师想出题考考大家，看谁的《西游记》知识最丰富，有没有信心？好，请看题！

1.选择题：

(1)《西游记》中唐僧的原型是______。

a.玄奘　　b.玄明唐　　c.三藏

(2)猪八戒原本是天上的______。

a.弼马温　　b.天蓬元帅　　c.卷帘将

(3)《西游记》一书共有______。

a.八十回　　b.九十回　　c.一百回

(4)唐僧的坐骑小白马原本是______。

a.东海龙王的儿子　　b.西海龙王的儿子　　c.南海龙王的儿子

(5)《西游记》中唐僧的徒弟是指______。

a.孙悟空、猪八戒、白龙马　　b.孙悟空、哪吒、沙和尚　　c.孙悟空、猪八戒、沙和尚

(6)孙悟空一个筋斗能飞______。

a.十万八千里　　b.十万三千里　　c.十万里

(7)沙和尚的法号是______。

a.沙悟净　　b.沙悟能　　c.猪刚鬃

(8)我国古代四大名著是指______。

a.《西游记》《三国志》《水浒传》《红楼梦》

b.《西游记》《三国演义》《水浒传》《红楼梦》

c.《西游记》《三国演义》《水浒传》《聊斋》

2.我来考考你。

刚才老师出的题没有难倒大家，现在你们自己出题，来考考大家，行不行？谁来出题？

3.趣人妙事我来说。

(1)同学们掌握的知识可真不少，大家读书可真仔细。老师也和同学们一样喜欢《西游记》，羡慕那些长生不老、上天入地、神通广大的神仙，惊叹那些曲折离奇、妙趣横生的故事，有些情节至今想来还觉得趣味盎然。请看看老师记忆中的趣人妙事。（播放精彩片段）

(2)相信同学们也和老师一样迫不及待地想说说其中的趣人妙事了，四人小组先交流一下吧。

(3)学生代表发言。

(三)指导名著整书阅读的方法

1.故事有趣，同学们讲得更精彩，老师也很佩服大家。要把这么厚的小说看完，实属不易，更何况是文言版的。读的时候顺利吗？遇到了哪些困难？这些困难你解决了没有？你是怎样解决困难的？还有什么好的读书方法推荐给大家？（根据学生的回答适当调控，分层提问）

2.师生共同讨论、交流。

3.根据学生回答，老师归纳，并适时板书。（整本原著——通读：浏览、跳读，把握大意）

(1)观看前言后序，了解写作背景、故事梗概、主要人物。

(2)观看目录，了解故事情节。

(3)采用浏览法、跳读法阅读全文，把握文章大意。

(4)遇到不懂的打个问号，可以自己揣摩或参考译文，也可以请教别人。

(四)指导读经典片段的方法

1.大家介绍了很多通读《西游记》的方法，现在大家一起看到《书香童年》33页《偷吃人参果》的精彩片段，看看大家是不是真的能运用刚才提到的一些方法读懂这一片段。如果还不懂的可请教同学、老师，然后再发挥想象用自己的话把这一段的内容具体说一说。

2.四人小组讨论。请同学们注意,并不是每个同学都要说一次,而是要发挥集体的力量,把这段故事说得生动有趣。可以选一个代表说,其他同学可以补充内容,也可从表情、动作等方面提供一些意见。

3.谁来说一说?

4.学生绘声绘色地讲。老师追问:你是怎样读懂这故事的?教师根据学生回答板书:(经典片段——细读:解疑,想象,理解品味)

5.刚才大家在读懂的基础上发挥想象,扩充了故事内容,丰满了人物形象,这正是读经典片段的一种方法。电视连续剧《西游记》的导演杨洁和演员六小龄童也和大家刚才一样,认真读懂原著,结合实际发挥想象,拍成了大家喜闻乐看的《西游记》。下面我们来欣赏电视连续剧《西游记》中"猪八戒偷吃人参果"的片断,体会导演与演员想象的过程。

6.传神的描写,精练的语言,给读者带来无尽的想象,怪不得北京大学白化文教授对《西游记》作了这样的评价:(齐读)

《西游记》其想象新奇,上天下地,出神入化,可说达到了登峰造极的地步。主要人物的性格也极为鲜明。而且读者面最宽,老少咸宜。此书的副作用极小,是一部鼓舞人斗争,永不灰心,为达到目标而百折不挠的书。

(五)鼓励探究,拓展延伸

1.课后讨论:唐僧师徒各有特点,你欣赏谁的什么特点?为什么?

2.试着了解一些不同时代的不同的人对《西游记》不同的解读。

《纸船》教学设计

——新余市暨阳学校《书香童年》校本教材节选

一、教学目标

1.正确、流利、有感情地朗读诗歌,理解这首诗的主要内容和借物抒情的表现手法。

2.引导学生通过对诗歌形象的感受,去感悟母爱,体会母女情深。

二、教学重点

反复诵读,感悟诗歌表达的思想感情。

三、教学准备

多媒体课件。

四、教学过程

(一)创设情境,揭示课题

1.1923 年,随着一声汽笛的长鸣,约克逊号邮轮载着 23 岁的少女冰心第一次远离祖国、远离家乡、远离亲人赴美留学。海浪滔滔,天风吹卷,邮轮在颠簸中驶向遥远的国度。此去远涉重洋,相去万里,要多久才能回到母亲的怀抱?在太平洋的习习海风中,冰心含泪写下了这首《纸船——寄母亲》。

2.板书课题、齐读课题。

(二)初读诗歌,想象诗景

1.请同学们自由地读读这首诗,要求把诗读正确、读流利。

2.指名读,相机正音。

3.同学们,读诗歌我们不但要把它读正确,还要读得有节奏,读出它的味道来。谁愿意有节奏有韵味地来读读这首诗?

4.师:(范读)古人说“诗中有画,画中有诗”,当你读着这首小诗的时候,你仿佛看到了怎样的画面和情景?

5.师:现在你的眼前仿佛出现怎样的画面和情景?你仿佛看到了什么,听到了什么?说其中的一幅也可以。

6.随学生的回答概括并板书:叠纸船——抛纸船——求纸船。

(三)批文入境,深悟诗情

1.师:从诗人叠纸船、抛纸船、求纸船的举动中,我们分明感受到了——思念(板书)。

2.现在,让我们再次走进诗歌,走进诗歌的字里行间,去找一找诗歌的哪些词句写出了诗人对母亲的思念。请你把它划下来,并选其中的一二处反复读读,把自己的感受写在旁边。

3.反馈交流。

导语:刚才我们都学得非常投入。下面让我们来交流一下,你从这首诗的哪些地方读出了冰心的这份思念之情?

第一小节预设点:

(1)一只一只——说明叠的纸船数量多,也说明对母亲的思念之深。

(2)从来不肯妄弃——是指冰心从来不肯丢弃任何一张纸,也说明她对母亲的思念由来已久。

(3)有感情地读读这一小节。

第二小节预设点:

(1)有的——有的——不灰心:冰心知道船不会飘到母亲那里去,却明知不可为而为之,说明爱之深,思之切。

请你读出这种感觉。

(2)当你读着这两节小诗的时候,你有什么问题想问问冰心吗?

你为什么如此悲哀?你为什么要流泪?让我们带着自己提出的问题,联系开头老师的介绍,再次默读诗歌,思考其中的原因。

4.师引读第二小节。

5.在冰心的记忆中,往日,母亲身边的生活是怎样的情景?请你发挥想象说一说,也可以看看提示:

那可能是一个春暖花开的日子,在郊外,在空旷的田野上……

那可能是一个月光皎洁的夜晚……

那可能是在暖暖的灯光下……

那可能是在清晨的阳光下,母女一起读诗的情景……

……

6.反馈交流。

7.冰心后来的许多文字都写到了这一点,这是老师搜集到的一些有关文字,我们请几个同学读读:

这是母亲叙述的和小冰心一起的亲密时刻:

有一次,幼小的我,忽然走到母亲面前,仰着脸问说:"妈妈,你到底为什么爱我?"母亲放下针线,用她的面颊,抵住我的前额,温柔地,不迟疑地说:"不为什么,——只因你是我的女儿!"——《寄小读者》

这是小弟弟和朋友讲的冰心离家时家里人的感受:

我姊姊走了,我们家里,如同丢了一颗明珠一般!——《冰心作品集 1923 年》

这是母亲爱的细语,这是冰心因思念母亲而生病,又因梦见母亲而病愈的情境:

那夜梦见母亲来,摸我的前额,说:"热得很,——吃几口药罢。"她手里端着药杯叫我喝,我看那药是黄色的水,一口气喝完了,梦中觉得是橘汁的味儿。醒来只听得圆窗外海风如吼,翻身又睡着了。第二天热便退尽。——《寄小读者》

这是母亲后来寄给冰心信中的句子:

“除夕我因你不在，十分难过，就想写信，提起笔来，心中一阵难受，又放下了笔，不能再写……”——《冰心文集》

8.同学们，读着上面的这一段段文字，再联系开头老师的背景介绍，一定让你对冰心的泪、冰心的悲哀有了更深的感受。了解了这些，再来读读这段话，你一定会有别样的感受。自己读读，读出这种感受。

9.指名读。

10.齐读：让我们再次端端正正地拿起课本，共同感受这艘满载着游子思念的纸船。

（四）领悟写法，语言实践

1.作者当时正在太平洋中的轮船上，无法与母亲通信，唯有借纸船来承载她的爱与思念，纸船符合当时的环境。

2.冰心用纸船来象征母爱，如果是你，你会用什么来象征母爱呢？

母亲是疲惫中的一杯龙井，当你软弱无力时，只消几口就使你神清气爽。

母亲是烦恼中的一曲古筝，当你意懒消沉时，优雅的旋律一飘荡，眼前立即一片青翠。我说：“母亲是____________，当你____________时，____________。”

（五）延伸课外，拓展阅读

出示冰心其他关于母爱的诗歌。可以个人读，可以合作读。

（一）

母亲啊！
天上的风雨来了，
鸟儿躲到它的巢里；
心中的风雨来了，
我只躲到你的怀里。

（二）

母亲啊！
撇开你忧愁，
容我沉酣在你的怀里，
只有你是我灵魂的安顿。

（三）

造物者——
倘若在永久的生命中，
只容有一次极乐的应许，
我要至诚地求着：
“我在母亲怀里，
母亲在小舟里，
小舟在月明的大海里。”

（四）

小小的花
也想抬起头来
感谢春光的爱——
然而那深厚的恩慈
反使他终于沉默
母亲啊
你是那春光吗？

《了解校园"成材石"》教学设计

——新余市明志小学《用心养成我成材》校本教材节选

设计者:丁六芳

一、教学目标

1.正确认识怎样的人生是成功的幸福人生。

2.培养学生树立正确的人生目标,认识到养成良好生活习惯和正确的人生态度是走向幸福人生的基石。

3.引导学生牢记"用心养成我成材"的办学愿景和十心歌,并运用到学习、生活之中。

二、教学重难点

引导学生牢记"用心养成我成材"的办学愿景和十心歌,并运用到学习、生活之中。

三、教学过程

(一)老师导入

1.让学生自由观察"成材石"。

2.老师质疑:同学们,当你站在明志小学"成才石"旁,前后左右仔细观察,上下打量之后,此时此刻你的所思所想所问是什么?

3.学生畅谈质疑。

(二)指导观察了解"成材石"

1.观察"成材石"正面的外形并理解其寓意。

远看:石头的外形像什么?雄狮、猛虎的头、豹子、坦克……镌刻"用心养成我成材"——丁六芳校长亲笔书写的题词。(给一块没有生命的奇石赋予精神内涵)

理解寓意:

"用心"指什么?用十心养成好习惯。

用心养成我成材

(诵读、唱十心歌)

我有净心,我文明卫生;

我有静心,我专心致志;

我有信心,我善于思考;

我有信心，我善于思考；

我有热心，我勤于动手；

我有细心，我正确学习；

我有雅心，我健体精艺；

我有雄心，我果敢顽强；

我有诚心，我尊重他人；

我有恒心，我遵守规则；

我有爱心，我热爱集体；

我用十心，养成好习惯；

我有决心，做合格公民。

“养成”指什么？培养、锻炼、塑造、成长、练就、铸就……

“养成”什么？我成材——对家人、对他人、对国家、对社会有用的人。

“我”指谁？你我他一切有待成材的人。

“我”就是指学校的每一位教师、家长和学生。教学相长，教师、家长的人格未必都健全，素养未必都全面。但是教师、家长在培养孩子成材的过程中可以做到育人先育己——行为示范，榜样的力量是无穷的，从而不断形成“恩泽学生、完善自我、成就事业”的教风，实现“修身治学让师生共同成长，健体精艺让生命健康快乐，文雅自律让校园安全文明”的办学目标。家长也是如此。

“成材”指什么？

“成材”就是要求教师、家长要像工人、农民一样把每一种不同的天然材质——遗传基因不同的每个孩子（他们中有的是一块矿石或一抔优质泥土，有的是一颗乔木或灌木种子，有的是一粒花籽或草籽……）培育、塑造成正品的一块砖、一片瓦、一块钢铁、一棵参天的大树——栋梁之材，或者是一丛青绿的小灌木、一花一草——一名合格的劳动者。让每个孩子在家庭、学校、社会的工场、农场里，在老师、家长的培育、陪护下充满自信，练就、成长为有用之才——做一个健全的公民。这就是明志小学全体教师、家长、学生的共同的中国梦——用心养成我成材。著名教育家叶圣陶先生说：“我不忘记各种功课有个总目标，那就是‘教育’——造成健全的公民。每一种功课犹如车轮上的一根‘辐’，许多的辐必须集中在‘教育’的‘轴’上，才能成为把国家民族推向前进的整个‘轮子’。”我们每个人的素质也犹如一个轮子，所学的各门功课、所养成的各种习惯犹如轮子中的每一根辐，许多的辐必须集中在人的品德——健全人格的轴上。健全的人格是每个人的中心素质。十八大报告指出，要“把立德树人作为教育的根本任务”。学校教育既要引导学生把轴钉扎实——把品德打牢靠，又要培养学生全方位的素养，提供许多成为辐的平台。明志小学的办学愿景“用心养成我成材”，“成材”就是成为轮子。用“十心养成十种习惯”培养学生十方面素养，用“十大校园内涵文化节”培养学生十方面的能力，这些就是一根根具有向心力、向轴的辐。这些辐要均衡发展——半径要相同，才能造成具有向心力的圆形车轮。

近看：恒心苑——我有恒心，我遵守规则。这是成才的至高点，幸福人生的至高点。

明志小学的办学愿景——“用心养成我成材”是培育师生社会主义核心价值观的具体化。十年树木，百年树人。人生成长应该遵循青少年时期在导师指引下培养锻炼成可塑之材，走向社会后，在各自的岗位上运用自身的才气、才华，创造财富，实现人生的社会价值，最终赢得功成名就的幸福人生。

2.指导观察“成材石”背面、北侧面并启发想象。

成材石的篆刻的典故……

步步高云梯的攀登与遐想……

北侧智慧大脑的遐想……

(三)体会"成材石"的深远意义

1.了解"成材石"的位置:坐落在明志小学的中心……

2.体会捐赠者的身份及爱心:福建荣凯制衣有限公司董事长蔡景德先生。

3.领会丁校长的教育理想,校本教材的实施,专利心卡的佩戴。

4.体会到:这是一块举世无双的"爱心石"。

《父母生日我牢记》教学设计

——新余市明志小学《用心养成我成材》校本教材节选

设计者：黄红英

一、教学目标

通过活动，让学生深刻体会到父母的爱，引导学生关心父母、热爱父母、理解父母，培养学生的感恩之心。

二、教学准备

多媒体课件、爱心卡和《用心养成我成材》书本人手一份。

三、教学重难点

让学生深刻体会到父母的爱，引导学生关心父母、热爱父母、理解父母，培养学生的感恩之心。

四、教学过程

（一）师生齐说办学愿景——用心养成我成材

师：同学们，你们还记得我们学校的办学愿景是什么吗？（生：用心养成我成材）

（二）师生共同拍《十心歌》

师：为了让我们学校的每一个孩子长大后都能成为对国家有用的人才，学校希望你们能养成十心，这十心是哪十心呢？现在就让我们用手一起拍出这首《十心歌》吧！

十心歌

我有净心，我文明卫生；

我有静心，我专心致志；

我有信心，我善于思考；

我有热心，我勤于动手；

我有细心，我正确学习；

我有雅心，我健体精艺；

我有雄心，我果敢顽强；

我有诚心，我尊重他人；

我有恒心，我遵守规则；

我有爱心，我热爱集体；

我用十心，养成好习惯；

我有决心，做合格公民。

（三）板书班会内容

今天就让我们一起走进十心中的《我有爱心，我热爱集体》为主题的班会——父母生日我牢记。

（四）班会内容

1.教师以学生为自己过生日的故事导入。

2.请学生说说自己的生日时间，过生日时，谁为自己庆祝，是怎样庆祝以及当时的心情。

3.教师小结：一说到自己的生日，同学们都特别开心，特别激动。是啊，可怜天下父母心啊，父母不管多忙，多累，他们都能记住我们的生日，并以各种方式为我们庆祝生日，可见父母有多么的爱我们。当然，父母的这种爱不单单表现在生日这天，平时也是一样。天冷了怕我们冻着，天热了怕我们中暑，放风筝时可以让我们骑在肩上，一有时间就陪我们看书，肚子饿了一口一口地喂你吃饭，等等等等。这一切一切的，你们又是否感受到了？是否感受到父母对你们无私的爱？"鸟有反哺之情，羊有跪乳之恩"，面对父母无私的爱，同学们，我们是否也应该学会感恩？感谢爸爸，感谢妈妈，正是因为有了他们，我们才能来到这个五彩缤纷的世界，体味人生的冷暖，享受生活的幸福与快乐。他们不但养育了我们，还教会了我们人生中的每个第一——说第一句话，走第一步路，吃第一口饭……此时此刻，再多的语言也无法表达出我们对父母的感谢，就让我们一起用一首《感恩的心》来表达我们对父母的感激之情吧！

4.学生随教师以手语操《感恩的心》来表达对父母的感激之情。

5.说说父母的生日。

6.讨论：如何为自己的父母过一个难忘又有意义的生日？

7.写爱心卡表达对父母的爱。

8.教师和学生按照评价要求进行评价。

9.教师小结：孝敬父母是中华民族的传统美德，能牢记父母生日是孝敬父母的一种表现。希望从今天开始，我们每个人都能牢牢记住父母的生日，并能在父母生日这天及时给父母送去祝福，做一个孝敬父母、尊敬长辈的好孩子。就让我们在这首《十心歌》中结束今天的班会。

10.十心歌。

学生齐唱《十心歌》。

实践感悟

地域优势育蓝梦　校本课程润童心

——洪都小学蓝梦课程建设及实施感悟

南昌市洪都小学　　刘红英

即使是普通孩子，只要教育得法，也会成为不平凡的人。

——(法)爱尔维修

教育要为孩子播种梦想，点燃梦想，最终实现梦想，把自己的梦与“中国梦”有机地结合起来，让每个孩子都能成为有用之才。为了培育学生核心素养，让学生有更适合的教育，满足儿童多元化的需求，使“面向全体”这一素质教育要求落到实处，洪都小学蓝梦课程应运而生。所谓“蓝梦”，就是“飞翔蓝天的梦想”，培养学生做个有梦想的人，做个能圆梦的人。用孩子们的话说“洪小就是个蓝色梦工场”。为了实现梦想，需要有三个前提：一是树立远大志向；二是掌握扎实本领；三是拥有顽强毅力和科学精神。飞翔蓝天的“志向、本领、精神”就是构成“蓝梦文化”的三维要素。学校紧紧依托中航工业洪都得天独厚的航空文化，集众人智慧全力打造“蓝梦文化”办学特色。应该说，打造校园文化的方法和途径很多，课程、资源、教学设施、经费投入、社会对学校的期望等，都是学校应该着力思考的。众多因素之中，最重要的莫过于课程。课程是学校的核心要素，学校的一切教育活动都是课程实施的过程，它是学校文化的核心，是学校办学特色的直接体现。

一、校本课程开发应时而生

校本课程最先出现于英美等国，已有 20 多年的历史了。“校本课程”虽是一个外来语，但在 20 世纪 90 年代的中国，许多中小学对活动课程的开发实际上就是校本课程开发的前奏。教育部《基础教育课程改革纲要》明确提出要建立国家、地方和学校三级课程管理体系，而学校十分重视校本课程建设，把开发、实施校本课程作为培育学校办学特色，推动学校教育教学改革，促进学校科学发展的动力工程。

洪都小学校本课程的建设，首先是为了满足学生个性发展的需要。洪都小学是一所拥有四五千学生的大校，教学的主要任务是培养学生的核心素养，为学生的人生发展奠基。但是由于在本地是一所热点学校——南昌市名校，学校办学规模大、学生多，所以，学生之间的个性差异也大。这一切，自然会促成校本课程的开发。

其次，校本课程的建设也是为了满足日益发展的社会需要。即使搞基础教育，如果不能创造性地实施国家课程，也将落后于社会发展，从而失去活力。

再次，校本课程的建设也是学校自身发展的需要。学校要发展，离不开一支业务能力强，具有创新意识的教师队伍。而校本课程的开发，不仅是对一些经验丰富的教师的考量，也是对学校整个教师团队的提升。

总之，校本课程的建设，对于提高教学质量，进行素质教育，彰显学校特色，推进教育改革，具有重要意义。

二、校本课程建设聚焦过程

卢梭认为教育要顺应自然，他说："我们的才能和器官的内在发展，是自然的教育；别人教我们如何利用这种发展，是人的教育；我们对影响我们的事物获得良好的经验，是事物的教育。"这三方面的教育是相互联系的。如果在一个人身上这三种不同的教育互相冲突的话，他所受的教育就不好；如果这三方面的教育是一致的，都趋于同一目的，他就能受到良好的教育，达到他自己的目标，而且生活得很有意义。因此教育的艺术就在于能把握儿童的特性，自然、巧妙地，既不耽误又不过早地把感性阶段提升到理性阶段。就是要求我们在教学中，对学生既不过高要求，也不降低要求；既不加速他们对知识的被动接受，也不延缓他们的天性发展。我们要帮助儿童充分展示自己的天性，只有这样才是贴切的、适合儿童自然成长的教育，才能真正造福孩子。

校本课程开发既要关注其形式也要重视其内容。对于小学教育的学校，国家有基本知识技能、情感态度与价值观等方面的要求，且涵盖面广。如果学校不注意这点，校本课程就可能与国家课程发生重叠现象，这样不仅没有什么意义，还浪费了教育资源，甚至无形中加大了学生的负担。

学校为满足学生个性发展而进行校本课程开发，那么形式多样的学习方式和丰富多彩的学习过程就应该纳入校本课程的建设范畴，贴近学生生活，丰富学生生活；把生活当课堂，把课堂当生活；重视交流、合作、体验，促进学生情感、个性、认知等整体素质的发展。同时，校本课程的建设离不开教师，教师是课程的开发者，不是教科书的执行者。目的虽然重要，但过程却更加精彩，目的的达到是需要过程的。学校蓝梦课程的创建，就是体现对学习过程的重视，这也是学校在校本课程建设中所要重点探究的。

三、校本课程开发灵活科学

（一）灵活使用现行教材、科学开发校本教材

校本课程的开发离不开对现行教材的拓展，对现行教材的拓展实际上是对国家课程的二次开发。其次，教师可创造性地使用教科书来教学。再者，编写校本教材不仅是学校智慧的展现，更是对学生的尊重、理解和关怀。学校依托中航工业洪都得天独厚的航空航天文化，集众人之慧，制订了《蓝梦文化实施方案》，以航空航天文化为龙头，营造高远、宽松的发展环境和成长空间，引导学生形成远大坚卓的理想、达观向上的情怀、智慧严谨的态度、健康自由的个性，实行学生自主、健康、可持续发展。围绕设计方案，学校稳步实施，编写出版了《航空梦　飞无垠》校本教材。

本套教材以中航工业江西洪都航空工业集团有限责任公司（简称中航工业洪都）的生产发展基本情况为蓝本，着重介绍了中航工业洪都的辉煌历史和系列飞机、航空航天方面的基本知识等，让同学们了解洪都、认识洪都，树立起献身航空、献身科技、建设家乡、建设祖国的理想。同时，本套教材在有关章节还设置了洪都人创业、敬业、励志的故事等教育内容，使教材融科学性、人文性、趣味性于一体。

这套教材大 16 开本，铜版纸印刷，制作精美，图文并茂。不仅开拓了航空教学的范本，也是对学生进行思想品德教育的生动教材。为了进一步"培育蓝梦文化、打造航空特色"，学校致力于系统开发"蓝梦课程校本教材"，以此推动学校教育教学改革，塑造学校文化品牌。

《羽翼传说》则是又一部反映校本特色的读本。该读本在挖掘我国传统文化精粹的基础上，选取了“盘古开天”“女娲补天”“夸父逐日”“后羿射日”“嫦娥奔月”“鹊桥相会”“大闹天宫”“乐舞飞天”“鲲鹏展翅”“九天揽月”等中国古代十个经久不衰的关于飞天的神话故事，作为小学生蓝梦课程的启蒙读本，旨在激发学生探索天空、学习科学的兴趣和热情。

（二）加强课程管理、保证合理全面

为加强课程管理，确保课程在学校应有的地位，学校成立了校本课程视导组，对学校课程贯彻落实的情况进行定期检查。明确了四条原则：全员参与与全程参与相结合；校内与校外相结合；学校与班级相结合；课内与课外相结合。课程的实施从三个方面进行：

1.分年级。由于不同年级的学生知识水平、学习能力各有差异且各年级的学习科目不尽相同，所以校本课程主要按各年级的特点实施。

2.分类型。校本课程强调的是参与性，因此，课程内容的丰富性是满足学生要求的前提，而课程形式的多样化又是课程实施的保证。据此，校本课程的实施采用分类型的方式，有静态的认识，也有动态的体验；有主流文化价值，也有大众文化娱乐；有怡情益智的活动，也有奥秘的探索；有学校生活，也有社会课堂；有常态课也有微型课；有开放作业也有体验式作业。

3.同一时间。每周三下午第一节课为航空课。

在校本课程管理方面，实施三级课程管理体系：以校长为组长，负责指导全面工作；各科室主要负责人、教研组长、年级组长为主要成员；班主任负责相关具体工作。

“绿阴不减来时路，添得黄鹂四五声。”近年来，洪都小学的“蓝梦文化”品牌特色已越来越为人所称道，学校教育具有了强大的生命力和活力，真正实现了课程的教育成效，引得不少兄弟学校前来学习观摩。学校先后获得了“南昌市名校”“江西省实施素质教育示范校”“全国航空特色学校示范学校”“全国特色学校”等荣誉。校本课程开发是一个崭新的课题，我们在今后的实践中将克服一切困难，边反思边补充，继续结合自己的特色开发教材，并根据实践过程进行必要的修正和完善。

以弘扬蓝梦文化为抓手，提高德育工作的有效性

南昌市洪都小学　　刘　妍

德育是利用各种资源与手段对学生施加教育影响的过程和行为，德育资源的开发和有效利用决定了德育的成效。南昌市洪都小学坐拥中航工业洪都集团这片热土，这里绝大多数学生的家长都是洪都集团的职工，有的学生家庭几代人都是航空人，航空情结深深系着每个洪都人。学校充分开发利用这一独特的资源优势，形成了学校航空航天教育的鲜明办学特色，打造出蓝梦文化。学校各班积极挖掘、利用航天教育资源，以弘扬蓝梦文化为抓手，精心设计丰富多彩的活动，很好地提高了班级德育工作的有效性，使“蓝梦”这颗种子在每个孩子心中生根、发芽。

一、积极挖掘各种航天资源，感悟“蓝梦文化”

1.参观校园感受学校航天文化。

走进校园，随处能感受到浓浓的“航空”气息。校园外围的文化橱窗陈列着各式各样的飞机模型；学校的“风范楼”一楼，一座大型的飞机雕塑矗立在大厅的中央；源头活水池中雕刻着许多航天人物的名字，寓意他们是孩子们学习的源头活水；羽翼传说长廊中十二个神话传说诉说着飞天的梦想；教学楼墙壁上介绍着各式飞机和航空知识……我充分利用校园环境这一资源，带领学生参观校园，让学生受到学校航空航天文化的熏陶。

2.挖掘校内外人力资源。

由于学校绝大多数学生的家长都是洪都集团的职工，有的学生家庭几代人都是航空人。于是我充分挖掘这一人力资源，经常利用班会课邀请学生家长来班上讲述他们献身航天事业的感人事迹，教育学生从小树立献身航空的远大理想，认真学习，不断进取。

3.及时捕捉社会热点资源。

每一次“神舟”飞船的发射成功，都激励着学生对航空梦的向往。我在班上开展了一次又一次的实践课，激发同学们动手动脑的积极性，他们用稚嫩的双手把废旧碟片、蛋糕盒、草帽、电动玩具、塑料瓶等物品，搭建成形式各异的“航天飞船”；小画家们用他们的彩笔勾勒出未来科技的美好蓝图……学生们在参与中体验到了当航天员、设计员的快乐。

二、实施航空航天校本课程，内化“蓝梦文化”

1.了解航天知识，点燃探索欲望。

航空教学进课堂是洪都小学的鲜明特色，全校每班每周一节航空课。学校自行开发了一套融科学性、人文性、趣味性于一体的航空航天校本教材,用多种方法丰富学生的科学知识,激发学生对科学的热爱之情,点燃学生探索未知世界的欲望。从学会折一架架各式各样的纸飞机到探索航空航天的各种奥秘,学生们个个兴致盎然,眼睛里充满了求知的渴望。为了使学生们了解更多航天知识,提高科技兴趣,我们班还经常举办航天知识竞赛。我组织学生阅读《航天知识200问》,还到网上、报纸上查找一些最新的航天科技信息。在竞赛的过程中,同学们还学习了航天人的拼搏、进取、团结、协作精神,收到了良好的教育效果。

2.学习航天人物,感悟航天精神。

我们充分利用学生好模仿的特点,通过航天英雄的事迹引导学生向榜样学习,把抽象的道德标准人格化、具体化,使学生留下难忘的印象。我们组织了"走近航天英雄,聆听航天故事,感悟航天精神"的活动,给孩子们讲航天人的事迹,使学生了解航天人在平凡的工作岗位上热爱祖国、为国争光的坚定信念,勇于攀登、敢于超越的进取意识,科学求实、严肃认真的工作作风,同舟共济、团结协作的大局观念,淡泊名利、默默奉献的崇高品质。学生感悟到航天精神的内涵,由知航天上升到对航天人产生敬佩之情。

3.利用重大事件,激发学生情感。

每一次我国重大航天工程的成功,一种豪迈向上的民族精神就会在中华大地上升腾激荡,一种爱国主义激情就会在中华儿女心中涌动。这是一种凝聚力,一种责任心,一种使命感,这也是我们教育的契机。我利用班班通播放"嫦娥"一号、二号发射成功、"神舟"系列飞船发射成功、"神九"与"天宫一号"对接成功的视频,使孩子们从这些重大的航天事件中看到了祖国的腾飞,感受到了航天人的精神。"神九"飞天的成功,还促进了孩子们自发地开展"我给'神九'航天员写封信"的活动。这些事件也激励着孩子们要为国争光,成为新一代的航天人的梦想。

4.开展实践活动,体验航天精神。

根据少年儿童的年龄特点,本着寓教于乐的原则,我们坚持让学生主动参与在活动的过程中。体验航天精神。我们开展了"走进航天人——采访航天人"的实践活动。通过采访,孩子们了解了父母工作的重要性、艰巨性:从事研发项目的父母常常为了攻克一个技术难题而废寝忘食,为了一个试验的成功而欢呼雀跃;从事生产、组装任务的父母更是细心,每一个零件都不能有丝毫的差异——孩子们在采访中对航天精神有了实实在在的感受,航天人的责任感激励着孩子们。折纸飞机、制作孔明灯、放风筝……一个个丰富多彩的活动,让孩子们在实践中体验到了航天精神的真谛。

三、蓝梦文化激励师生成长

我校的校本课程建设以航天精神教育为重点,将蓝梦文化渗透到各个学科、各个领域,全面提升了师生的科学素养,蓝梦文化成为师生共同认同的价值取向。

老师们说——

"在校本课程实施的过程中,我们的课程意识增强了。能自觉地开发课程资源,利用课程资源,随时捕捉教育的契机,开展教育活动。蓝梦文化成为我们工作的动力。"

"通过查找资料,访问身边的航天人,我也切身体会到了航天人对待工作的那种认真负责的态度,那种为了航天事业无所畏惧,甚至可以牺牲生命的奉献精神。在教育学生的时候,我也是每时每刻都在给孩子渗透要学习发扬蓝梦精神的意识。"

学生说——

“参观了高叔叔的车间，听了叔叔的讲解，我了解到了许多关于飞机的知识……每个人都要认认真真地工作，才能保证飞机试飞成功。所以，我要学习他们刻苦学习、善于思考和一丝不苟的精神，把自己马虎的坏毛病改正过来。”

“我有幸听了中国科学院院士、教八飞机总设计师石屏爷爷的讲座。我对他充满了敬意……长大后如果能成为航天事业的一分子将是我最开心的事。”

我们的教育活动得到了家长的支持——

“今天，孩子一回家就说要看‘神舟十号’发射实况……原来是老师让写观后感。看着看着，孩子的看点就变了，不关心什么写东西的事情了，而是真的关心发射的成功状况。从点火到成功，他问了无数个为什么。我知道，老师的这一巧妙安排在他心里点燃了探索的火花。这比只写一篇作文的价值大多啦！……孩子在观看过程中受到爱国主义教育，这多么有意义。”

我校“蓝梦文化”的理念，体现了素质教育和课程改革的要求，满足了孩子们身心健康成长及可持续发展的需要。正是在航天精神的引领下，我校的德育工作坚持尊重学生的成长规律，以养成教育为基础，以家校合作为依托，以课堂教学为渠道，以多姿多彩的实践体验活动为载体，力求内容“新”、形式“活”、渠道“宽”、效果“实”，为孩子们的终身发展提供充足的营养和不竭的动力。

育苗 育心 育人

——《开心菜园》种植实践教学感悟

南昌大学附属小学 胡丽娜

现在的孩子在家长的眼中都是一群宝贝，很少有孩子帮助父母干活，就更不用说种菜了。我校为了使学生从小认识劳动的意义，逐步培养学生热爱劳动的品德，养成劳动习惯，提高学生的科学素养，使学生初步具有探究科学的精神，在学校西边开辟出了一大片种植园地——“开心菜园”，让五年级每个班级都分到了一块属于自己的“责任田”，学生自主规划、自主设计种植方案。学生对种菜兴趣浓厚，每天早上、中午或者放学后，有很多学生第一时间奔向开心菜园浇水、除草，料理自己的“菜园”。还不时有学生从家里带来了菜种、农家肥、劳动工具。学生们为了种好菜，管好自己的“责任田”，有的主动去请教老师，有的主动向家长和农民取经。于是那绿油油的小青菜、胖乎乎的大萝卜……这番丰收的景象就出现在我们这书声琅琅的校园里。笔者认为这样的一年实践不光是一次种植体验，同时也是一次“育苗、育心、育人”的学生实践活动。

“育苗”——学生亲手种植植物，体验播种、育苗、维护、收获的快乐。我们的学生大多是城镇户口，很少能接触到蔬菜种植。记得一次语文课讲《四时田园杂兴》的第一句“昼出耘田夜绩麻”，老师问这句诗是什么意思，一个学生站起来说：“白天出去干活耕田，晚上搓麻将。”这看起来是一个笑话，却反映出现在学生脱离农村生活的现实，学生没有见过麻绳，只见过麻将，当然会认为是晚上搓麻将。而《开心菜园》课程的建立正好给学生提供了一次实践种植的机会。学生也非常乐于参与种植，他们希望看见自己种下的种子一天天成长，最后开花结果，吃上自己种出的果实。记得第一届学生的白萝卜丰收时，每个学生分到一个大大的萝卜，高兴得不得了，手捧着大萝卜高兴得蹦蹦跳跳，有个别学生把萝卜放到脸上亲了又亲，闻了又闻，好像闻到萝卜的香甜似的。看到学生们的开心样，我能感受到他们通过辛苦的劳动获得丰收的喜悦。当然在收获的同时学生也学到了许多种植蔬菜的相关知识。

“育心”即在培养学生用爱心照顾自己种植的蔬菜的同时，培养学生的“细心”“耐心”与“恒心”。种蔬菜的爱心是学生们最突出也是最普遍的一种感情，但在充满爱心的同时还要能做到有“耐心”、有“恒心”，却需要时间一点点地来培养。在开始种植理论学习时，我便告诫他们：蔬菜的日常管理与记录需要你们的细心观察，如果不细心观察是发现不了植物的细微变化的；耐心也是你们应该具备的，种下的种子不是一两天就能发芽，小苗也不是一个星期就能开花结果，这都需要同学们耐心等待，揠苗助长会导致植物无法开花结果，甚至死亡；同样，植物的生长过程不是几天就能完成，需要同学们在种植过程中有恒心，坚持照顾植物，做好观察记录。诚然，没有这些是无法让种下的小种子开花结果的，相信同学们不管是成功种出还是中途夭折，都能有所体会。

这样的种植实践活动让学生亲身经历探究和发现的过程，获得生活经验；以“人的发展”为核心，发

展学生个性特长，培养了学生实践与创新等综合能力，培养了学生的科学素养。这不正满足了我们“育人”的要求吗？学生在种植过程中当了一次自己种植的蔬菜的爸爸妈妈，感受到了一份责任，体会到了一次付出，享受到了一次收获，在实践中学习，在快乐中成长，这都充分体现了“育人”的要求，让每一个参与种植实践活动的孩子的人生路上多了一次美好的经历。

源自生活 体验生活 感悟生活 回归生活

——从生活教育视野审视《开心菜园》校本课程

南昌大学附属小学 涂宜梅

摘要：实践能力的培养在学校教育教学中占据着重要的地位。我校以生活教育思想为指导，以学生实践能力培养为目标，开设《开心菜园》校本课程。课程面向全体学生，创造性地把课堂教学和劳动实践紧密结合起来，把孩子带进田间地头，让他们在劳动中培养品德，在快乐中探究奥秘，在实践中获取真知，教学做合一，让学生体验和感悟生活，增长智慧，提升实践能力和综合素质，从而全面发展，践行生活教育思想。

关键词：实践能力 生活教育 校本课程 菜园

《国家中长期教育改革和发展规划纲要（2010-2020年）》指出：坚持以人为本、推进素质教育是教育改革发展的战略主题，是贯彻党的教育方针的时代要求，核心是解决好培养什么人、怎样培养人的重大问题，重点是面向全体学生、促进学生全面发展，着力提高学生服务国家人民的社会责任感、勇于探索的创新精神和善于解决问题的实践能力。要坚持德育为先、能力为重、全面发展。

因此，学校教学中应该将学生的能力发展放在重要的位置，尤其是学生的实践能力。我校联系学生实际，以生活教育思想为指导，以学生实践能力培养为目标，源自生活，开发《开心菜园》校本课程，打破单一的课堂教学常规，把课堂教学和劳动实践紧密结合起来，在校园内开辟菜园，把孩子带进田间地头，让他们在劳动中培养良好的品德，在快乐中探究奥秘，在实践中获取真知。

一、源自生活，开发校本课程

陶行知先生说：生活即教育。生活是教育的源头活水，只有扎根于生活世界并为生活服务的教育活动，才具有强大的吸引力和生命力。现实生活中，学生实践能力的重要性已经引起了家长、学生、教师和教育部门的高度重视，我们认识到：学校教育应该重视学生实践能力的培养，作为基础教育之基础的小学阶段，尤其需要从小开始培养学生的实践能力，发展学生的综合素质。

那么，学校应该怎样培养学生的实践能力呢？教育源于生活。因此，我校以生活教育思想为指导，以学生实践能力的培养为目标，源自生活，从学生每天要吃的蔬菜的种植入手，提出开设《开心菜园》校本课程的设想。

2012年暑期，学校利用校园西边闲置的空地开辟出一个供学生种植探究实践的基地——“开心菜园”。同时，组建校本课程小组，编写教材，研发课程资源，面向全体五年级同学开设《开心菜园》校本课程，创造性地把课堂教学和劳动实践紧密结合起来，将知识建构和能力发展相融合，让孩子们走出教室，走进田间地头，在劳动中体验快乐，在实践中获取真知，实践“社会即学校”“教学做合一”，践行生活教育思想。

二、实施课程，师生体验生活

《开心菜园》是一门综合性、实践性的课程，在实施层面，摒弃了传统的以读书为内容的学校教育，遵循“社会即学校”的教育思想，将“读书”的教育转变为“行动”的教育；在教学方法层面，践行“教学做合一”“教的法子根据学的法子；学的法子根据做的法子。事怎样做便怎样学，怎样学便怎样教。教与学都以作为中心”[①]，把握“做”这个中心，积极有效地倡导主动学习、积极参与、善于合作的新型学习方法，尤其注重学生实践能力和探究能力的培养，让学生在课程学习的过程中获取知识、培养技能和能力、培养综合素质，从而让学生理解生活的意义，实现生活和生命的价值，全面发展，追求幸福人生。课程实施主要通过课堂教学、种植实践和综合拓展三个相互联系的模块来进行。

1.必备环节——课堂教学。课堂教学是学校课程必不可少的环节。我校五年级开设的《开心菜园》校本课程每周都有一课时的课堂教学安排。在课堂教学中，根据课程的内容，采用传授、问题解决、合作探究等多种教学方法，侧重于让学生主动学习、自主探究，发现知识、建构知识。通过课堂学习，学生认识了蔬菜并了解了蔬菜生长的环境条件、蔬菜的种子和播种、蔬菜的定植与管理、蔬菜的收获等蔬菜种植的基本理论知识，借助蔬菜栽培制度和二十四节气等知识进行了菜园的种植规划。教师帮学生深入了解蔬菜的分类、蔬菜的营养与保健的知识，最后展示了现代蔬菜栽培技术，并将蔬菜种植返回到生活中，探索家庭和阳台种菜的相关知识。

2.核心环节——种植实践。要把握“做”这个中心，种植实践就必然成为《开心菜园》校本课程的核心环节。将学生带到田间地头，让他们在自己的“责任田”中进行实践和探究，每一个学生都亲身体验从整地做畦、施基肥、播种、定植、施肥、浇水、松土、植株调整、病虫害防治到收获的所有种植环节，并把自己亲手种植的蔬菜带回家里与家人共同分享。此外，我们还设计了实践安排表、我的发现问题卡和种植日志，学生每周通过对它们的填写并结合绘画、摄影等多种形式来积累材料，记录自己的种植历程。与此同时，还将蔬菜种植延伸到家庭，鼓励学生尝试在家中阳台上用花盆种植蔬菜。

3.巩固环节——综合拓展活动。在课堂教学和种植实践的基础上，我们设计了一系列的综合拓展活动，有“我的菜园我做主”“开心菜园手抄报”“蔬菜种植交流会”“我的菜园规划”“我的种植展示”“开心菜园收获节”，让学生在其中综合运用从课堂和实践中获取的知识和能力，加深对所学内容的理解和掌握，获得综合全面的发展。

“我的菜园我做主”让学生认领自己的“责任田”，做菜地的主人，对菜地负责，设计和规划自己的菜园实践历程；“开心菜园手抄报” 让学生通过手抄报的形式，或展示自己的菜地，或展示自己种植的蔬菜，总之，让学生对自己的种植活动进行展示；“蔬菜种植交流会”中，学生可以与同伴分享自己种植中成功的经验和发现的技巧，也可以就某一具体问题与他人展开讨论和交流，在交流中互相学习、共同进步；“我的菜园规划”让学生在了解蔬菜栽培制度和二十四节气等知识的基础上选择种植蔬菜的品种，安排栽培茬次，进行菜地蔬菜的布局，开展菜园规划活动；“我的种植展示”中，学生以小组为单位分工合作，运用信息技术课堂中学习的幻灯片制作技术，结合自己积累和记录的素材和材料，并适当查找相关知识，用 PPT 展示自己种植的蔬菜；特别是“开心菜园收获节”，通过菜园开放、种植活动征文、菜园手抄报、菜园绘画、开心摄影和综合展示等，让学生综合运用从课堂和实践中获取的知识和能力，在活动中进行巩固和拓展，从而获得综合全面的发展。

课堂教学、种植实践和综合拓展是相互联系、同步开展和进行的，课堂教学是种植实践和综合拓展活动开展的基础，种植实践是对课堂教学知识和技能的验证和体验，综合拓展是对课堂教学和种植实践中获取的知识和技能的融合和巩固拓展。通过课堂教学、种植实践和综合拓展三个模块开展《开心菜园》校本课程的实施，将课堂教学和劳动实践相结合，将知识建构和能力发展相结合，关注学生的主动学习、参与、实践、合作、反思、探究，可以让学生体验多种学习方式，在劳动中培养良好的品德，在快乐中探究奥秘，在实践中获取真知，在课程实施中体验生活。

三、感悟生活，共享课程成果

《开心菜园》课程将课堂教学和劳动实践相结合，以“教学做合一”的思想为指导，创造了知行合一的大课堂，通过课程教学、种植实践和综合拓展，让学生在劳动中培养品德，在快乐中探究奥秘，在实践中获取真知，在课程学习中增加了对生活的体验和感悟。

在《开心菜园》中，学生亲近并探究自然、热爱自然，初步形成自觉保护周围自然环境的意识和能力；在这种体验式的教学中，学生的学习兴趣明显提高，对知识的理解和接受能力也明显提升；蔬菜生长过程中的变化和奥秘极大地激发了学生的好奇心和求知欲，他们在观察、实践和交流中启迪了科学精神，学会了思考，初步开始探究；在共同的“责任田”中，学生从选种、分工、劳动成果的分配，到“开心菜园收获节”节目的排演，大家共同商量，共同完成，在小组合作中学会了互帮互助，培养了团队协作精神。此外，精心组织开展的综合拓展活动也给学生们搭建了锻炼和展示的舞台，“开心菜园收获节”通过菜园开放、种植活动征文、菜园手抄报、菜园绘画、开心摄影和综合展示等，让学生综合运用知识和能力，获得全面发展。其中朗诵《种菜的那些事儿》，学生们结合种植日志，自编自演，形象生动地描述了在蔬菜种植的实践探究活动中的收获和乐趣；群口相声《蔬菜争功》展示了学生们对于蔬菜营养价值的理解；歌舞《井冈山下种南瓜》把学生们蔬菜种植的丰收喜悦和江西地方文化巧妙地融合在一起；“大手牵小手”菜园开放日活动中，各班的小导游们声情并茂地向小游客们介绍、展示自己的菜地，不仅自己得到了锻炼，还让菜园成为其他年级学生体验和实践的基地。

老师也体验了快乐，收获了成长，我们在课程实施的过程中不断总结、思考，并开展专题研究，深化了课程实施和研究的能力。我们还将《开心菜园》的思想和内容辐射到其他学科中，与其他学科相结合，实现课程间的整合，如与语文教学相结合，将种植日志的写作和作文教学相联系，增加学生的体验性知识。

《开心菜园》课程面向学校全体学生，让他们走出课堂、走进生活，在课程学习中、在劳动探究中获得知识和能力的双丰收。这不仅实现了让孩子们开心学习、快乐成长，推进素质教育的目标，也符合习近平总书记 2013 年“六一”讲话中提出的“爱学习、爱劳动、爱祖国”的宗旨；不仅获得了学生和家长的认可和肯定，还引起了社会的广泛关注，中国新闻网、《东方教育时报》、《中小学管理》杂志、《江西教育》杂志、江西电视台、《南昌晚报》等多家媒体先后报道了我校开设《开心菜园》校本课程、推进素质教育的办学特色。

四、回归生活，展望课程未来

为期一年的《开心菜园》课程很快将结束，同学们会将菜园传递到学弟学妹的手中，但是他们在课程中获取的观念、知识、方法、能力将伴随一生，课程学习的成果将回归到他们的生活中。此外，课程中学生了解了芽苗菜和阳台种植的知识，还可以在家中和父母一起继续开展蔬菜种植等探究实践，这也是回归生活的另一种体现。

源自生活实际，选择贴合学生生活实际的蔬菜及其种植作为课程的主体内容，是开设《开心菜园》校本课程的宗旨。课程实施中通过课堂教学、种植实践和综合拓展三个相互联系的模块，以“教学做合一”思想为指导，让学生获取知识、培养技能和能力，把握生活智慧，掌握生活技能，在体验和感悟生活的过程中培养素质。最后又回归到生活中，通过在《开心菜园》中践行生活教育思想，让学生理解生活的意义，全面发展，追求幸福人生。

《开心菜园》校本课程的开设和实施得到了学生、家长和社会的认可，形成了一定的课程体系，然而课程的实施和评价方面还存在不足，我们将进一步培养学生合作探究的意识和能力，让学生在做中学，并探索与其他课程相结合的策略，进一步优化和完善课程资源。

① 华中师范学院教育科学研究所主编.《陶行知全集》第2卷[M]. 长沙：湖南教育出版社，1984：289.

以茶文化带动课程开发

——《悠悠茶话》校本教材的研发、实践与思考

南昌大学附属小学红谷滩分校　　余　卫

年仅 10 岁的孩子能姿态优雅、动作娴熟地表演茶艺？小学的孩子能对茶史茶事如数家珍？没错！在南昌大学附属小学你就能看见这样一群孩子。

每周四下午来到学校教学楼三楼茶艺室都可以看见一群茶艺队的女孩子在里面学习、表演茶艺。人人茶境、高山流水、凤凰点头……孩子们动作自然、优雅，一气呵成。清幽的茶香弥漫在古色古香的教室里，茶道静美的精神随着茶香扩散开来。

琴韵 茶韵

学习茶文化

如果说茶艺队是学校茶文化教育的一个窗口，那么《悠悠茶话》校本课程就是学校茶文化的主阵地。学校将茶文化与大力实施的四大工程即生命教育工程、文明教育工程、科学素养工程和艺术教育工程相结合，开发了《悠悠茶话》校本课程，并在四年级开始实施。起初孩子们对喝茶不屑一顾，认为喝茶不过是一件再平常不过的事情，一个茶杯、一点茶叶、一壶水，把茶叶放入茶杯加入水泡了就喝，仅此而已。通过茶史的介绍，孩子们明白了：茶叶起源于中国，伴随着中华五千年的文化从悠悠远古走向现代，茶的历史，茶叶对经济、文化的发展都起到了很大的作用，喝茶不仅仅是几个简单的动作，蕴含在茶里的还有礼仪、文化。起初，孩子们对饮茶品茗没有兴趣，认为茶不如可乐、汽水好喝，喝茶不过是老年人的嗜好。通过观察、品饮不同类别的茶，亲自泡制不同种类的茶汤，孩子们了解了茶与健康的知识，掌握了不同类别的茶叶的泡制方法。起初，孩子们对客人来访不太乐意打招呼，通过茶文化的学习，孩子们懂得了泡茶请客，并会大胆地给客人泡茶、介绍茶品了。

除了课堂上的茶文化教学外，学校还开展了一系列的茶文化活动。每学期的“无我茶会”是小茶人们斗茶的好机会；母亲节、父亲节、重阳节的敬亲茶会、敬老茶会架起了学校和家庭沟通的桥梁，泛化了学校的教育成果；两年一度的茶文化节更是全校学生与茶相聚的盛会，由孩子们自行设计的茶文化节海报让孩子们的参与热情高涨，根据不同的年龄段特点开展的低年级段“茶画会”、中年级段“茶颂”讲演赛、高年级段的“茶韵”摄影展更是让孩子们人人都能参与、人人都乐享茶文化。

采茶仙子

悠悠茶韵，淡淡茶香。茶文化教育让孩子们沉浸在茶香中，饮茶品茗成了孩子们生活中的平常事，弥散在校园中的茶香将中国传统文化传播到了每个孩子心中。

在《悠悠茶话》校本课程的教学过程中，为满足孩子们爱玩的天性，老师把同学们带出了教室，带到了茶园“采茶”；把各式各样的茶具、茶叶、茶点带入了课堂，让同学们在课堂上饮茶品茗，感受、学习茶文化知识。

悠悠茶韵——教学相长

——《悠悠茶话》校本课程教学反思

南昌大学附属小学红谷滩分校　张冬梅

中国是茶的故乡，中国人制茶、饮茶已有上千年的历史，茶文化在中国有着深厚的底蕴，茶是每个中国人都熟知的东西，也融入每一个人的生活中。江西是产茶大省，江西的庐山云雾更是全国十大名茶之一，名扬天下。2012年我校自行开发了《悠悠茶话》茶文化教材，并在四年级学生中进行推广教学。在教学中引导学生对茶文化进行进一步的研究，有利于深化和拓展教学成果。我们决定选取六大茶类中的绿茶进行调查研究。师生共同进行社会调查，在搜集资料、分析思考、动手实践的过程中，学生对于绿茶的制作过程、作用和饮茶过程中应讲究的礼仪等相关知识了解得更细致，对中国茶文化的博大精深理解得更深刻，潜移默化中接受了祖国传统文化的熏陶，同时也渗透了热爱家乡的情感教育，实现了知识的整合。

俗话说，开门七件事，柴、米、油、盐、酱、醋、茶，可见茶是生活中不可缺少的必需品。中国茶文化源远流长，博大精深，中国是茶树的原产地，也是发现和利用茶最早的国家。如何把历史悠久、积淀深厚的中国茶文化艺术地、和谐地融入学生的教育中去，这就是我和学校共同研究和努力的方向。教学中我常常思考：这节茶艺综合实践课程，哪些是学生感兴趣的？哪些是他们想知道的？哪些是能让他们通过学习运用到生活当中去并影响到身边的人的呢？

学习茶艺

通过茶艺的实践课程，我发现学生对我国的茶历史十分感兴趣，用故事作为开场白，最能激发学生学习的好奇心。茶叶对学生来说并不陌生，有些同学在日常生活当中就有所接触，有些同学原本就来自茶叶产地。但学生对茶叶的认识仅仅局限于它是一种可以饮用的物质，而对茶艺及茶艺本身的文化、精神却一无所知，短短的几十分钟内，要让学生融入其中就需要花一定的功夫了。要掌握茶艺，首先要了解茶叶的分类、特点、功效、生产地等等，我通过短片、课件等形式向学生展现，并通过观茶、闻茶来识别不同的茶叶。我把这个实践教学环节以对比的形式交给学生，让他们通过观察、生生交流、最后的总结，获得更多的知识，也肯定他们的学习经验，并让学生运用这些知识，设计出不同的保健茶、茶饮品。实践中我还提醒学生，无论做什么事情，都要从实际出发，要考虑周全，凡事用心去做，没有做不好的。

泡茶——学生最感兴趣的。在这个环节当中，除了要让学生熟练掌握泡茶程序、行茶的礼仪，同时我还加入了中国人喝茶的礼仪，例如：茶水不能倒得太满，中国人有句俗语“茶满欺人，酒满敬人”；茶杯的拿捏——大拇指、食指轻拿杯沿，中指托杯底，叫“三龙护鼎”，剩下的两只手指不能指着别人，那样不礼貌；敬茶时，一手三指执杯，另一手侧掌护于杯前，对老人平举齐眉，并轻声道“请”，对平辈双手托杯，略高即可；喝茶四部曲——闻香、嘬唇、徐啜、小口，这是品茶的最高境界，茶汤入口后还要在舌边轻轻鼓漱一番，再徐徐吞咽，体验回味。

学生动手实践是检验学生学习的好时机，也是学生自我表现的好机会，在这段时间里，课堂内气氛融洽，所有的学生都会自觉动手，互相提醒、互相帮助。最后总结在操作过程中出现的问题，大家讨论解决。

茶艺是传承中华民族优秀传统文化的最佳载体，茶艺的修身养性作用和品德教化功能已在学生身上得到体现，茶礼教育使学生懂得茶精神、茶礼仪等；茶事活动使学生更加和睦相处、相互帮助；茶史教育使学生更了解灿烂的民族传统文化，体验中华民族悠久的文明，增强民族自豪感；泡茶训练使学生在泡茶的过程中领会茶精神，用她们的肢体语言把我们的茶文化发扬光大。

通过一个学期的茶艺技能实践课程，我深刻感受到，茶是健康饮料、文明饮料，饮茶不仅可从茶中汲取营养成分、获得保健功效，而且对于改变社会不良风气、融洽人际关系、丰富文化生活、提高人的素质等都有明显的作用。在物质文明越来越发达的新时期，开展茶文化的研究和活动，以茶艺的形式，把传统文化和素质教育有机而和谐地结合在一起，对现代化建设有着特别重要的积极意义。

从数学习题中谈环保问题

南昌市右营街小学　　李文赞

我们知道人类与自然界在生活中是亲密无间的，环境是人类生存的基本条件和基础。随着人类对自然环境破坏的恶劣后果的逐渐显现，人类越来越重视保护环境，保护人类的生存空间。对小学生进行环境教育是新时代学校教育面临的不容忽视的新任务，而环境教育是通过学校课程的实施来完成的。数学课程标准指出，数学是人们生活、劳动和学习必不可少的工具，能够帮助人们处理数据，进行计算、推理和证明，数学模型可以有效地描述自然现象和社会现象……这里的自然现象与社会现象当然包括自然与社会的环境问题。因此小学数学也是一门宣传环保知识、渗透环境教育的重要学科。以下就数学新课程标准下如何渗透环保教育讲几个习题。

一、污染问题

1.水污染。

如《回收废电池》《万以内加法》一课时中的资料介绍：废电池中含有金属和废弃的液体，这些物质会对土壤、对水、对人的健康产生直接影响。一颗纽扣大小的电池可以污染 600 立方米水，这些水相当于一个人一生的饮水量。

简单而有说服力的数据能强烈地震撼学生的心灵，使学生大吃一惊，这仅仅是一颗纽扣大小的电池的污染，何况更多的呢？学生深深地感受到了电池污染的严重性。这样的教学方法既激发了学生的学习兴趣，发展了学生的空间观念，大大调动了学生参与课堂活动的积极性，自然、成功地进行了环保教育。

2.白色污染。

如学习统计的作业题是，四年级 7 名同学自己家一周丢塑料袋的统计：

姓名	XX	XX	XX	XX	XX	XX	XX	合计
只数	16	14	18	20	17	19	15	

（1）谁家丢的塑料袋最多？谁家丢的塑料袋最少？

（2）先估计平均每家一周丢塑料袋的只数，再计算平均每家一周丢塑料袋的只数。

（3）根据以上计算，你想到了什么？

通过调查与填写，既让学生练习掌握了统计图表的知识，又考查了学生的估算能力和求平均数的知识，还超越数学学科的范畴，考查了环保知识和意识。特别是最后一道题，学生对环境污染、能源浪费、保护环境从我做起、从现在做起等等都做了很好的阐述。让学生从数学的角度去研究环保问题，使习题形式更加活泼，增添了浓厚的生活气息。

3.大气污染。

看图填空：2002 年相对于 1998 年，全国二氧化硫排放总量、烟尘排放总量和工业粉尘排放量的降低率分别为________、________、________。（精确到 1 个百分点）

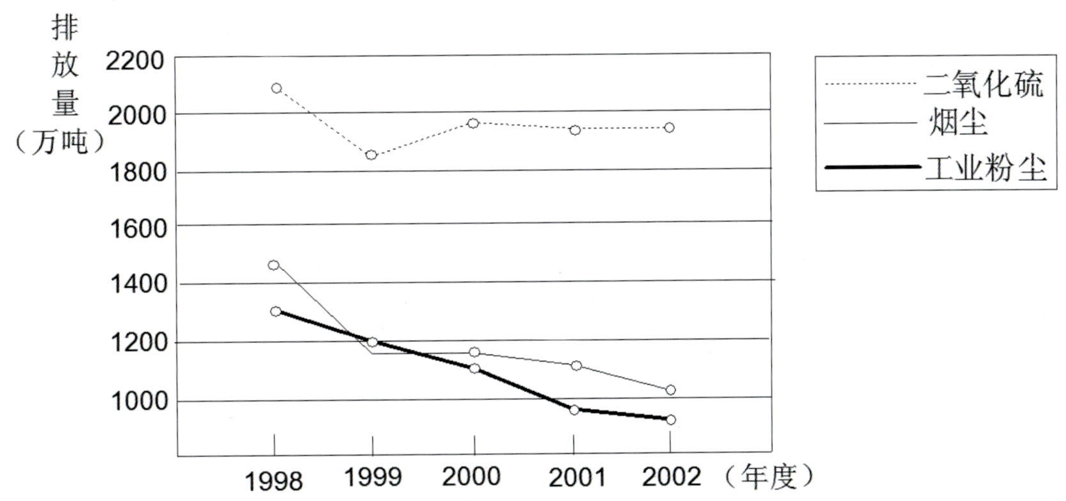

简要评析这三种废气污染物排放量的走势。

从这题中不难看出人们对大气污染的重视、措施和收到的成果，更不用说 2016 年的今天。

二、节约问题

联合国环境署发出警告：人类在石油危机之后，下一个危机就是水。因此，节水刻不容缓。如果一个水龙头的滴水速度大约是每小时 0.0036 吨，按照这样的速度，一个水龙头一年将浪费多少吨水？我市目前水价为每吨 1.70 元，合多少钱？如果全市有 1 万个水龙头在滴水，一年要浪费多少吨水？在我国西部严重缺水的地区，平均一个人一天的生活用水量只有 0.003 吨，这些水够西部多少人使用一个月？

这样的小数乘除法应用题，让学生在计算中不得不惊叹原来在日常生活中我们浪费了许多人的救命水。因此我们要节省资源，如不浪费水电，不使用一次性饭盒、筷子、塑料袋，把垃圾分类，充分利用可回收资源。

三、保护环境问题

青蛙吃害虫。讲解——两位数加减整十数的计算时，利用可爱的青蛙为主角来教育学生：青蛙是怎样辛勤劳动、捕捉虫子、保护庄稼，为人类的生活做贡献的？以此激发学生保护青蛙的责任感等，还进一步引导他们想出帮助它们的办法，让孩子们产生对可贵的野生动物进行保护的意识。

如一棵正常生长 50 年的树累计产生的经济价值如下：

生产氧气 32100 美元，生产蛋白质 2500 美元，促进水分再循环的效益 37500 美元，防止大气污染 62500 美元，防止土壤侵蚀、增加土壤肥力 31200 美元，为鸟类及其他动物提供栖息环境 31250 美元。请完成下面的条形统计图：

从以上数字和统计图中你想到了什么？

一棵数的经济价值统计图

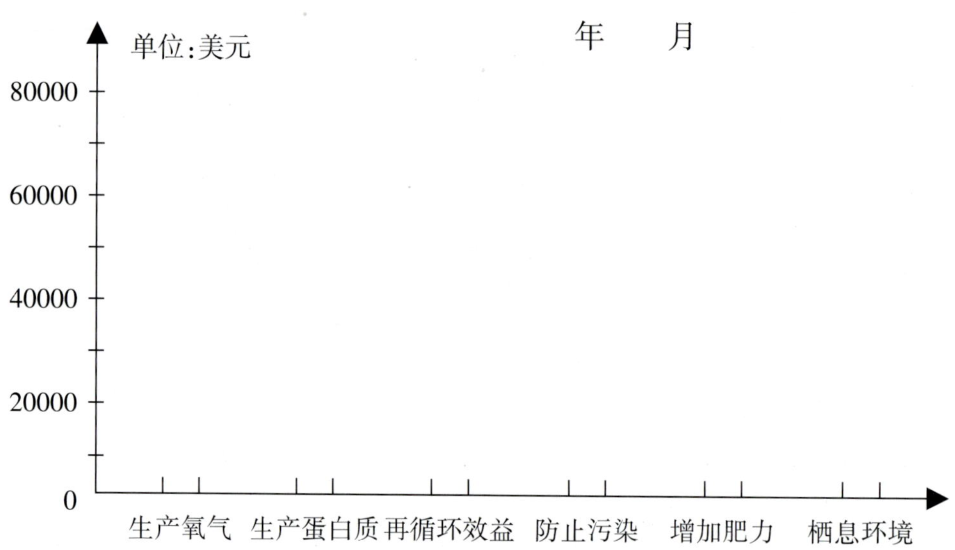

植树节是在哪个季度?这个季度有多少天?植树节是几月几日?国家为什么要定植树节呢?植树有什么好处?你能说出其他与环境有关的节日吗?……这些问题可以巩固学生的数学知识,扩大学生的知识面,激发学生的学习兴趣,同时也增强了学生的环保意识。

综上例题,作为教育工作者的我们,要树立环保意识,充分将数学知识中的环保因素挖掘出来,适时适度加以渗透,让学生感到环境保护不是口头上挂着,而是要从自己做起,从身边的小事做起。

在小学语文教学中渗透环保教育

南昌市右营街小学　李　娟

素质教育是一种全面发展的教育，其最终目的是适应时代的需要，提高学生的整体素质，培养促进社会可持续发展的合格公民。可持续发展是21世纪的教育重点，我们应以环境教育和可持续发展教育的思想重新定向，在语文教学中突出对学生环保意识的灌输，培养学生科学的环境观和人口观，使学生深深懂得地球是人类之家，大自然是我们生死相依的朋友。

一、充分利用教材提供的教学空间，深化环保教育

新课程教材体现了时代特点和现代意识，关注人类、关注自然，环保教育思想在新教材中得到了充分体现。作为一名小学语文教师，要将环保教育建立在学生对自然的热爱和好奇心的基础上，充分利用教材，挖掘教材中的环境因素，将环保教育渗透于知识载体中，潜移默化地进行。

新教材无论从插图的设计、儿歌的选用还是在课文的编排方面都为环保教育留下了广阔的空间，只要在课堂教学中将之合理利用、精心安排，必将使环保教育真正进入课堂，进入孩子们的心灵，从而提高教育质量。

1.利用教材中的插图。第一册新教材中描写环境的图画很多，有蓝天、绿树、红花、小河、庄稼……出现在孩子们眼中的是一个充满绿色、生机盎然的世界，也是一个理想的生存环境，在教学中可让孩子通过听、说、读、看去感受自然界的美丽。在此基础上，可带孩子们参观学校的校园，去看、去摸、去闻，亲身

体验绿色给人们带来的快乐，从而把教材中的环保教育变得更加直观。

2.利用文章中的重点语句。在小学语文教材中，那些“句中有余味，篇中有余意”的佳作，要求教师去体味、去探索、去挖掘其中环保教育的因素，凭借重点语句的朗读、分析，把学生引入优美的景色之中，激活学生的想象，在学生的脑海中呈现出文字内容所描述的具体、生动、形象的画面，使学生如闻其声、如临其境，激起情感的共鸣。

3.根据不同的教材内容，采取不同的教学方式。一些关于自然景物的描写性文章，教师应引导学生有感情地朗读，以情动人，利用文章中优美的词语，使学生张开想象的翅膀，体味到大自然的美；也可以将表现文章内容的图片制作成课件，让学生亲近自然，感受自然，喜爱自然，从而培养学生与自然和谐共处的意识，抵制破坏自然的行为。

4.通过语文课外活动，巩固课堂教学。除课堂教学外，语文课外活动有着更广阔的天地。可以安排学生收集有关环境问题的资料，并加以整理；可以进行社会调查；可以组织学生走出校门，深入大自然，让孩子们陶醉于大自然的怀抱；可以采用小论文、演讲等比赛形式，激发学生对美好环境的向往之情及环保意识。通过各种形式的教育，让学生进一步体会到人与自然和谐相处的重要性。

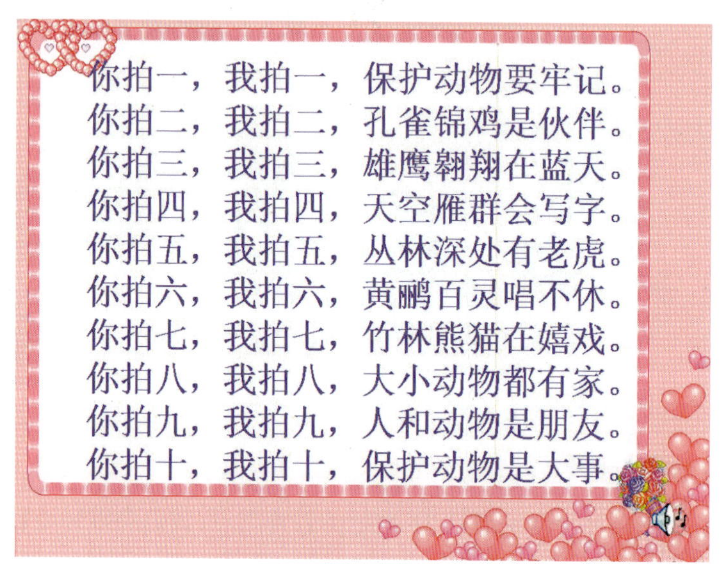

识字课儿歌

二、课外延伸，联系生活，进行绿色环保教育

当今中国，最热门的话题可算是生态保护。前几年春夏，北京及华北、华东地区连续遭受了 14 次沙尘暴的袭击，长江以北大部分地区遭受百年不遇的旱灾，西北、华北的沙漠面积进一步扩大，沙漠离北京城只有 60 公里。而我们南方，大气污染严重，江河除了东江较好外，其他均有不同程度的污染。这些直接影响我们的生活，影响我们的健康。因此，老师在教学中，可将我国生态保护的危机感、紧迫感告诉学生，使学生的心灵受到震撼。教育学生从现在做起，从自己做起，热爱我们的生存环境，并在自觉保护环境的同时，也力劝他人遵守法律，对社会上破坏环境的行为进行揭发、批评。当然，对我国政府在保护环境方面的努力也给予肯定，目的是告诉学生，受污染了的地方只要大家共同努力，是可以得到改善甚至恢复的。如北京的什刹海曾经沦为污水池，但经过政府的努力，现正在改善。但是，保护环境必须讲究科

学的方法，否则会适得其反。如在学习《蛇岛》里的蝮蛇的现状时，我们就告诉学生，由于当地政府没有进行科学调研，怕岛上的蛇没有食物，就投放了一批老鼠，但岛上的蛇没见过老鼠，不敢捕食，反而受到老鼠的攻击，在冬眠期被老鼠从洞穴里拖出来吃了。因此，环境保护还要讲方式方法。

三、结合教材，鼓励学生实施绿色行动

环保教育使孩子们受到感染，保护自然、爱护环境的意识在孩子们头脑中形成，此时环保教育就应从培养环保意识提升到实施环保行动。教师可带领孩子从身边做起，从小事做起。如人人争做绿色使者：保护动物，不捉鸟，不吃青蛙肉，爱护花草树木，不乱扔垃圾，实行垃圾分类，节约用水，保护各种资源……让孩子们不仅自己做绿色使者，实施绿色行动，更带动家长、亲朋好友共同参与，形成一个绿色的网。这个网，网住的是我们高质量的生存环境，是我们美好的未来。

现在的小学生是21世纪的主人，将会成为未来的主宰，他们的环境意识直接影响我国下一世纪的建设和发展。语文课是渗透环保教育的重要阵地，把环保教育有机地渗透到实际教学中去，让学生深切感悟到环境保护的重要性，是我们教育工作者义不容辞的责任和义务。

生命教育 照亮学生幸福童年

江西省上饶市实验小学　　汪晓瑾

国家、地方、校本"三级课程"体系相互依存、相互补充，是学校课程体制建设和发展的趋势。

近年来，我校的校本课程建设紧紧围绕《生命教育》的核心内容展开，始终坚持科学性原则，尊重生命科学，尊重教育科学，抓住生命教育的核心概念作为课程及教学研究的依据和延伸，以提高学生的生存能力、生命质量、生命价值为目的，以提高教师的专业化发展为目标，进行开拓性探索。已经初步形成了"生命认知、生命安全、生命韵律、生命智慧、生命价值"五位一体的校本课程活动体系。

通过"爱心呵护生命，运动诠释生命，艺术熏陶生命，书香润泽生命，科技充盈生命"的课程实施策略，力争全面开启学生智慧，丰富学生经历，张扬学生个性，达到让生命精彩跃动的课程实施目的。

一、建设符合学校办学理念的校本课程体系

校本课程不只是简单的课程，还是学校育人文化的载体，是实现学校育人目标的阶梯。只有在办学理念指导下的校本课程，才能更好地为学生的个性发展提供增值服务。

我校紧紧围绕"呵护生命成长，促使师生幸福"的核心办学理念，组建优质研发团队，系统规划开发《生命教育》校本课程。校本课程的组织实施过程基本遵循"制订方案""研究内容""收集资料""教材编写""实践论证""评价反思""整改优化"七个阶段。到目前为止，共开发了"方案"指导下的五个校本活动项目，构建了校本课程实施体系。

二、优化教师队伍，凝聚团队智慧

校本课程的开发与实施，为教师们找到了施展特长的平台；课程研发的过程，促进了教师教学理念和课程意识的提升，从而涌现出大批骨干教师。

在课程研发过程中，我们依据教材的需要，根据内容的不同，组建多个研发团队，凝聚集体智慧，优化教师队伍。其中《生命教育》教材研发和编写，就由校级领导直接负责，组建了专项课程开发小组，由教科处进行督促，形成一股创新课程热潮。在研发过程中，教师们从最初的懵懵懂懂到有章可循，最终循序渐进走上专业化发展道路。

新的教学内容促进了教师之间的频繁探究，从而又相继组建了专项研发团队：开发出《我爱少先队》的优秀辅导员研发团队，学校综治组设立《校园伴我行》研发团队，优秀语文教师根据学校特点和生命教育性质组建团队开发了《诗画节气》，体育组凝聚智慧开发了《校园律动》教材，使学生在生命的认知、安全、律动、智慧和价值五大方面得到润泽，从而实现“为学生的幸福成长奠基”的教学理念。

多样化的校本课程活动内容，真正达到了学生继国家课程学习之外的兴趣拓展和知识延伸，有效地激发了学生的学习欲望，有的放矢地开发了学生自身潜能。

三、有机渗透于学校教育的各门学科中

我们认为：生命教育如果只是单一地研发课程是远远不够的，还要创设有利于学生生命成长的课堂氛围，有机渗透在学校教育的各门学科、各个环节、各个方面，把生命教育教材融入日常教学。

我们每两周安排一次生命教育相关课程，确保在课堂领域落实生命教育的内容。同时在科学、综合实践、健康教育、体育、品德与社会等这些生命教育的显性课程中增强生命教育意识，挖掘显性和隐含的生命教育内容，分层次、分阶段，适时、适量、适度地对学生进行生动活泼的生命教育。

在语文、音乐、美术等这些隐性学科中，也蕴

涵着丰富的生命教育内容。我们适当结合教学内容，对学生进行认识生命、珍惜生命、尊重生命、热爱生命，提高生存技能和生命质量的教育活动。我们还充分运用与学生密切相关的事例作为教学资源，利用多种手段和方法开展生命教育活动。

四、研究符合学生实际的课程实践

我校《生命教育》校本课程还涉及文学、体育、艺术、实践活动、习惯养成等多种活动内容，这些活动经过合理归类，依据《生命教育校本课程实施方案》进行系统设定，按照学生的年龄特点和自身喜好供其自行选择、操作实施。

当然，我校生命教育的教学空间也不仅仅局限于学校和课堂，还创造条件延伸到家庭、社会、大自然中。学校要定期组织学生到校外与生命教育有关的单位、机构，如医院、生命科学陈列馆、敬老院、青少年活动训练基地等，多途径、多渠道、全方位地开展生命教育教学活动，如班团队活动、节日活动、社会实践活动等，以丰富并加深学生的体验和感受，使学生在真实的情境中掌握一些生命教育的基本知识和技能，激发学生热爱生命的情感，形成正确的生命态度。

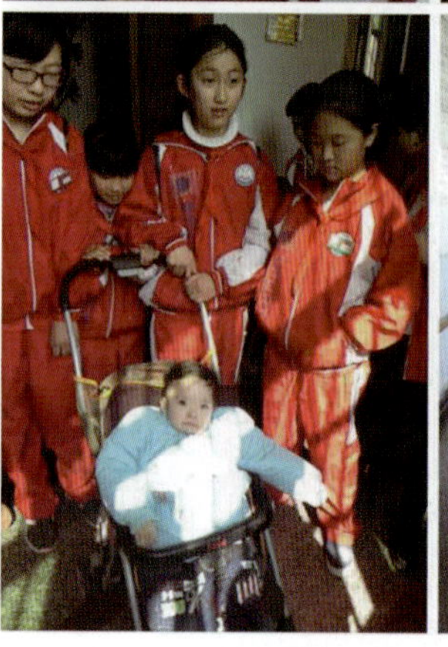
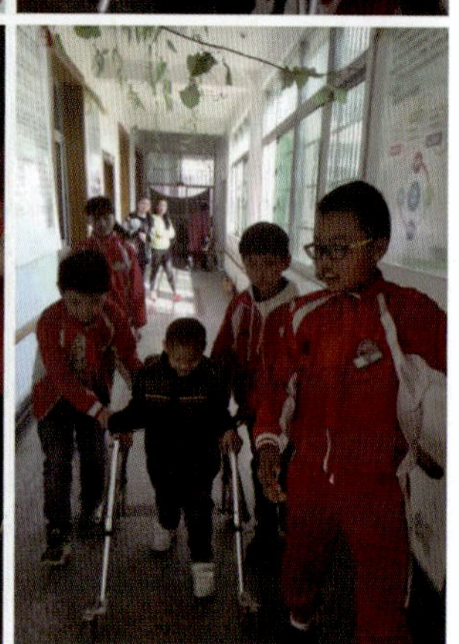

我校丰富多彩的校本课程活动，为学生的生命发展与个性成长提供了良好的平台。

五、制订创新有效的校本课程评价机制

正当我校校本课程全面展开，师生活动精彩热烈之时，如何进行科学、有效的课程评价这一新的问题又摆在了我们面前。

因此，我校开始探索新的更加人文化的评价机制，主要包括：

1.集体活动评价。学校专门为校本课程量身定做各种学生参与性的活动，鼓励学生参与展示，实现活动评价。

2.小组展示评价。

3.自我评价。学生每次活动后都可写出自己的心得体会来表达收获，进行自我展示。

4.参与率评价。每一项校本活动，主持教师都要对学生的参与情况进行记录，根据学生的参与率对活动效果和学习兴趣进行评价。

总之，总结四年多的校本课程实践，我们深深感到：研发《生命教育》，提升了教师队伍素质，凝聚了教师向心力，展现了教师智慧；奉行《生命教育》，还原了教育的本质，追寻了教育的真谛；实施《生命教育》，创新了课程改革，培养了学生正确的生命价值观，照亮了学生的幸福童年！

生命教育，带我向教育更深处漫溯

江西省上饶市实验小学　　郑玉敏

近几年来，我校围绕《生命教育》如火如荼地开展了丰富多彩的校本课程活动。在这种回归教育本质的校本课程中，我，作为生命教育的一线工作者，是生命教育实施的主体，更是最先的受益匪浅者。生命教育，犹如搭建了教育梦的天桥，带领我们向教育更高处攀登、前进。

一、激发生命教育意识

我校校本课程团队研发的《生命教育》，不是一般意义上用手写出来的文字，而是一本用身体实践出来的好书。这些文字，没有一句灰色的理论，在字里行间，流淌着的是我们教师真挚的教育情怀与理性思考。因为，没有对教育的一种悲悯之爱，便无法让教育成为自己的信仰；没有一种对师生的慈母般的情怀，便不可能有那种跨越时空的漫步和建设性的思考与策略。

在研发和实施《生命教育》校本课程的过程中，我们不得不对现有的教育进行反思：我这样的教育尊重学生的生命成长规律吗？怎样的教育才是真正的生命教育呢？我们在校本课程的困惑、障碍和缺陷中学习、探索、合作、交流、反思，我们寻求解决问题的突破点，不断进步，不断提高。我们也逐步拥有了与时代精神相适应的科学教育观、发展学生观、正确教师观、合理课程观、良好师生关系观等。

随之，我们把这种理念衍生到日常教学中，反思自己的教学过程，发现教学实践中的问题，并研究问题、解决问题，在教师中掀起"教师即研究者"的运动。这种运动大大增强了我们教师的自信与自尊，使我们把课程的目标、内容、实施结合起来，从中生成实践生命教育的知识和智慧。就这样，在改进教学和优化校本课程的同时，激发出教师生命教育意识。

二、重生生命教育理念

师者，传道、授业、解惑也。之前总是认为教师以教授知识和技能为主要职责，自从深入学校的校本课程《生命教育》后，我才意识到：光传授知识和技能是远远不够的，更应该关注学生的生命成长。以生为本，遵循生命之道，以关爱生命、感恩自然、追求生命的意义为核心，不仅要关怀生命，还要关心环境和社会，以实现学生生命快乐、幸福、自由地发展。新的教育理念犹如"一夜春风万树开"，为我的教育和思想开启了一个新的视角，重生"生命教育"理念，重塑班主任形象，努力为学生营造一个健康、和谐、愉悦、民主、宽松的生命成长空间，无条件地接纳所有的孩子，引导他们更加珍爱生命、珍惜人生，体悟生命的价值。

记得刚接手上一届的六年级时，班上一位性格极为倔强好强的女生，和一位男同学发生了一点口

角,她便抓着男孩的衣领狠狠打了这位男生几巴掌。男孩的家长找来与女孩说理,愤怒之下,家长挥手便向这位女孩打去,出于对每一个生命成长的呵护,我以最快速度用身体挡在了她的前面,化解了他们的矛盾,合理地解决了这件事。事后我才知道女孩从小便父母离异,与母亲生活,而母亲却丝毫不管她,因此她做事、想事经常会比较极端。针对这种情况,我积极关注其心灵成长,给予她信心,用"生命教育"理念感化她,引导她正确的交往方式,做到了教育的无痕和有恒!

三、焕发生命课堂活力

著名教育家叶澜说过,我们现在的教育必须从生命的层次,用动态生成的观念,重新全面地认识课堂教学,构建新的课堂教学观,他所期望的实践效应就是:让课堂焕发出生命的活力。这正和我校提出的"幸福教育"理念和《生命教育》校本课程不谋而合。当我将生命教育理念置于日常备课时才发现,原来所有的知识并不只是固化在书页间的文字符号,而是鲜活的生命。我尽力将每一节数学课堂和生命教育课堂生活化、新鲜化、活灵活现化,让课堂充满生命的气息,充满童真的律动。在这样的课堂上,我与学生全身心投入,不只是在教和学,还在感受课堂中生命的涌动和成长;在这样的课堂上,学生获得多方面的满足和发展,我的劳动闪现出创造的光辉和人性的魅力;在这样的课堂上,不只是知识的学习,还体现出育人的本质和实现了育人的功能——为学生生命幸福成长奠基。

我想，教育就应该像阳光，温暖心怀；像金色的河流，澄澈而明净。因为孩子的生命美丽如花，教育的作用就是让这些花朵绽放得更加绚烂，细细地倾听每朵花慢慢开放的声音！

四、升华教育生命价值

教育是直面人的生命、通过人的生命、为了人的生命质量提高而进行的社会活动，是以人为本的社会中最体现生命关怀的一种事业，这也是生命教育备受我校追捧的原因。在我们倾尽全力引导学生认识生命、珍惜生命、尊重生命、热爱生命、欣赏生命、保护生命、提升生命以及提高生存技能和生命质量的教育活动中，生命教育就像种子一般种进了学生的心田，扎在教师教育的土壤之上。施教者必先受教，就如钱理群老师说的那样："教师生存方式所特有的幸福，它是因直抵教育的本质而获得。"

一路走来，我们怀着对生命的敬畏和尊崇，以热切而理性的思索努力追寻教育的本真，引导教育的实践：将生命融于教育，将教育融于生活，让教育成为生命的诗意存在，凸现生命的灵动、自由和独特，不断提升教育的生命价值，并以此渐臻自身生命的完满与幸福。

生命教育，就像一股幸福的清泉，带我向教育更深处漫溯，驶向幸福教育的彼岸。生命教育就是教育之根，让我沿着这教育之根，攀缘而上，仰望更美的教育星空！

《红土情怀》,点亮孩子们的童年

江西省上饶市第一小学　　伍　翀

我校《红土情怀》美术校本教材的设计初期,美术教师把本教材的立足点定位为体现地方特色的美术课程,所以从风景、人文、民俗等饶州特色出发,美术组7位美术老师通过无数次的翻阅资料、上网搜索、实地考察、画稿设计和课堂实践,终于使这本美术校本教材——《红土情怀》初具模型。

我校美术校本课程教学分为低、中、高三段,在教学的实践中更多地体现出灵活、多样的教学内容,有着极强的科学性和艺术性,使不同层次的学生在动脑(思维)、动手(操作)、动眼(观察)方面的能力得到发现和发展。

学生们在老师的引导下,透过校本教材直观地了解了我市历史悠久,山美水美人文美。如:《水墨三清》——学生用中国传统水墨绘画技巧写意三清山;《上饶小吃》——学生用民间面塑的技法制作一些创意上饶小吃;美丽的风景——《鄱湖美》;孩子们的快乐节日——《快乐六一》;上饶市人民的生活风貌——《晨曲》……校本教材的使用,引领学生走近了自己的家乡,了解了家乡的特色,增添了对家乡的热爱之情。校本教材充实着学生的校园生活,对学校教师和学生来说,其意义和价值都是深远的。

经过四年对《红土情怀》校本美术课程的学习和探索,大家受益匪浅,回头审视教学情况,我们的感受如下:

一、因材施教,分层推进

各个年级有着不同的特点。年龄特点是小学美术教育中必须重视的要素,在整个小学教学阶段,学生的兴趣还不够稳定,认识兴趣还以一定的情境性为特征。只有在掌握学生年龄特点的基础上,才能了解小学生由于在感知、意识、理解、能力上的高低悬殊,所表现的兴趣上的不一样。我们校本教材内容本身就是按照低、中、高段进行设计的。低年级教学的安排如下:第1课《家乡美景》、第2课《快乐六一》、第3课《塔》、第4课《有创意的公交车》、第5课《勇敢者的游戏》。在这几课时的教学中,主要让学生通过仔细观察,发现生活中的"美",以及能用恰当的语言表达出来,在他们的绘画或者制作作品中,能运用身边合适的材料进行。如:《快乐六一》一课中,教师先让学生观察我校历年与六一儿童节有关的活动,调动起他们学习的积极性,再具体分析人物的神态表情、动作特点,以此为孩子们的绘画打下扎实的基础,最后使作品中洋溢着快乐的气氛。又如:高年级的《带湖故事》一课,首先带领孩子们欣赏我们城市中一处有特点的建筑——带湖牌坊,我们以线描的手法进行表现,让孩子们感受线条的魅力,从中锻炼孩子们的观察能力,并使他们能够注意绘画中的构图以及画面的取舍问题。和低段教学不同,本课更注重的是美术教学中技法的运用和设计的创新。

二、学会观察，循序渐进

在教学美术绘画课中，那些生动有趣的形象是引起学生直接兴趣的重要因素之一，是促使他们形象思维发展的主要意象。学生只凭头脑中记忆的表象作画，往往大略地看了事物对象后，有个大概的记忆，就开始作画。针对学生喜欢观赏一事一物，在日常的美术教学中要特别注意引导学生有目的地进行观察，如：形状、颜色、结构、姿态等，并使学生注重在观察中运用多种感官，从而更好地认识客观事物。色彩方面则多凭主观印象。因此，向儿童布置观察任务和指导儿童观察时，首先让其观察形状，在纸面上画出形状后再考虑着色。观察能力的提高在于锻炼，经常有目的、有意识地观察，其观察能力自然会得到提高。如：在三、四年级《晨曲》一课中，重点是让学生观察人物运动的特点。每一项运动人物的动作特点是不一样的，孩子们仔细观察后，才能“下笔如有神”。上这一课时，教师还把关节可以活动的木头小人带来让学生具体欣赏，提高他们对知识的掌握能力，这有助于他们的绘画表现。

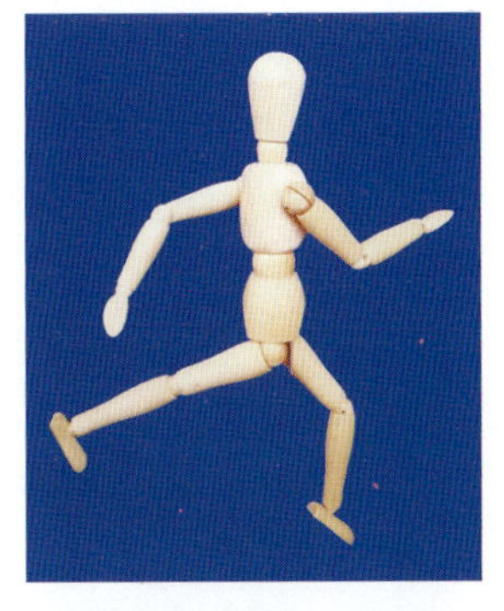

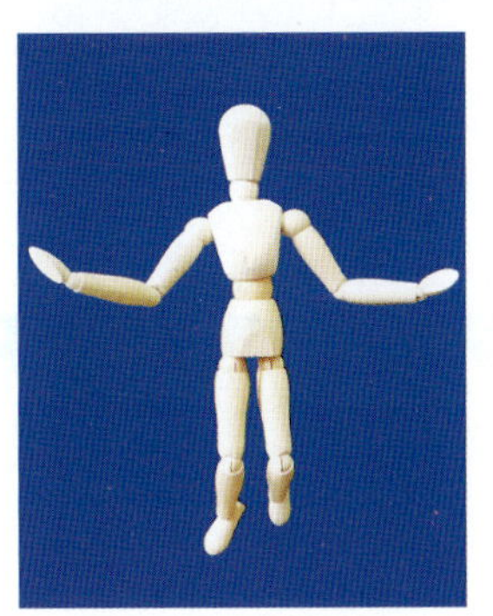

三、多彩生活，尽在指尖

搜集具有地方特色的美食、雕塑、风景等，让孩子们在感受家乡美的同时，能够运用手中的不同材料进行手工制作，把各种具有饶州特色的事物“立体”呈现在大家面前，以此来锻炼学生的动手能力和观察力、想象力，并能激发他们热爱家乡的情感。

课例一:《上饶小吃》

上饶是个美食的聚集地，智慧勤劳的上饶人民制作出了各种美食，有美味的铅山汤粉、灯盏果、清明果......

米粉

清明果

灯盏果

灰煎果

瞧，孩子们的作品。

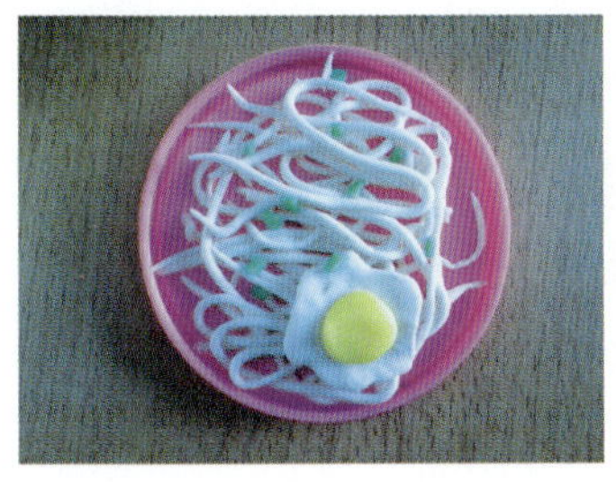

课例二:《凝固的美》

《凝固的美》这一课中,出示了很多张图片,它们都来自学生的身边——信江河畔、小区内、步行街中……让孩子们理解自己身边的事物,以更好地激发他们学习的兴趣。“美源于生活”应该就是这样理解吧!

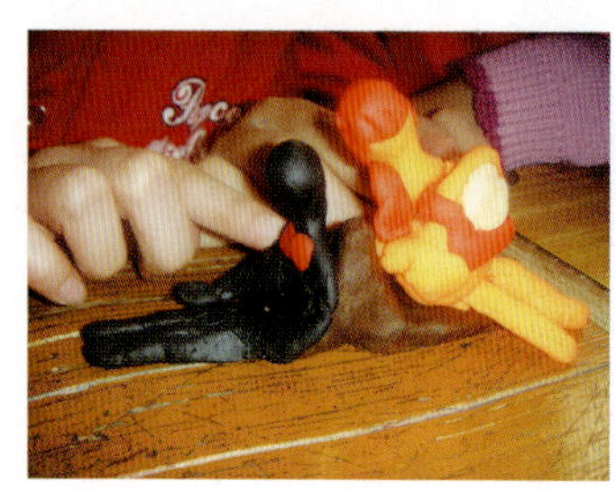
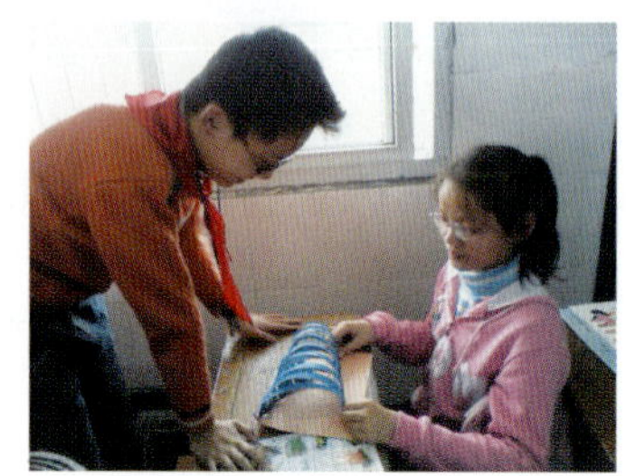

四、且行且思,完善创新

我们在不断的学习探索中也发现教材中存在着各种不足,如何将美术校本课程完善,使我们以后的教育教学更上一个台阶?

我们也有了几点想法:

1.针对教材中教学内容的单一性,我们进行了设想。如上《塔》这一课时,教师基本上两课时完成,先让学生欣赏上饶名塔的造型,了解塔的来历和构造,再进行设计。我们思考是不是可以把这单纯的绘画内容分为三个课时来完成:第一课时为欣赏课,具体欣赏塔的造型、图案,课前让孩子们自己收集有关资料,课堂上向同学们介绍自己了解的知识,锻炼学生的语言表达能力和仔细观察事物的能力;第二课时为绘画课,把心中设计的有特点的塔具体化,以绘画的形式呈现在大家面前,注重塔外形和花纹的设计;第三课时为制作课,根据自己设计的塔的外形,选择合适的材料进行造型表现,让塔“立体”呈现。把单纯的以绘画为主的教学内容分化为一系列的教学小节,使单一的教学内容呈现多元化,形成一个大的教学单元,我们正在向这一方面探索。

2.教材中专业知识介绍较少。这一不足,主要体现在一些专业内容的教学上,如:《水墨三清》这一课,教材中出示了画家以及学生的作品作为欣赏内容,这部分就忽略了基本技法的介绍——笔法的运用、水分的掌握。针对这些内容,我们思考增加教材的设计,添加不同技法的运用知识,让学生拿到教材后,即使没有教师指引,也能够一目了然。

我校美术校本课程的开发与实践为孩子们推开了一扇窗,家乡多彩的风景和生活尽收眼底。孩子们爱生活,爱家乡,爱身边的一景、一物、一人、一事;孩子们会用自己的眼睛寻找美,发现美,积极用灵巧的小手绘制美、创造美……我们常常在一幅幅稚嫩却独特的作品中看到孩子们小小的心灵不断萌生着热爱生活、热爱家乡的情愫,看到孩子们对美术学习的信心和决心。我们窃喜,这正是我们开发美术校本课程的初衷,也是一笔更待我们开发的宝贵的教育资源。我们将继续致力于把国家教材和校本教材优化整合,研究教材,在教学中善于发现问题,分析问题,关注学生的情感,改进教学和组织形式,找出切实可行的方法和途径,才能让学生在愉快中学习,全面提高学生的美术素养,创设美术课堂教学的新境界,让美术课程点亮孩子们的童年!

美术校本课程《红土情怀》实践感悟(一)

江西省上饶市第一小学　　伍　翀

在我校《红土情怀》校本教材的设计初期，大家把本教材的立足点定位为体现地方特色的美术课程，所以我们都从能体现饶州特色的一切出发，包括风景、人文、民俗等，而我设计的三节课——《晨曲》《快乐六一》《鄱湖美》，也是遵从了教材设计的中心思想，从美丽的风景——鄱阳湖、孩子们的快乐节日——六一儿童节、上饶市人民的生活风貌——晨练入手，让学生们在学习的过程中能接近生活，从生活中去寻找美、发现美、创造美，从而让孩子们无论从美术技法上还是对家乡的情感上都有一个升华。

《晨曲》一课中，我设计的初衷是让孩子们从对一些晨练项目的关注到感受晨练中人们的愉悦心情，再到他们能够发现晨练中不同项目的动作特点，并且让他们能够把自己的发现在作品中体现出来。所以我在设计本课时，先进行采景，一大早就来到广场，对在这里锻炼的人们进行拍摄取景，取得了一定的素材，再在本课中插入具有代表性的学生画作，以及一些简单的介绍性话语，让孩子们能够理解本课。本课的重点是放在人物动作的设计上以及人物的心情的表现上。

《快乐六一》一课中，让孩子们认识人物的表情特征是一大重点，另外再结合我校丰富多彩的六一活动，更是让孩子们画笔生辉，展现出不同特色的作品。而我在设计初期进行收集素材的工作主要是把我校历年来进行了的六一活动进行汇总，多以照片的形式进行表现，再配上表现孩子们快乐心情的图片，完成本课的设计。

《鄱湖美》是以鄱阳湖为素材设计的一课。湖中泊来的小舟；美丽的南飞的候鸟；独特的湿地风景……无一不是向世人展示着鄱阳湖的美景，而这么美丽的地方竟然在我们的家乡上饶，从而让孩子们对家乡的骄傲之情油然而生。而体现美丽的鄱阳湖的方式也很多：剪纸、刮画、版画、油画棒画等等，让孩子们不仅可以从本课中了解鄱阳湖的特色，更能学会用自己的方式进行创作。

在《红土情怀》美术校本教材使用的这三年过程中，我们感受到了教材的魅力——它融合了大家的智慧，孩子们在校本课程的课堂中体现出来的积极性非常明显，因为这是他们身边的人或事，如在上《凝固的美》这一课中，我出示的很多张图片就来自他们的身边——信江河畔、小区内、步行街中……让孩子们理解自己身边熟悉的事物，能更好地激发他们学习的兴趣。“美源于生活”应该就是这样理解的吧！当然,在我们使用校本课程的过程中，也发现了其存在的一些不足之处。例如：教材偏重于绘画类，而手工制作类较少，希望在今后的课堂中能够开拓创新，让我们的美术校本课程更加完善。我们美术教师也要提高自己的教学水平，让孩子们更爱上美术校本课程。

美术校本课程《红土情怀》实践感悟(二)

江西省上饶市第一小学　　吴颖骅

本校本教材《红土情怀》是立足于我们地方风土人情地方文化所编写的教材,自从参与学校开展“校本课程”的编写与实践,我深刻地体会到“美术校本课程”实践的艺术性与有效性。

在学校支持下,我校的校本课程如火如荼地开展起来,校本课程也带来了新气象,学生们透过校本教材直观地了解了我市山美水美人文美,历史悠久。如:《水墨三清》,学生用中国传统水墨绘画技巧写意三清山;《上饶小吃》,学生用民间面塑的技法制作一些创意上饶小吃;《家乡美景》把学生带入美丽的故乡美景中……校本教材的使用,引领学生走近了自己的家乡,了解了家乡的特色,增添了对家乡的热爱之情。校本教材充实着学生的校园生活。校本课程对学校教师和学生来说,其意义和价值都是深远的。美术校本课程教学在教学的实践中可以更多地体现出灵活、多样的教学内容,有着极强的科学性和艺术性,可使不同层次的学生动脑(思维)、动手(操作)、动眼(观察)的能力得到发掘和发展。

我校的美术校本课程具有科学性、思想性、趣味性、灵活性和开放性;符合了学生的年龄特征、心理特征和认知发展水平;语言真实、内容广泛、题材多样,能激发学生学习兴趣、开阔学生视野和拓展学生思维。

美术校本课程不同于国家美术课程,它可以照顾到具体学校、具体学生的差异性,促进各个层次、各种特长的学生的发展,教师有更大的空间和时间帮助学生形成适合自己的学习模式,并不断提高自己的审美能力。通过几年的学习,学生与他人的合作意识增强,学习主动性增强,以美育人,将美育教育渗透到各个学科。

我与孩子们的十五天

——“快乐活动日”手拍鼓班实践日志感悟

上饶市玉山县城东小学　　鲁李婷

第一天　新学年，新开始

新学期的第一天，我就接到了一个艰巨而又光荣的任务。我们学校的快乐活动日红红火火地开始了，而我的手拍鼓班也热热闹闹地成军了，看到讲台下充满着期待的可爱笑脸，想象着以后的每周四的下午，我会和他们一起分享我的所知所想，一起感受艺术与体育的结合之美，我感觉瞬间全身都充满了力量。为了能让孩子们在活动中能学有所得，我精心准备了详细的教学计划和丰富的教学内容。

第三天　骨感的现实

现实永远比想象更骨感，没想到才第三次课，问题便开始一个接一个铺陈在我面前。作为一个菜鸟老师，在孩子们褪去了对新鲜事物的兴趣之后，我对班级管理的经验与对困难的准备的不足的问题暴露无遗。孩子们对重复性练习的积极性不够，整个队伍十分懒散，纪律性不强，面对这些问题我有些手足无措，而这些问题对我们这个团体的活动来说是致命的。经过两节课的调整后却依旧没有太大改善，我感觉就像突然被一盆冷水浇下，快要浇熄心中奋斗的热情了。

直到有一天，我无意中看到了我的教学计划封面上大大的“快乐”二字。对呀，“快乐”才是我们这个班、这个活动存在的意义，之前我把大部分的精力都放在了学习内容与成果上，忽视了作为学习主体的学生的感受，我感觉一下子就有了方向。

第五天　培养学生的团队意识

作为一名音乐老师，在工作中经常面对的是多个班级的教学，在这个过程中，我发现优秀的班级通常有一个特点，就是他们的团结度非常高。在面对我们这个由全年级各个班同学组成的团体来说，最重要的事情就是培养学生的团队意识，让所有的孩子们在这个集体里找到归属感。所以我将所有人分成了A、B两大组，开始了比赛制学习。

古人云：人心齐，泰山移。把合作精神带入教学中，课堂被注入了新的生机和活力。例如：在教学新的动作组合之后，为了能比其他组更快完成学习任务，学习能力强的同学开始自觉地帮助其他同学进行练习。这加强了同学之间的交流，让我们的课堂氛围快速地融洽了起来，而且也解决了重复练习非常枯燥的问题，孩子们品尝到了胜利的喜悦，干劲也越来越足。

第八天　我要当组长

比赛制的课堂大大激发了孩子们的学习热情，但问题也是翩然而至。A组的孩子们因为队伍里几个“调皮鬼”已经连着两次败北了，辛苦练习的孩子们委委屈屈地看着我，请求我狠狠“镇压”这几个“调皮鬼”。这是个棘手的问题，我不能放弃任何一个孩子，那要怎么才能让他们好好配合同学们完成学习任务呢?

我决定出个奇招。在每个组原有组长的基础上再选出一位组长，一个管学习，一个管纪律，而组长在小组胜利后奖励双倍的个人积分。这对于想要摘取个人大奖的孩子们来说有着莫大的吸引力，大家都举手希望可以当组长，那几个“调皮鬼”当然也没有例外。我特意将其中一个叫起来，问他：“组长既然能得双倍的积分，那么他应该要做什么?”“自己做好，管好同学，嗯，还有帮助我们组获胜。”这句话从他口里说出来我有些意外，我也立刻就知道我这么安排没有问题，他也就如愿当上了组长。没想到那几个我明示暗示效果不佳的“调皮鬼”们倒是被他收拾得服服帖帖，A组也终于得到了胜利的果实。

第十天　团队活动是润滑剂

对于一个团体来说，团队合作的形成并非是一日之功，而丰富的团队活动绝对是最好的润滑剂，所以在每次课中，我都留出15分钟来开展大家最喜欢的游戏活动。例如，孩子们每一次将鼓收回鼓袋交回

器材室都要花费非常长的时间，而且经常有孩子丢三落四，少了鼓棒，丢了鼓套。我特地设计了一次游戏，A、B组所有同学同时进行收鼓练习，看看哪一组用时最短、收鼓最整齐，再在每组选出5名同学进行接力赛。通过团体赛历练之后的同学们能又快又齐地完成收鼓任务，遇到困难也知道要互相支援配合，他们为集体付出的努力感染了在场的每一个同学，而收鼓的问题也随之顺利解决。

第十五天　结业表演——我的“六一”儿童节

经过一个学期的学习，孩子们都渐入佳境，他们在学习中能感到快乐，我也觉得非常欣慰。我正思考着期末该给这群可爱的孩子们准备一份怎样的“大礼”，没想到“大礼”自己找上门来了。学校为了庆祝读书节顺利闭幕，又临近六一儿童节，决定准备一台文艺会演，而我们的手拍鼓有幸入围了表演名单，我知道有许多孩子都没有上过舞台，这是一个非常难得的机会。

果然，在听到这个消息，孩子们都非常兴奋，特别是得知表演那天家长也可以到学校来观看，大家更是开心不已，每一个孩子都非常认真地进行练习，即使借用了孩子们休息的时间进行加练，也没有一个人掉队。

终于来到“六一”这一天，看着连连说着紧张的孩子们，我努力分散他们的注意力，其实自己也同他们一样，紧张不已。这是你们第一次上舞台，也是老师的学生们第一次上舞台呀，总是忍不住看看这个鼓棒藏好没有，叮嘱叮嘱那个注意节奏表情，这个时候我才真切地感觉到，我们就是一个无法分割的集体。看到他们开心的笑脸，我觉得之前付出的一切都是值得的。

小结

一个学期的欢乐时光弹指而去，我也从一个手忙脚乱的菜鸟慢慢学会了沟通，学会了调整，看明白了问题，累积到了小小的经验财富，这就是快乐活动日的强大魔力。新的学期又如约而至了，我相信在新的集体里我也可以收获满满的幸福。

廉洁之花满校园

鹰潭市第八小学　　肖　珺

小时候，老师总爱问孩子们:“你的理想是什么?”50、60 年代的爷爷奶奶那辈人肯定是骄傲地说:“我要做一个对祖国有用的人。”到了 70、80 年代爸爸妈妈这辈人会怀着无限憧憬地说:“我想有份稳定的工作,有份稳定的收入。”可不知从什么时候开始,孩子们的回答变了,他们说:“我想当老板,赚很多的钱。”“我想当官,这样走哪都被人簇拥、被人关注,多好啊!”……这样的回答,应当引起全社会的反思,是什么改变了青少年的理想。青少年是国家的未来,“少年智则国智,少年强则国强,少年进步则国进步”。面对当前的青少年思想状态,如何传递正能量,如何让青少年成为实现中华民族伟大复兴中国梦的主力军,是摆在教育界面前的一个重大课题。

为此,我校在 2010 年编写了小学生廉洁教育读本《童心莲语》。为了让廉洁之花开遍校园,扎根学生心中,校领导鼓励班主任利用班会课,学习《童心莲语》。在没有先例可循,没有教学设计可参考的情况下,如何学习这本书,如何对学生进行廉洁教育,我也很茫然,心中也是着急万分。慢慢地我放下心中的焦躁,在静下心来翻看这本书时,突然茅塞顿开。我想我找到了步入廉洁教育殿堂的大门。

一、把廉洁教育与学科相结合

当时我正好带的是三年级,我想三年级的孩子已经有了一定的阅读理解能力。而我既是班主任又是语文老师,何不把这本书结合语文学科一起来学习呢?于是,在教学《我不能失信》这课时,我结合《童心莲语》中的“重诚信”,书本和校本教研中的内容相辅相成,更加详细生动地说明了诚信的重要性。在此之后,学生们明白了“言必信,行必果”,懂得了“民无信不立”,并对本单元中“日积月累”里的名言警句有了更深的体会。孩子们不光明白了道理,而且落实到了生活中的一言一行。班级值日生逃跑的现象没有了,调皮捣蛋的少了,因为他们都在争做一个重诚信的好孩子。

而这只是我们语文学科和廉洁教育相结合的一个小缩影,在我国源远流长的民族传统文化中有着丰富的廉洁文化资源,如《童心莲语》中所介绍的“华罗庚的故事”“庄子的故事”“立木为信”与“烽火戏诸侯”等,这些都是我国博大精深的民族文化的瑰宝,我们应当加以运用,加强学科渗透,深入挖掘并整合现有学科的廉洁教育资源。不光是语文课,思想品德、班会课等也是我实施廉洁教育的好时机。我常利用思想品德课,结合教材和学生一起探讨“怎样做一名讲文明的好学生”“怎样让世界充满爱”“如何读懂爸爸妈妈的心”等。同时开展了一系列的廉洁教育主题班队会,如:百善孝为先、祖国在我心中等,通过这些渗透到各学科的廉洁教育,我明显感受到了学生的变化,他们学会了讲规矩,知道了关爱他人,懂得了孝敬父母。原本乱糟糟的教室变得井然有序,曾经相互打闹的孩子变得彬彬有礼。这些改变都离

不开廉洁教育。

二、抓住教育契机

校园内处处是育人之地，事事是育人之事，时时为育人之时。我利用升国旗以及主要节日、历史人物纪念日等举行主题活动，如学习雷锋活动、植树节活动、纪念九一八"国难日"活动等，让学生们在活动中，受到诚实守信、正直节俭、崇尚廉洁的教育，从小就树立起积极、健康、向上的道德情感、人生理念和理想信念。

三、围绕廉洁，开展实践活动

学生的养成教育并非朝夕之事，不是一两次集体活动或是几次思想教育就能见效的。为有效落实廉洁教育，我班积极参与学校组织的一系列实践活动：

（一）参观学校廉政文化室

2010年我校被授予"鹰潭市廉政教育示范点"。为此，我校建立了廉政文化活动室，活动室主要由主题墙、主题宣传墙、实物展示柜三大板块组成。学生井然有序地参观了廉政活动室。小小的活动室里，鲜活的人物形象，生动的故事情节，伟大的人格精神，强烈地冲击着学生幼小的心灵。参观后，我班组织开展了主题班会，学生在班会课上唱歌跳舞、讲故事、朗诵等，用他们自己喜欢的方式来抒发参观后的激动心情，我仿佛看见廉洁之花在每个孩子心中绽放。

（二）参观熊云清纪念馆

在一个艳阳高照的下午，我带着孩子们来到了坐落于鹰潭火车站的熊云清纪念馆。当孩子们步入馆内，一幅幅感人的画面，一段段动人的话语，让我们仿佛回到了那个年代，我仿佛听到了孩子心中的声音。回去后，孩子们纷纷拿起笔写下了自己心底的话，并用实际行动来证明，他们是熊云清的接班人。这一活动让廉洁教育从校内走向校外，也让廉洁教育从思想上升到了行动。回到校园后，孩子们劳动更积极了，更乐于帮助别人了，每个人都成为校园的小主人，看见垃圾，主动捡起；看到摔倒的同学，急忙扶起；捡到了东西，及时交到大队部……这些都是廉洁教育所带来的影响。

孔子云："其身正，毋令则行，其身不正，虽令毋从。"作为教师，担负着教育下一代的重任。虽然平凡，我们的脊梁支撑的却是祖国的未来，虽然清贫，我们的双手托举的却是明天的太阳。让我们共守清廉之约，共筑清廉之家，廉洁一生，快乐一生，共创廉洁校园。

放眼未来 立足脚下

鹰潭市第八小学 陈红霞

自2010年《童心莲语》一书编辑、出版以来，我校的廉洁文化教育已开展五年多了。回顾走过的路，我们很是欣慰，因为发现自己走的是一条笔直的康庄大道。

一、放眼未来 从小播下一颗高尚的种子

泰戈尔说过："闪射理想之光吧，心灵之星！把光流注入，未来的暮霭之中。"作为教育者，一定要高瞻远瞩，要有大境界，有远见。

"廉洁"，一个古老而又年轻的话题，在有着五千年文明的中国，在这个历经沧桑的地球，曾经伴随着许多了不起的人和故事，与历史一同成长。廉洁展示了生命中最美好的一面，廉洁是天地间最灿烂的图画，廉洁让人类社会变得更加美好、和谐，廉洁让地球——人类的家园生生不息！

放眼人类的美好未来，我们选择了廉洁教育这个主题。听起来似乎离我们有点遥远，但是我们着眼于廉洁教育的广义，把它具体化为八个章节：树理想、守规范、讲节俭、重诚信、倡平等、懂自尊、淡名利、崇清廉。教材开发组在编写教材时特别注重深入浅出，让小学生也喜闻乐见。

历时4个月，一本廉洁教育小学生读本《童心莲语》诞生了。该读本以丰富的廉洁理论，中外历代清官廉吏、名人故事，寓意深刻的廉诗、廉文、格言、漫画等宝贵资源为主要内容，图文并茂，既体现了优秀的传统文化，又具有丰富的时代内涵和鲜明的时代特色。

翻开这本书，你会发现，原来廉洁和我们是如此之近，原来廉洁的含义是那么宽广；你会感叹，这是一个五彩缤纷的大花园，这是一片辽阔无垠的天空；你会沉思，你会……可能你会想成为这个大花园中的一朵，欣然绽放，只为替它增添一抹颜色；也许你想成为这片天空中鸟儿的一只，奋力展翅，只为享受飞翔的快乐！

今天，鹰潭八小的园丁们辛勤地将一粒粒金色的种子播下了；明天，一朵朵灿烂的廉洁之花将盛开在祖国的每一个角落。"少年智则国智，少年强则国强，少年进步则国进步。"我们仿佛看到未来的中国像孩子们一样朝气蓬勃，如星星般明亮，如泉水般清澈；仿佛听到一支歌轻轻地响起，越来越响，越来越响，那是廉洁之歌，歌声中有你，有我，有他……

二、立足脚下 扎实推进廉洁教育

放眼未来之后，我们更需立足脚下，这样才能更好地走到未来。编好教材是基础，用好教材才是关键。我们充分利用好校本教材，让廉洁文化走进校园，走进课堂，走进心中，走进千家万户。

1.积极营造氛围　让廉洁文化润物无声

我们积极营造浓厚的校园廉洁文化氛围，力求让每面墙壁都“说话”，使学生们看得见摸得着。除了建设14面廉洁主题文化墙，每个楼层、走廊，按照学生的年龄特点，都精心设计悬挂了一些有关八荣八耻、国旗国徽、廉洁诚信的宣传牌。廉洁教育活动室是一个专门的廉洁教育学习宣传阵地，它集廉洁文化各种图片、书籍、画册以及音像等资料于一室，配备现代化操作展示系统，具有直观、灵活、便捷性，为师生提供一个开展廉洁教育学习、活动的固定场所。此外少先队大队部开设廉洁文化宣传专栏，定期张贴有关文章、图片、漫画等资料。校园“红领巾广播站”开辟廉洁教育栏目，宣传有关法律法规，讲清廉人物的故事。整个校园到处都散发着浓郁的廉洁文化气息，使学生在潜移默化中受到良好的熏陶。

2.开展系列活动　让廉洁教育潜移默化

（1）校园廉洁　师者先行

廉政文化进校园关键在于如何让教师按廉洁要求做好自身工作，同时发挥他们的积极性，做好做实学校廉洁教育，把学生素质提升到新的水平。

我校通过开展各种系列活动，让党员干部、教师和学生一起接受廉洁教育，在党员干部中开展以“廉洁从政、勤俭办学”为主题的反腐倡廉教育活动，在广大教职工中开展“廉洁从教、服务学生”的主题教育活动。

学校还要求各学科教师充分挖掘课程资源，有意识地把廉洁教育纳入教学目标，有目的地实施敬廉崇洁教育，把课堂创建为廉洁教育主阵地。

（2）牵手廉洁　快乐体验

学校坚持教育与实践相结合的原则，在学生中开展“廉洁伴我行”主题教育活动，寓教育于活动中，让学生在日常的学习、生活中潜移默化地受到廉洁文化的教育和熏陶，逐步养成勤奋节俭、诚实守信、敬廉崇洁的良好品德。

活动形式多种多样，如举办“小小百家讲坛”、主题班队会、“廉洁伴我行”讲故事、演讲比赛、爱心捐赠、组织家长和孩子手拉手一起编办“敬廉崇洁”手抄报等，让学生在实践活动中体验廉洁。

为了弘扬中华民族吃苦耐劳、坚韧不拔、自力更生、艰苦奋斗的优良传统，我校建立了“七彩开心农场”，结合综合实践课和课外劳动实践对学生进行劳动教育，让学生在快乐中劳动，在劳动中成长。农场自产自收的纯天然绿色蔬菜向全校老师售卖，所得的资金作为“爱心基金”，每年奖励给品学兼优的贫困生。

廉洁文化进校园，恰如蒙蒙春雨落下，时时滋润着芬芳桃李；犹如缕缕清风吹拂，净化了校园，净化了师生心灵。

（3）推广廉洁　送教下乡

为了充分发挥鹰潭市八小作为鹰潭市廉政文化建设示范点的带动和辐射作用，2013年11月，我校开展了一次送廉政文化进农村小学校园活动。除了协助当地学校编写廉政文化黑板报、宣传栏外，学校还向上清城门小学赠送了自编的廉洁教育教材《童心莲语》，邹晓军校长亲自为城门小学学生上了一节廉洁教育示范课。让农村学生接受了一次“崇廉、敬廉、赞廉”的熏陶，进一步培养了农村小学生正确、积极、健康的理想信念、道德观念、法制意识和社会责任。

放眼未来，立足脚下，我们鹰潭市第八小学的教育者将一直脚踏实地，为孩子们推开一扇扇窗，让孩子们奔向更广阔的未来！

校本研究，让我们感觉到幸福

江西省大余中学　　程秀全

我们的校本课程研究开发萌芽于2006年，当时是教师个人的阅读兴趣与教学的相结合。真正意义的校本研究开发是从2009年学校成立了校本研究开发小组时开始的。校本研究初见成效表现在2012年校本课本《随钱锺书一道与古人对话》编译出版，而逐步走向成熟是在2014年对校本课本重新修订之后。这几年一路走来，我们最大的感受是我们的课程意识加强了，师生的幸福感大幅度提升了。

我们课程意识加强，表现在视野的开阔与理念的更新上。这从我们课程的文章中可以看出。我们的校本文章分三类：一是钱锺书先生观点材料的直接展示。如《关于"肉食者鄙，不能远谋"》一文，钱锺书先生著作中直接涉及这个问题，我们把它转述出来。这是我们研究的开始，注重知识本身。二是用钱锺书先生的观点、材料分析课文。如《〈论语〉学习，不可忽视孔子的处事方法》一文，这篇文章中的观点、材料以钱锺书先生著作中的为主，我们结合教材进行分析。从这篇文章中可以看出我们研究能力的逐步提高。三是把钱锺书先生质疑的精神、探究的方法引入教学，如《怎么可以出此纰漏——人教版高中语文标点指瑕》一文，这篇文章用钱锺书先生质疑的精神指出语文课本中存在标点问题。这是运用，表现出我们综合研究能力的提高。

这三类文章很能看出我们的成长轨迹——由浅到深，由知识到能力，由能力到运用，最后形成整体的课程意识。从中可见，校本课程的研究开发，对于我们一线教师有多么大的助推作用。平时我们的教研，是点上的研究，缺少整体的课程意识，我们还是课程的被动使用者；而进行校本课程开发，我们由课程的使用者变成了课程的开发者，由被动变成了主动。这对我们来说，是本质的飞跃。因而，要说校本课程对我们教师的促进作用，首先是我们课程意识的加强，宏观把握能力的提高，并且在教育教学中感受到了成功的幸福与喜悦，把教师这一单纯的职业变成了人生乐于从事的事业。

幸福感的提升表现在教师潜力的挖掘与能力的肯定上。我们的校本课程着重培养学生的质疑精神与探究能力，这既是对学生的挑战，更是对老师的挑战。但课程意识逐渐加强之后，我们能自如地应付这种素质全面提升的挑战。比如我们在讲《蜀道难》时，有个学生提出文章前面说"西当太白有鸟道，可以横绝峨眉巅"，说鸟能飞过蜀道，后面却说"黄鹤之飞尚不得过"，那鸟儿到底能不能飞过呢？学生提出问题后，我与同学一起探讨，并把探讨过程与结论形成文字，写成《鸟儿能飞过蜀道吗？》一文，这篇文章很顺利地在《语文学习》2014年第2期上发表。在学《荆轲刺秦王时》有学生提出为何"易水送别"时要"白衣冠以送之"，"送别"不是同于"送葬"吗？是否与生活不符？我们又一同探究，形成文字，写成《"史家绝唱"如何与"无韵离骚"联姻？——认识史书中的"真实"与"虚构"的关系》一文，发表在《中华活页文选》2015年第2期上。古人常说"教学相长"，因为课程意识的加强，我们在教学中与学生一同成长，一同

进步，充分感觉到教学所带来的快乐与幸福，同时把我们身上的潜力也挖掘出来了。

原先我们上课，是根据教材与教参来上，上面怎么说，我们便怎么讲，我们只是课程的使用者；我们有了自己的课程理念后，思想境界提升了。这样一来，在上课的时候，依照国家的《课程标准》，根据我们的校本课程的课程目标来处理教材，时常与学生擦出思想的火花，既培养了学生的能力，也促进了教师自己能力的提高。原先，教师发表论文是件极困难的事情，然而，在研究开发的过程中，我们把上课的一些经验与体会形成文字，都能很顺利的在杂志上发表。到目前为止，我们课题组已有几十篇论文在省级以上刊物上发表，其中还有两篇文章被中国人民大学书报资料中心全文转载；许多老师从校本课程文本解读的论文出发，如今在作文辅导、写作教学、试题命制等方面都能自如地写作，相关文章在各大报刊上频繁发表。因而我认为，课程的开发，把老师的潜力挖掘出来了，让老师各方面的能力得到了充分的肯定，找到了当老师的荣誉感与自信心。

幸福感的提升还体现在学生学习的快乐和素质的全面提升上。自校本课程全面在学校展开以来，学生在市级以上报刊上，如《语文报》《疯狂作文》《文道·少男少女》等，发表的作品越来越多。作品发表后，学生不仅得到了知识与能力的肯定，还能收获一张数目不大但价值颇大的汇款单。许多学生收到汇款单后，不是到邮局取钱，而是把它保存起来，留作纪念。一篇好文章，既需要优美的文字支撑，也需要丰富的思想支撑；文字是血肉，思想是灵魂。我们的校本课程，在这两方面给学生以营养，让他们文字优美、灵魂高贵。写作、发表，让学生在成长中找到了快乐和幸福！同时，学生的幸福感还表现在成绩的提高上。2014 年语文高考中，满分作文花落余中；在 2015 年高考中，我校语文学科“三率”均居全市前列。这是对学生写作极大的肯定。教师的主要职责是教书育人，学生成绩的提高，素质的提升，是教师能力的集中体现，是教师幸福感的源泉。在学生的幸福中，我们教师也找到了幸福！

因而，我们认为，进行校本课程的研究与开发，开阔了我们教师的视野，让教师的课程意识建立了起来，把教师内在的潜力挖掘了出来，让教师在教学中找到了快乐感与幸福感，并在幸福中把老师这一职业变成了终身乐于从事的事业！

搭文化之桥，过历史之河

——校本教材《万寿宫文化》实践感悟

南昌二十一中　　李　芳　李景兰

深深扎根于赣鄱大地的万寿宫文化是原生态的民俗文化，是江西人民宝贵的文化遗产。万寿宫文化与其他道派文化不同，它兼具民俗文化与宗教文化的特性，在民间的普及度很高、影响力很大。所幸的是，南昌二十一中就是在原万寿宫的遗址上兴建的。我校《万寿宫文化》这本校本教材可以帮助我们了解这块土壤所蕴含的丰富文化，了解我们生存的人文环境，用其中的文化智慧与生存哲学指导我们的生活。课堂上给同学们讲解校本教材《万寿宫文化》时，我们感慨良多。

首先是行走于课堂中，徜徉于天地间。课堂小天地，知识大海洋。我们在小小的课堂中，有限的教室空间里，却能够以校本教材为载体，“思接千载，视通万里”。

课堂上我们以虔诚的态度，自豪的神态和富有感染力的语言讲述着万寿宫的历史：万寿宫的发源地在南昌，数百年来，随着赣人的迁徙逐渐遍布全国大部分地区。据不完全统计，江西省境内的万寿宫约有600余座，遍布40多个县市的城镇与乡村，建于省外的万寿宫约有800余座，分布在全国20多个省市自治区，在香港、澳门、台湾都有历史悠久的万寿宫建筑。在国外，比较集中的万寿宫建筑群分布在新加坡、马来西亚、泰国等东南亚国家。可以毫不夸张地说，凡是有中国人的地方就有万寿宫。

讲着，讲着，我也是心潮澎湃，自己的思绪仿佛也飘忽到一千多年前。也许是受到我情绪的感染，学生们也禁不住愈加正襟危坐，以期待的眼神等待着听自己南昌光辉的历史。

万寿宫的历史可以追溯到1600多年前。晋朝名士许逊是南昌人，许逊斩蛟龙治水，后人建立祠庙祀奉许逊，这些祠庙便是万寿宫的前身。明清时期，江右商帮崛起，分布四方的江西商人只要具备一定财力，首先要做的就是建造万寿宫。万寿宫不仅是祭祀场所，也是江西人同乡聚会、协商事务的场所。万寿宫是江右商帮的精神寄托，也是赣文化的鲜明标志，是我们弥足珍贵的文化遗产。

知识在课堂上流淌着，同学们的心似乎与南昌离得更近了，以万寿宫文化为载体的历史桥梁搭建起来了，我们和学生们都沉浸在以万寿宫来传递的赣文化的魅力中。

其次是尽心积淀于课堂后，尽情挥洒于课堂中。教师所受的专业教育和积累下来的专业经验，融于教师课堂上的言谈举止之间，成为教育的机智和情怀，为学生的成长引路、照明，成为能够在如此纷繁复杂的世界中吸引学生热爱知识的强有力的磁场，这或许正是我的追求。

作为教育工作者，弘扬和传承民族传统文化是一种义务，也是一种责任，而作为生于斯长于斯的南昌人，更有责任将植根于赣鄱大地的传统文化传承下去。担当弘扬和传承的使命，自身要有深厚的知识积淀，方能做到厚积薄发。

讲授《万寿宫文化》，从学生们身边熟悉的事物说起，如在南昌提起万寿宫，何人不知，何人不晓。更何况我校所处的地理位置就是万寿宫。在新建区西山的苍松翠柏间，在城南象湖的潋滟波光处，万寿宫巨大的牌坊和宫宇仍然巍然屹立。煌煌千年，是什么让一座宫宇的光芒传承不息?

江西师范科技大学历史系退休教授章文焕，研究万寿宫几十年，据他介绍，许真君清正廉明的政治风范，救灾捍患的宗教精神，舍身为国、铁柱锁蛟的英雄气概以及净明忠孝的道德教义，一直以来在江西民间都有着极其崇高虔诚的信徒。因而自东晋起，江西先人就广建祠庙供奉纪念他。唐宋时期，随着江西在南方的昌盛，江西的商人和移民不断向湖南湖北和云、贵、川一带迁徙繁衍，江西先人到哪里，万寿宫就建到哪里，赣文化也随之传播到哪里。

为了向学生传播万寿宫文化，我事先看了些相关书籍，如章文焕的《万寿宫》、张岱年和方克立的《中国文化概论》、陈立立的《万寿宫民俗》等，此所谓积淀于课堂后，挥洒于课堂中。

最后就是雅俗结合，感受文化之所在。教师对于知识的传授，应该考虑学生的特点，以学生喜闻乐见的形式和内容来吸引他们的关注，从而激发他们的兴趣，进而在学生心中埋下知识的种子。

比如介绍万寿宫的民俗文化，南昌有两大主要庙会，绳金塔庙会和西山万寿宫庙会。南昌采茶戏，同学们可能不怎么喜欢看，但西山万寿宫庙会的戏台上，要连续上演好几天。黎蒿炒腊肉，南昌人的特色菜，人人都爱吃。朝阳洲、生米街、象湖、洗药湖……都是我们熟悉的地名。这些南昌特有的民俗，都和许真君、万寿宫有关。许真君有许多优秀品质，为民做了不少好事，于是老百姓建造祠堂纪念他。至今，南昌地区乃至江西地域的老百姓每年仍在朝拜祭奉许真君。人们在隆重祭祀许逊的过程中，产生了一系列的民俗文化现象。民俗文化向来是文化认同和民族精神的象征，所以民俗文化有它顽强的生存空间。万寿宫民俗文化是一个深不可测的“海”，我们有必要去了解并保护这份非物质文化遗产。

万寿宫民俗文化的具体介绍，让学生感悟到身边很多习以为常的现象甚至是舌尖上的美味都蕴含着文化的身影。由此，教育学生文化无处不在，要善于思考，这样自己就能挖掘出更多更宝贵的知识宝藏。

文化，是一个民族繁衍生息的灵魂。作为教育工作者，我们要搭起一座文化之桥，帮助学生过历史之河，在潜移默化中培养起学生的民族自信心和自豪感。我们要以自己的教育智慧，将文化的种子播撒到学生的心田。万寿宫文化是生长、繁荣并发展于赣鄱大地的原生态民俗文化与宗教文化，它内涵丰富、独具特色，在全国乃至世界都有广泛的影响力。江西人民要将它一代又一代地传承下去，它是我们宝贵的文化遗产，我们有责任和义务继续将万寿宫文化发扬光大。

唯以求真的态度做踏实的功夫

——校本课程《万寿宫文化》实践感悟

南昌二十一中　刘志盛　李景兰　杨柏凌

2010年9月，为配合落实新课程改革的需要，学校开始了校本课程的编写。2011年12月，校本课程《万寿宫文化》一书由江西高校出版社出版发行。

总结和反思开发校本课程《万寿宫文化》的实践历程，我们总能感受到观念的冲击、思想的碰撞和行为的转变如影随形。期间，我们经历着探索的困惑、发现的惊喜、成功的愉悦，最终一切都成为经验和收获。

一、走进校本课程需要科学引领

当时，校本课程开发对于学校大多数的教师来说是一项全新的工作——理念新、难度大；范围广、任务重；无基础、无经验。学校和教师普遍认识准备不足，心理准备不足，技术准备不足。因此，我们认真学习有关文件精神，在思想上达成共识，并成立了以校长为组长的校本课程开发小组，指导学校课程开发工作。这种共识和组织是我们取得成效的重要基石。为了能对校本课程整体上有一定的把握和本质理解，我们邀请专家做校本课程开发的专题讲座，使校本课程组的教师充分认识到：校本课程是课程改革的重要内容，任何等、靠、要的思想永远没有出路；校本课程的开发有助于完善办学理念，形成学校品牌特色。

二、掌控课程的开发需要有的放矢

有了目标，就有了前行的方向和动力，在教学实践中我们非常注意结合工作重点找寻如何在实践中学会课程开发。

（一）在态度上强调“放”，敢于放“箭”

当时的理解：大家起点一样，没有权威，没有固定模式，也没有“裁判长”，结果只能在实践中、规律中。有了设想，实践是第一步，在实践中生成适合本校的新课程。我们强调“放”，强调学校、教师应该成为实践的主角，要敢于迈开步子去尝试。一时间，学校相继出现了很多方向的编写思路，有民俗文化、中学社交礼仪、体育健身、江西旅游图鉴、南昌美食等，真有点百花齐放、百家争鸣的感觉，事实上也为后来的《万寿宫文化》一书顺利编写出版奠定了很好的基础。

（二）在实践中注意“收”，防止放“乱箭”

“放”是一种策略，是前提，为了让教师解放思想，解放手脚，而在具体的工作中要求严格程序、具体明确。

首先学校组成课程开发组，要求教师之间要形成合作研究共同体，既要独立思考，也要互相交流，在动手实践之前，做足功课。学校要求在开发设计上一定要从课改新理念出发，立足南昌二十一中的办学特色，发展学生的需求、教师的成长。另外，课程内容的开发一定要从身边着手，要充分挖掘利用现有的教育资源，立足“身边”和“可行”，课程设计时要有相对明确的内容界定，避免大而无当或过于狭小。于是，万寿宫文化主题方向就逐渐浮出“水面”，并凝聚了绝大多数教师的共识。

众所周知，南昌二十一中就是在著名的万寿宫遗址上兴建的，校园中的古迹至今依稀可辨。漫步校园，不经意间你会发现，散布于某个角落的一砖一瓦，一草一木，透着古朴，穿越古今，遥远而又陌生，引发人们无限的遐思。放眼南昌地区的中小学校，能与历史传统文化这样零距离接触的真是难寻其二。万寿宫历史悠久，由此衍生的“江右”文化影响深远，对研究赣地历史及民俗、经济与文化的变迁是个绝佳的切入点。

（三）在动态中保持“稳”，不发“虚箭”

明确了万寿宫文化的校本课程基本开发方向，我们开始构架稳定的体例，撷取真实可靠的材料等，同时注意到学生的年龄特点和兴趣爱好，强调以活动为主，重视主体参与、体验和感悟的学生认知特点，因而在对校本课程材料的选用、改编、创新方面不断完善，把传统教育教学中一些好的课程形式如班队会、兴趣小组、校外实践、科研课题等都融合到课程的编写中。我们把校本课程《万寿宫文化》从编写到实施看成是一个动态生成、反思调整的过程，在动态中管理，在动态中发展，在动态中完善提高，逐步夯实提升。

在材料的选择上，编写组尽可能做到兼顾故事性和趣味性，用浅显的文字传递丰富的历史文化知识；在编排上，从宏观构建、小处着眼来设计章节，条分缕析；用图片来讲故事，用故事来表现文化。我们深知，要编写的是校本课程，而不是宗教读物；是民俗文化采撷，而不是神魔故事汇集。为此，课程编写组实地考察了省内外多所万寿宫道观，翻阅相关历史文献、地方志记，聆听宗教文化人士介绍，汲取高校专家教授的建议，并收集到大批第一手的图文资料，整个过程有条不紊。

（四）在实施中找寻“巧”，力求一“箭”多雕

校本课程《万寿宫文化》最大程度地彰显了南昌二十一中的人文特色，丰富了校园文化内涵，同时对学校教师的教育理念更新，专业素养的提升具有现实意义。从编写到实施，并最终成为拓展学生知识、素养、能力的载体，这就需要更多大胆、新奇的设想与安排。一千个读者眼里有一千个哈姆雷特，人若把自己框在一定的范围内，就容易限制了自己的思维和格局。针对现实问题，我们在实施中力求“四个贯穿”，即通过语文课堂的贯穿、政教处与教务处的德育贯穿、团委学生实践活动贯穿和学校各学科的综合教育贯穿。注意结合传统文化精读、道德讲堂、古诗文诵读会、主题班会、公益活动，让课程自然进入学习、融入生活、收获思想。我们深切地感受到学生对校本课程的热爱，在课堂上，他们思维活跃，学习兴趣浓厚。

再谈一些切身的感悟。

孟子言：“心之官则思，思则得之，不思则不得也。”校本课程的开发是当前课程改革领域内的一个重要课题，校本课程的有效开发与实施，给学校特色的发展，给教师专业的发展，给学生个性的发展，都提供了一个崭新的舞台。校本课程不与学生的成绩直接联系，也难以与升学率、教师的考核业绩直接挂钩，但它是素质教育的有益补充，其作用是潜移默化的。

《万寿宫文化》是南昌二十一中真正意义上的第一本校本课程教材，作为参与者，我经历了从如履薄冰的忐忑到柳暗花明的释然。荣誉与挑战并存，期望与失望交织，正应验了那句话，厄运并非没有安慰与希望，幸运并非没有恐惧和烦恼。历史是古老的，而又是常新的，如何让身处历史悠久的万寿宫街区的南昌二十一中，在新时期教育方针的指引下绽放她鲜活动人的一面，是我们编写过程中以及今后不断要思考的课题。

李大钊讲，凡事都要脚踏实地去做，不驰于空想，不骛于虚声，而唯以求真的态度作踏实的工夫。以此态度求学，则真理可明；以此态度做事，则功业可就。汗水预示着结果，同时也见证着收获，参与编写的多为年轻教师，校本课程《万寿宫文化》编写经历告诉他们自己：想象困难做出的反应，不是逃避或绕开它们，而是面对它们，同它们打交道，以一种进取的和明智的方式同它们战斗，要相信上天在给人一份困难时，也会给人一份智慧。

《帮助有困难的同学》教学实践感悟

德兴市银城第一小学　　王金玉

学校组织老师们自主编写了一套校本教材——《责任根深　礼仪花繁》，其中三年级教材中有一篇《帮助有困难的同学》，教材初步成型时，我试上了这一课。

课堂开始进行得很顺利，从引导孩子们体会遭遇火灾的小新同学的心情，到应该对有困难的同学大方地伸出援助之手，课堂上呈现一片"爱心闪闪"。到"想一想"的环节：班上有位同学脚扭伤了，学也上不了了。你该怎么办？孩子们就积极地开动小脑瓜想出了各种各样的方法，让我也自叹弗如。再到"夸一夸"——班里谁经常帮助同学，大家夸夸他。夸的同学极尽赞美之能事，被夸的同学脸上洋溢着无比自豪的笑容，整个班级都沉浸在一种以帮助同学为傲的高尚氛围里，孩子们的情感得到了升华。我高兴地看着孩子们的笑脸，心中也被浓浓的感动充溢着。接下来是"帮一帮"环节，这是本课最后一个重要环节，也是一个直面人们（不只是孩子）心中为善阻力的环节，有了前面的铺垫，我对这个环节也是信心满满——我开始介绍情境，并出示图片：下面同学应该怎么做？为什么？请你帮帮他们。

情境一：

美术课上，小红的同学忘带彩笔了，小红想把自己的彩笔借给同学，可是又有些不舍得，因为这是爸爸给他新买的。

情境二：

班上要开中队会，跳舞的同学要穿白裙子，小红家里很穷，没得穿，白帆有一条新的还没有穿，她有点舍不得借。

不出所料，孩子们都说得很好，直到徐锦诚开口。徐锦诚是一个非常天真活泼而又很有想法的孩子，他举起手来问了我一个问题："老师，如果是别班的同学，可以不给吗？"我愣了一下，赶紧说了一通对于有困难的人我们都应该伸出援助之手的道理，这个课堂上的小插曲就这样过去了。但我马上意识到我们在编这课教材时，因为太过拘泥于课题而造成的局限性。于是赶紧做出了一些调整，针对本课，在"夸一夸"的环节中增加了"(4)你还知道你周围或社会上一些献爱心的故事吗？请你讲给大家听。"并且把"帮一帮"中的"情境二"换成了：

在操场上，张强看到一位同学摔倒了，刚想上去帮助可又停住了脚步，他想这位同学又不是我们班的同学。

是的，由于孩子们知识和阅历的限制，我们可能无法把所有的道理都让他们一股脑地接受，但是成功的品德教育，在孩子们心中埋下的应该是一颗种子，一颗有生命力的种子，有无限发展壮大的可能。随着孩子的成长，这颗种子能长成高大的善良之树，开出美丽的品德之花。

让感恩成为自然之举

德兴市银城第一小学　　王迎春

在我班里，很多孩子都是独生子女，他们都是家庭的中心，是家中的“小皇帝”“小公主”。家中四，五个大人围着他们转，孩子要什么，就给什么，真是“含在嘴里怕化了，捧在手心怕掉了”。久而久之，孩子的心中就只有自己，没有别人了。父母的宠爱，生活的安逸，让他们缺乏责任心、目无尊长，一切以自我为中心，大手大脚花父母亲的血汗钱。

成功学家安东尼指出：成功的第一步就是先存有一颗感激之心，时时对自己的现状心存感激，同时也要对别人为你所做的一切怀有敬意和感激之情。只有让学生对社会对环境及周围的人心存感激，他才能幸福愉快，才能主动帮助需要帮助的人，才能在遇到困难时得到更多的帮助，从而走出大写的人生之路。

这也引起了我的深思。于是，在一堂校本阅读课上，我先给学生出示了这样一段关于“mother”一词的诠释：

mother

M（many）妈妈给了我很多很多

O（old）妈妈为我们操不完的心，白发已爬上了您的头

T（tears）您为我流过不少泪

H（heart）您有一颗慈祥温暖的心

E（eyes）您注视我的目光总是充满着爱

R（right）您从不欺骗我们，教导我们去做正确的事情

孩子们看得很认真，不难看出他们眼中的好奇、惊讶、感慨……我知道这个对他们来说再熟悉不过的词语中所埋藏的别样的深沉内涵，已经触及了他们深埋在心底的那一份纯真，他们的感恩意识已有所觉醒。

于是我又趁热打铁，在让他们阅读了《挨杖伤老》后，不待他们发言又让他们看了新闻《被遗弃的母亲》：王荷英已经86岁高龄，行动不便，大小便失禁，也找不到哪家养老院愿意接收。可怜的老人就在四个子女中间被推来推去，这家住两个月，那家住几个月，过着饱一顿饥一顿的生活。一天老人被扔在楼下，爬到村委会的厕所里面去睡觉……老人就这样被丢在村委会一晚上，第二天被村民发现死在了村委会对面的老人协会的墙下。

班级中鸦雀无声，显现了难得一见的安静和认真，可一阵沉默之后，随着一只只怯生生的小手的举起，孩子们纷纷打开了话匣子，有的表达了对伯愈的敬意，谈起了对父母行为的认识；有的表达了对那四个子女行为的愤慨，说起了自己平时的不足……很多同学深有感触地说：“以前都是自己不懂事，不懂得

珍惜，其实母亲是世界上最辛苦、最伟大、最可爱的人，我们一定要以自己的实际行动和最好的成绩来回报她们！”

有了这样一个良好的氛围，我又具体做了以下工作：第一步，从感恩父母开始，制作亲情小档案。如，你知道父母的生日和他们的年龄吗？你知道父亲节和母亲节是哪一天吗？父母为你做过什么，你又为父母做过什么？你的感受是什么？从中引导学生去捕捉日常生活中受到的父母的恩惠。第二步，学唱感恩歌曲，写感恩日记，发感恩短信，利用感恩节、父亲节、母亲节让学生在家为父母做一些力所能及的事。第三步，发挥榜样的作用。引导学生讲述感恩故事、搜集感恩名言等一系列活动，用身边事去感动学生，用身边人去感染学生，培养学生的感恩意识，并逐步落实到行动中。

同时我还引导学生认识到在我们身边，处处都要感恩：在校园，作业写完后，是谁帮我们批改？学习中，是谁无微不至地帮助我们？是老师！在社会，是谁在拥堵的车流中为放学路上的我们保驾护航？是谁为我们创造了清洁、美丽的生活环境？是交警，是清洁工……我们要感恩的太多太多，懂得感恩，是做人的基本，如果你不懂得感恩，你就无法在社会上立足。

我欣喜地看到，通过以上的教育，孩子们渐渐变得懂事了，开始感谢父母的养育之恩，感谢老师的教育之恩，感谢朋友的帮助，感谢同学的关心。当然感恩习惯的培养不是一朝一夕的事，就让我们一起携手前进，让感恩之行成为孩子们的自然之举。

我与校本课程一同成长

九江县第一小学　　陆逸萍

校本课程的开发和实践工作是一项系统工程，我作为一名教师，全程参与了校本教材《我爱我家》的开发和课程实践工作。在一年的教学实践中，感悟很多，对我影响最深的，还是这本教材给我、给同学们带来的喜悦。

一、参与培训，提高理论修养

教师是校本课程建设的主体。作为主体，需要教师充分发挥自身的主观能动性贡献其智慧和才干，但是由于经验欠缺，教师参与课程建设需要相关人员的指导配合，需要大家相互交流，在交流分享中相互启发、达成共识、共同成长，为此，我参与了学校举办的不同形式的培训，例如："教研沙龙"，在研讨中我将在教学《我爱我家》的过程中所遇到的困惑提出来与各位老师一起进行专题研讨，参与校本课程"相互听课周""看录像、写反思、找差距"等活动。这些活动全面提高了我作为校本课程实施者的业务能力和自身素养，同时也提高了校本课程教学的有效性和实效性。

二、参与研讨，吃透教材内容

《我爱我家》校本课程的开设，是我校落实课程改革的一项举措，也是我校自身发展的必然要求。我们在教学中坚持集体研讨，在研讨中我们学习了教材的内容，理解教材，吃透教材，注重校本教学与各学科的整合。通过这几年的教学我深切地体会到：《我爱我家》校本教材记述的是我县优秀的人文资源、地方特色，教师只有在教学前吃透教材的内涵才能使学生热爱这本教材，最终热爱这门课程。只有在教学中学会学习、学会反思、学会创新，才能成为校本课程实践的研究者，从而促进教师的专业化发展。

例如：我对教材的结构进行了认真研讨，认为教材通过三大板块阐述爱"家"的理念。第一板是"做一个具有深厚文化积淀的人"；第二板块是"做一个热爱家乡，热爱祖国的人"；第三板块是"做一个学有所长，自信乐观的人"。教材介绍的都是从古到今大家熟悉的人物和发生在他们身上的由风情到特色的事件。根据教材的特点并考虑到相当一部分学生已经参观过这些纪念馆，对于其中的人和事有了一定的了解，我们提出在第一板块"做一个具有深厚文化积淀的人"的教学中着重采用课前收集信息，课中汇报交流，课后拓展延伸的教学模式。通过一系列学习活动，使受者有了一定的知识积累，也得到了一定的心灵熏陶。

三、及时学习，提高课堂实效

我校校本课程《我爱我家》的设计结构总体显现出"突出一个主题，多层次开放型"这一特点，在教学中教师必须不断学习、不断反思才能成为校本课程的研究者、实施者,才能使校本课程的开设卓有成效。学校组织教师通过上公开课、示范课,组织学习交流等活动,更好地探索校本课程实施的有效途径和实施方法,总结校本课程实施过程中产生的问题,大家群策群力,本着"边实施边建设"的原则,努力完善课程。

例如:第三板块"做一个学有所长,自信乐观的人"中有两篇文章写的是我校的兴趣特长,其中一篇写的是九江县城门山歌,要使学生有兴趣,要使课堂教学有实效,教师必须加强个人特长训练。我们在教学前先摸摸自己的米桶有多重,不足的不会的在教学前必须学会。为此我参与了学校组织的书画社团、空竹社团、声乐社团活动,通过社团学习,加深了我个人的特长修养,使得我在教学时能游刃有余。

四、及时反思,促进教材完善

教材是学生教育教学的重要资源。教材的选用十分重要。根据几年的教学,我们感到本教材在编排顺序上还需进一步完善。例如第二板块"做一个热爱家乡,热爱祖国的人"中有些篇目需要做些调整:把"第 8 课　中华贤母园"与"第 6 课　狮子洞"对调,把"第 10 课　陶渊明纪念馆"与"第 7 课　涌泉洞"对调,这样编排逻辑性更强,更符合《我爱我家》的编排意图。

五、及时评价,促进师生成长

课堂教学有无效果与课堂中的效果评价有很大关系,这在教学中的影响非常巨大。根据学校制定的校本课程三级监控评估体系:(1)课程开发、实施课程自我评估、诊断;(2)对学生及家长对课程的质量、效果及满意度进行问卷调查综合反馈;(3)对各类汇总反馈信息进行分析处理,对相关课程进行评估诊断,向学校提出修改、完善意见。我们每学期都对学生进行了评估,评估时针对每名学生对该课程学习的兴趣需求、学习效果(包括平时上课听讲、学习的态度、作业的完成情况等)进行评估;评估时产生"三个关注"——关注学生学习的过程和方法;关注学生的情感、态度和价值观;关注学生的成长过程、个体差异和自我反思。通过评估使学生的知识得到不断完善,能力得到不断提升,行为得到不断规范,心灵得到不断净化。通过评估学生对该课程学习的兴趣需求、学习效果,可以了解教师对课程的理解,对教材的把握,可以反思教师的教学方式是否合理。

总之,校本课程实施任重而道远。我将和我的同行们一起勤勤恳恳、脚踏实地,在校本课程建设中不断探索、不断研究、大胆创新,使这本校本教材更加合理,使校本课程建设更加完善。

《我爱我家》
——校本课程实践总结

九江县第一小学　　陆逸萍　杨青松

为了进一步贯彻落实新课改精神，体现学校办学特色，突出校本课程的特有价值，学校充分利用特有条件与资源，构建自己的校本课程体系，使之成为相对于地方课程、国家课程的不可替代的课程，有效地提高学生的整体素养。

我校自2004年9月就进行了校本课程与校本教材的研究与开发，第一期开发编辑了《法制教育读本》《心理健康教育读本》《乡土教材》三本校本教材，在以上三本教材的基础上我们又编写了《我爱我家》校本教材，在校本课程的开发与实施的工作中取得了一定的成效：2009-10课题《校本教材的开发与使用评价的研究》获省级立项；校本教材《我爱我家》2012-09获九江市义教校本教材评比一等奖；校本教材《我爱我家》2013-01获江西省义教校本教材评选活动二等奖。我们的具体做法是：

一、制定校本教材开发总目标

1.培养学生广泛的兴趣爱好，培养和发展个人特长。

2.以一定的课程为载体，使学生学会交流合作，培养诚实自信的品质。

3.加强校本课程与实际生活的联系，使学生养成勤于观察、乐于思考的好习惯。

4.激发学生学习的兴趣，学会在艺术欣赏中陶冶情操，培养健全的人格。

二、校本教材结构

针对曾经生活在九江县这一热土上的人和事，我们在教材编排上具体分成三大块：

1.“做一个具有深厚文化积淀的人”。为了帮助学生拓宽知识面，受到情感的熏陶，我们特意选编曾经生活在九江县这一方热土中的人和事——《五柳先生陶渊明》《抗金名将岳飞》《报界奇才黄远生》《陶渊明纪念馆》四篇文章，组织开展一些相应的活动，如“朗读比赛”“岳飞精忠报国故事”演讲以及征文比赛。通过这些活动，学生有了一定的知识积累，也受到了一定的心灵熏陶。

2.“做一个热爱家乡，热爱祖国的人”。针对九江县地处三省交界、万里长江中游这一地理优势，本着展示九江县文化，突出地方风情特色的原则，我们编写了《岳母祠》《狮子洞》《涌泉洞》《马回岭火车站》《中国外交第一人蔡公时》《中华贤母园》等几篇文章，让学生走进九江县，了解九江县，进一步认识、感受家乡美。

3.“做一个学有所长，自信乐观的人。”重视培养学生兴趣和特长。我们编写了《家乡的河》《石画》《家乡的特产》《家乡的歌三声腔》《我们的学校》《传统项目空竹》等篇目，让学生在实践和感悟中学习，激发了学生学习兴趣，发展了学生个性特长，使学生学会观察和思考、探究和质疑，形成创新意识、创造能力。

教材的每一篇文章都按照"智慧窗、知识汇、实践场、拓展区、聪明泉"五个篇幅进行编写，图文并茂，增加可读性、实用性和可操作性。

三、抓好校本课程的开发与实施

校本教材的开发实施是一项系统性工程，又是一项创造性工作，它没有现成模式可搬。为做好校本教材的开发工作，我们做了以下工作：

1.加强领导，提高认识，建立健全组织机构。为了更好地落实教材开发实施，学校成立了校本编委会，校长任主任，主管教学的副校长担任副主任并任本教材主编，科研处、教导处成员、各学科组长为组员。实行人本管理，充分发挥全校教职工的民主决策作用，确保优质、高效地进行校本课程开发。

2.进行教师培训，提高教师认识。注重教师的培训工作。通过普遍提高和重点培养相结合，集中培训和个别学习相结合，走出去与请进来相结合等方式，组织教师学习了相关的新课程理论和校本课程建设相关理念，邀请专家到校指导教研。通过培训，编委会成员基本理解了校本课程实施的要领，并掌握了校本教材编写的基本原则。

3.加强校本课程的课堂实施管理。每学期都把校本课程纳入课表，在师资短缺的情况下，配备了专职的校本课老师。教导处还有专人负责管理，每位校本课的老师都能做到认真钻研教材，认真备课、上课，及时反思。做到了有计划、有教案、有检查、有记录、有评价、有总结。

4.以研促编、以研促教、以研促学。每学期学校都要组织教师开展丰富多彩的校本研讨活动，通过公开课、示范课、学习交流等活动，更好地探索校本实施的有效途径和实施方法，总结校本课程实施过程中产生的问题，大家群策群力，本着"边实施边建设"的原则，努力完善课程。

5.建立良好的评价改进机制，利用制度保障开发实施的顺利进行。课程评价内容：①课程目标是否合理清晰；②内容选择是否具有针对性和综合性（适合学生认知水平与年龄特征，多学科综合，内容设计有弹性）；③教学设计是否符合学生年龄特点和认知方式；④评价方法是否具有可操作性、可测量性。

校本课程开发是一项全新的工作，给广大教师提供了一个展示自身能力和智慧的舞台。从另一个方面来说，也给教师提出了更高的工作要求，只有不断学习，提升自身素养，才能更好地传道授业。《我爱我家》校本教材开发和应用中多多少少还存在一些问题，编委会及时调查教师教学和学生学习情况，广泛收集意见，进行评价，找出教材中的不足。我们会在改版中进行修正。这本教材的开发也给了我们信心，按照学校的工作要求，后续其他学科的校本教材编写正在筹划，以生为本、以校为本，我们充满期待。

读千古经典，奠成才之基

——经典美文教学感悟

江西省万载县第一小学　谢　明

读千古经典，奠成才之基。我国经典美文是中华民族文化的精髓，是中华民族人文精神的结晶，更是世界文化艺术宝库中的一颗灿烂的明珠。

我们江西省万载县第一小学为提高学生的人文素养，开发学生的学习潜能，培养学生的民族精神，提高学生的读书兴趣，利用课余时间组织教师编写了《经典美文读本》诵读校本课程，不仅将《三字经》《弟子规》《增广贤文》《论语》《老子》《庄子》等经典读物引入了低、中、高年级课堂，而且将我们县历代优秀文人的作品收录其中。通过诵读激发孩子们对自己家乡的自豪之感，对祖国经典文化的热爱之情，让国学内容伴着学生上课、下课，悄悄地改变着他们的言行，使学生在轻松愉快和潜移默化中吸收和传承了中国优秀文化。这是一件很有意义的事情，也达到很好的效果。

经典美文一般都是短小精悍，文美意深，但对于我们现代的孩子来说，刚开始读的时候难免艰涩拗口，很难定下心来踏实接受。作为一名教师，该如何上好国学经典美文课呢？我个人觉得，首先，我们应创设氛围，让学生爱上经典美文，反复诵读，记住名篇佳作；其次，我们要创造条件，让我们的学生在语文课堂学习中与国学经典零距离对话；第三，我们应教会方法，让学生自主成为国学经典诵读的现代读者，让经典诵读之风成为校园最美的风景线。

在我们学校的围墙上，教学楼的走廊上，教室的墙壁上，随处可见精美的诗文，经典的名句。这些，都是引领孩子走进“国学经典美文”的切入点——课间游戏时，如果教师能有意识地带领孩子们诵读，既能提高学生观察事物的能力，也能让他们体会到经典就在我们身边，拉近经典与孩子们的距离，也让孩子们养成随时随处诵读经典的好习惯。日久天长，这些美文也就于无形中沁入每个孩子的心田。

课堂教学是学好经典美文的另一个有效途径。记得我在教学明末清初文学家张岱写的《白洋潮》时，为了让没有见过潮汐的孩子们亲身感受到潮来、潮时惊心动魄的景象，特地下载了钱塘江大潮的精彩视频，观看后又让学生们用成语或文言文的形式说出自己的感受；紧接着让学生初读课文，体会张岱用词之巧妙，表达之精准；再配以图片，采用个人读、小组读、男女 pk 读等多种形式，熟读成诵。在指导朗读“立塘上，见潮头一线，从海宁而来，直奔塘上。稍近，则隐隐露白，如驱千百群小鹅擘翼惊飞。渐近，喷沫溅花，蹴起如百万雪狮，蔽江而下，怒雷鞭之，万首镞镞，无敢后先。再近，则飓风逼之，势欲拍岸而上。看者辟易，走避塘下。潮到塘，尽力一礴，水击射，溅起数丈，著面皆湿。旋卷而右，龟山一挡，轰怒非常，炮碎龙湫，半空雪舞”这一部分内容时，我采取了“师生合作”的方法：老师先读第一句，读第二句的时候请第一组的同学加入，读第三句的时候请第二组的同学加入，以此类推，让学生在朗读游戏中体会到水势渐进渐响的变化。视觉、听觉、心理感受多方面一齐入手，何愁不能激发孩子们的学习兴趣，何愁孩子们不由衷地热爱经典呢?

学好经典美文,教给孩子们学习的方法也很重要。“工欲善其事,必先利其器”。对于学生而言,学习不仅仅是要掌握知识,更重要的是要学会如何学习,适宜的学习方法就是他们学习的“利器”。正如美国著名教育心理学家布鲁纳所认为的,“学习的目的不仅是将我们带到某处,而且应该让我们在前进时更为容易。”老师传授的知识是会被遗忘的,但学习方法则会使他们终身受益。在教学中,我一般要求学生按以下几步走:

第一步,初读课文,做好预习。孩子们先借助注释,初读课文,疏通文字,结合注释,把握课文结构。根据上下文读两三遍,这样对课文内容应该能有六七成的了解了。

第二步,再读课文,学会质疑。在预习时再读课文,同时要划出疑难词句,以备在课堂上提交讨论。

第三步,精读课文,学会解疑。精读时要能准确地正音、正形、断句,要力求读出语气、语调和节奏。通过精读,更深入地感悟、理解作品,体会文章的情感,把握文章的特色,解决自己提出的问题。

第四步,鉴赏评价,熟读课文。这一步主要靠同学们在课后主动进行。要熟读成诵,要强化文言字词的学习效果,深化对课文内容、结构的理解。要有意识地提高自己的文学鉴赏、评价能力。

台中师范大学王财贵教授说:“经典是唤醒人性的著作,经典可以涵养性情、增长智慧、提升眼界、增进道德勇气。”我们与孩子们一起行走在五彩缤纷的经典诵读之路上,体验着诵读的快乐,品味着美文的魅力。“雅言传诵文明,经典浸润人生”,我坚信,国学经典的诵读,必将如春风化雨,塑造孩子们的心灵!

实践养成教育心得体会

新余市暨阳学校　　黄奕莹

养成教育是指在思想政治教育的基础上，在日常生活、工作和学习中，通过训练、严格管理等种种教育手段，全面提高人的"知、情、意、行"等素质，最终养成自觉遵守社会道德和行为规范等良好道德品质和行为习惯的一种教育。我们知道，"思想决定行为，行为决定习惯，习惯决定性格，性格决定命运，命运决定人生！"习惯的力量是一种顽强而巨大的力量。习惯一旦形成，没有十倍百倍力量，很难加以改变。许多人的习惯，终其一生也无法改变。培养良好的习惯不只是为了学生成才，更重要是为了孩子成人，在一定意义上说成人更为重要。良好的习惯是可以养成的，习惯养成之后看上去很自然，但是养成的过程却并不是自然的。按照德育总体目标和学生成长规律，确定不同年龄段的德育内容和要求，在培养学生的思想品德和行为规范方面，要形成一定的目标递进层次。在《关于进一步加强和改进未成年人思想道德建设的若干意见》中更是明确提出，未成年人思想道德建设的四项主要任务之一是从规范行为习惯做起，培养良好道德品质和文明行为。该意见还提出，对学生养成教育的重点是规范其基本言行，培养良好习惯。

在国家深化教育体制改革的大背景下，在教育教学过程中，养成教育是学校教育工作的中心内容，是形成良好校风、学风的关键。良好的日常行为习惯是学生从事其他活动的重要前提，而良好行为习惯的形成则是优良品德形成的标志，因此，在小学教育教学过程中要特别注意良好行为习惯的养成教育。我们教给学生做人的基本道德，不仅是要让他们明理，而且要重在导行，引导学生从尊师爱幼、乐于助人、刻苦学习、不怕困难、勤俭节约等做起。我们要让学生在日常学习和生活中学会做人，在学中做，在做中学，边学边做，形成言行一致，表里如一的优秀品质。

我校在全面推进素质教育的过程中，自主编写设计了《我要学会》丛书，由班主任授课并编排在课程表当中。参与编写的编委都是长期担任班主任的一线老师或经验丰富的老教师。这套教材一出，便为班主任在引导教育孩子的习惯养成提供一个良好的素材，书本中的场景是大家熟悉的校园，书本上的人物是我们熟知的同学，这些内容，也足以让每位同学倍感亲切。现在我就来谈谈作为编委，在实践与编写过程的一些体会和感受。

一是这套丛书讲求科学。《我要学会》丛书共六册，每个年级各一册。有针对性地注重年级差异，制定培养习惯的计划，设置培养习惯的恰当方式，一个一个地来，在一段时期可以培养一个方面，重点培养一个习惯，由易而难、循序渐进。

二是形式多样。低年级的《我要学会》偏向运用朗朗上口的儿歌让孩子记住良好习惯，用生活情景再现的方式，直观地示范如何养成良好习惯。高年级的《我要学会》，更多是给孩子讲道理、讲故事围绕习惯，以大组、小组讨论的方式探究式学习。

三是榜样示范。这套丛书就是给孩子找优秀的榜样，用榜样的力量感召他们，为他们指点方向和迷津，这样更有利于习惯的形成。教育的使命是帮助学生学会做人、学会求知、学会劳动、学会生活、学会健体、学会感恩。《我要学会》就是起一个榜样示范的作用。

四是充分发挥家庭与学校共同育人的作用。家长的言行对学生日常行为的影响不可忽视。要使学生各方面都得到健康发展，培养良好的日常行为习惯，单靠学校的力量是不够的，还需要家庭方面的配合。亲子共读《我要学会》，家长也可以做到同步的要求，这为班主任，也为家长在孩子的行为养成上提供了一个参考标准。

五是加强检查评比工作。本书前后还设置了十星评比栏和自评栏，培养学生自我管理、自我约束的能力。同时学校建立健全值周检查和班级评比考核制度，对学生的日常行为进行监督、检查、记录。对全校学生日常行为进行检查评比并定期通报、讲评，增大学生参与管理的机会。

六是充分发挥班级集体的教育功能。学校的基本教学单位是班级。一个班级班风的好坏，集体意识的强弱，道德水准的高低，对集体中每一个成员的道德品质的形成影响极大。班级集体如果形成一种高尚的道德风貌，较高的思想境界，刻苦钻研的学习精神，积极向上的竞争氛围，那么学生在这个集体中就会受到强烈的感染。无形的鞭策和制约，必然会培养出团结互助、关心他人、严肃认真、奋发向上、品格高尚的学生。所以，班主任根据《我要学会》当中的各个主题，开展班级活动，以此为目标来培养良好的班风。

七是利用竞赛升华教育功能。学校利用《我要学会》来规范学生的行为习惯，利用《我要学会》来引导学生的习惯养成，利用年级校级甚至市级的竞赛来升华这种教育形式，让教育与能力并重，让生活与舞台并肩。

我们说："播下一个行动，收获一种习惯；播下一种习惯，收获一种性格；播下一种性格，收获一种命运。"一个良好的习惯会影响一个人一生的命运。经过《我要学会》丛书的设计与编写，我们每位教师内心都种下了一颗充满期待的种子，期待它在每个孩子的内心生根、发芽、长叶，长得葱郁而茂密，相互簇拥着，让学校绿树成荫，让社会充盈着健康的绿色。

《我要学会》的实践，不是我们学校实践养成教育的第一步，也不是最后一步。因为良好的行为习惯的形成并非一朝一夕之功，它需要学生长期努力，需要我们老师不断地督促引导。对学生进行行为规范训练，必须持之以恒，像滴水穿石一样，一点一滴，经年累月，使养成教育真正变成学生的内在需要，促使他们自觉养成各方面的良好行为习惯。

书香萦绕童年 阅读伴随成长

——谈校本课程建设的实践与反思

新余市暨阳学校 黄 燕

"读书破万卷,下笔如有神!"在一个人储备语言的最佳时期,让小学生多读、多背经典诗文,有利于小学生积累知识,丰富语言,提高阅读、表达、写作能力,有效提高小学生综合语文素养。小学生的语文素养提高了又会促进语文课堂教学效率的提高。如学生认的字多起来了,就能提高初读课文的效率;背诵能力增强了,就能很快地读熟课文,背诵课文;与文本、教师、同学交流互动时,语言表达能力增强;谈感受的时候常常会灵光闪现,语出惊人;写作文时,常常引经据典、妙语连珠……课堂教学效率提高了,学生就会有更多的时间去诵读经典,形成了良性循环。

为此,我们学校编写了校本教材《书香童年》,列出了每个年级每个学期必读、必背的篇目,教师鼓励孩子阅读并背诵经典篇目,有目的地教给学生有关阅读的方法,让学生运用多种阅读方法进行自主阅读,从而提高学生独立阅读的能力。学校还编写了亲子阅读卡,鼓励家长和孩子共读,并记录一些好词佳句,学生的阅读水平有了显著提高。

本人现将几年来,在运用校本教材上的一些心得体会,归纳如下:

一、在教学中运用多种方法激发孩子阅读的兴趣

现在的教学手段非常先进,教师在教学中可以利用多媒体技术,运用它音、形、色结合的优势辅助教学,可以提高学生的诵读兴趣,使其不感到厌烦。

(一)将韵文诗的诵读设计成有趣的游戏

具体的操作是将学生分好组,每一组阅读一部分内容,然后交替轮流诵读,这样的方式比让学生单独一人阅读效果要好。这不仅能激发学生的诵读兴趣,还可以引发他们的集体感和竞争感,使他们越读越有兴趣。如此,经过三四遍的往返诵读之后,学生也就能熟记于心了。

(二)长诗文用角色朗读的方法学习

对于一些篇幅较长的诗,如果让学生按照平常的方式背诵,学生很快就会感到厌烦,而且背诵的效果也不好,一段时间后会很快遗忘。面对这样的诗,教师可以按照内容让学生进行角色扮演,有的领背,有的和声,有的唱,效果就不一样了,不仅有趣,还不会错乱。这种背法,一旦记熟,就很难忘记。

(三)近体诗(格律诗)最好采用吟诵的方式

教学生吟诵是一件非常快乐的事。先教给学生一点格律知识,分清平仄。这样他们在掌握方法后,就会自己独创吟诵的方式。老师通常把一首诗或词进行反复读,找到感情基调,然后随口哼出曲子,给电脑插上话筒,在 PPT 中点击"录制旁白",将吟诵或哼唱的诗词录下来。上课时,学生把诗词基本读熟后就跟着录音吟唱。

二、双管齐下，帮助学生养成阅读好习惯

对于校本教材上列举的篇目，紧抓“三个一”，确保诵读效果：“一日一诵”，每天安排中午 10~15 分钟进行诵读；“一周一荐”，每周从《三字经》《百家姓》《论语》《弟子规》等国学经典中选取部分精彩片段，做好诵读内容的推荐工作；“一月一赛”，在学生诵读的基础上，每个月组织一次主题诵读活动比赛，采用说、读、演、唱、画等个人或集体形式来进行表演比赛。通过学生自背，班级检查，学校比赛的方法，确保背诵质量。

在抓好课内背诵的同时，督促学生和父母一起进行课外阅读，认真填写亲子阅读卡，让学生带着问题去读，这样的阅读更有成效。父母除了引导孩子正确阅读外，还要对孩子的阅读情况进行公正的评价。老师根据学生亲子阅读卡填写的情况以及父母的评价进行等级评定。

三、校本教材实施初显成效

（一）校本阅读促进了小学生的身心健康，人格优化

国学经典是古代圣贤思想、智慧的结晶，是我们民族文化的瑰宝，千百年来传唱不衰。诵读它，可以修身养性，增加智慧，开启成功之门；诵读它，可以让人认识美、领略美、欣赏美，享受快乐人生。实践证明，“润物无声”的经典诵读是提升学生品性和修养的有效途径。在国学经典的浸染下，学生的性情变得平和了，审美情趣更浓了，想象创作能力更强了，胸怀更为广阔，富有个性，人格健全。经典作品，为孩子的内心世界涂下亮丽的底色。

（二）校本阅读增强了学生的记忆力

从各班教师提供的阅读检测情况可以看出，学生的记忆力有所提高。从部分家长的检查反馈中也可以看出，孩子们背书比以前背得快。三(10)班宋一若的家长说：“老师每天布置我女儿背诗，刚开始，我女儿背得很慢，不愿意背。我还是坚持让她背，一年多坚持下来，现在是背得又快又好。看来，让小孩子背诗真是一件好事情。”

（三）校本阅读提高了学生的语文素养

通过背诵校本教材中的经典篇目，阅读推荐书籍，学生不但记忆力增强了，而且积累了知识，丰富了语言，提高了语文素养。如：学生诵读的《三字经》《弟子规》蕴涵着丰富的历史知识和各种题材的典故；《论语》《庄子》，儒家和道家是我们民族思想的源头构成，将这些范文烙印脑中，自然就提高了语文素养。学生语文素养的提高又促进了语文课堂的教学效率的明显提高。学生认的字多起来了，初读课文的效率就提高了。背诵能力强了，课文能很快读熟，背熟。语文素养的提高，还使学生理解课文内容变轻松了，发言时语句更通顺，还能不时引经据典，很有深度，常有令人感叹的顿悟之言出现。

（四）校本阅读提高了学生的思想修养

经过校本阅读的开展实践，老师和家长欣喜地发现，孩子们从文化素养到精神气质都发生了变化。无论是在课堂上还是在家里，孩子们的语言变得丰富灵动了，常常妙语连珠，出口成章；写作文也常常引经据典，信手拈来。老师和家长也为此惊喜不已，更让家长高兴的是，孩子们懂得了孝顺，懂得了感恩，懂得了幸福来之不易。经典阅读开阔了学生的视野，陶冶了学生的情操，净化了学生的心灵，全面提升了学生的人文素养。

总之，提高学生的阅读水平是一项浩大的工程，它涉及了很多方面，是难以用三言两语说明白的。作为教育者，我们在践行的过程中，要采取合适的做法，让阅读更有价值。

我的教育故事

——随风潜入夜，润物细无声

新余市明志小学　　杨　晶

“没有爱就没有教育，爱是打开学生心灵的钥匙”，这是我奉为瑰宝的真理，也是我工作的信条。回想起自己十七年的执教之路，我没有轰轰烈烈的壮举，更没有值得称颂的大作为，可是在繁忙的班级管理和平淡的教学中，我学会了很多，这当中有困惑，有激动，有伤心，有愤怒，有无奈，更有迷茫……伴随着自己和学生交往的生命历程，我欣慰地看着我的学生在我的教育下露出一张张阳光灿烂的笑容。

创造环境，熏陶孩子

2014 年伴随着明志小学《用心养成我成材》小学生新班会综合实践活动课程校本教材的研发，我所带的班级正好步入四年级，这些孩子大多数是独生子女，常常以自我为中心，不太关心别人，比较自私。许多家长在对孩子的培养上，往往太过重视孩子的智力开发，而忽略了对孩子的品德教育，所以孩子们认为接受父母给他们准备的一切是理所当然的，他们不知道要去关心他人，回报父母，回报社会。我一直想借一些机会，让学生懂得感恩，让他们学会关心别人。于是，我以“妈妈”的身份给班上每个同学过一次生日。我制作了一个生日台历，把每个同学的生日都在台历上标注出来，以便提醒大家。这样每当有孩子过生日时，大家都唱生日歌，送礼物，说祝福的话……教室里不时飘出阵阵笑声。通过“给每一个学生过生日”这一活动，孩子们在温馨与快乐的氛围中逐渐明白了关心他人。

接着在我们的新班队会上我抓住“我有爱心，我关心集体”这个内容让学生们上主题为《父母生日我牢记》的班会课，让学生记住父母的生日是哪一天，让学生懂得感谢父母给予他们生命，感谢亲人的无私关怀、感谢父母精心的养育。至今还记得我班徐心怡在自己过生日时说的那段话：“今天是我的生日，我要感谢我的妈妈，因为今天也是妈妈的受难日，我出生时是妈妈最疼痛的时刻。我要感谢妈妈对我的养育。”她说得热泪盈眶，她的话也深深地感动了班上的每一个学生。后来，我陆续接到家长的短信：“本来是给女儿过生日，可吃饭的时候孩子一个劲地掉眼泪，后来还在那么多人面前给我深深鞠了一个躬，说是谢谢我，把我感动得也哭了。”“孩子第一次主动张罗给我过生日，还用零花钱给我买蛋糕。”“以前让他干点家务活，说什么都不动，这几天看我不舒服，还主动帮我收拾碗筷，打扫卫生，孩子的变化真大。”

鸦有反哺之义，羊有跪乳之恩，一个懂得感恩的人才能善待别人，才能博爱、宽容，才能是一个善于调节自己的人。接下来学生们的举动，更加让我体会到什么是“随风潜入夜，润物细无声”。

温馨家庭，美好回忆

记得 12 月 12 日那天，我和往常一样，走去班上进行早读，一来到走廊，发现窗户没开，窗帘也拉下

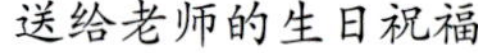
送给老师的生日祝福

送给老师的生日蛋糕

来了，我正纳闷，推门一进教室，全班同学一齐高喊——“杨老师，您辛苦了，祝您生日快乐！”眼前的情景让我惊呆了：黑板上写了几个大字——杨老师，祝您生日快乐！周围墙壁上，天花板上，挂着一串串彩球、挂饰。干净的讲桌上摆放着一个精致漂亮而又时尚的大蛋糕，还有各种各样的礼物、贺卡。同学们给了我一个大大的惊喜！

班长走向前向我送来了一束鲜花，同学们一边拉着我，一边唱着《生日快乐》歌，看着同学们给我点着欢快的蜡烛，烛光映衬的是那些可爱纯真的脸庞，我激动得说不出话来。顿时，烛光在我的眼睛里模糊了，往事一幕幕浮现在眼前：与这群孩子朝夕相处已四年多了，有过烦恼，有过担忧，有过生气，但更多的是欢笑。想着同学们为给我过生日，做了精心准备，我的泪水差点掉了下来。孩子们，你们真的有心，老师谢谢你们！此时除了感动还是感动。歌声后，同学们要求我许个愿，我闭上眼睛，双手合一，在心里默默许个心愿——愿同学们健康成长，快乐永相伴。

接着全班同学分吃蛋糕，大家吃着笑着。突然，不知哪位同学朝我脸上抹了一把蛋糕，接着又一个，又一个……同学们之间又互相抹了起来，你追我，我抹你，教室里热闹起来，看着一个个花色的脸，看着这些可爱的孩子，我含着眼泪地笑。从教这么年第一次接受同学们的生日祝贺，我感到欣慰，因为我觉得当一个老师虽然辛苦，但值得；我也感到惭愧，因为我的付出还不够，给予他们的还太少，太少，而他们回报我的却是那么多，那么多……

爱是打开学生心灵的一把钥匙，校本教材的研发，让我看到了契机，孩子们自发给我过生日就是最好的证明，他们在十心养成教育的引领下学会了感恩，学会了关心别人。

愿我们的教育能像一缕春风，一场春雨，潜入孩子们的心间，滋润心灵，悄无声息。如此，我们的孩子，我们的教育亦能渐至佳境，我心无憾！

让生活的味道充满小学校本教材

新余市明志小学　范珍香

自从班队课使用了我校开发的新班队教材《用心养成我成材》后，我发现教学效果较之以前更有实效性。无论是短期效果还是持久性都有了一个很大的飞跃。仔细寻求根源，我发现是我校开发的这套教材具有明显的生活化特点，充满了浓浓的生活味道。

我国近代很有影响的人民教育家陶行知，创造了生活教育理论体系。其生活教育的理论体系是由"生活即教育""社会即学校""教学做合一"三大部分构成。"生活即教育"是生活教育的核心，它既是陶行知的教育方针，又是教育内容。陶行知始终把教育和社会生活联系起来，认为"生活教育是生活所原有，生活所自营，生活所必需的教育"。生活与教育是一回事，是同一个过程，教育不能脱离生活，教育要通过生活来进行，无论教育的内容还是教育的方法，都要根据生活的需要来选择。"生活即教育""社会即学校"的基本思想是教育要同实际相联系，倡导人生需要什么就教什么。

综观我校新班队教材《用心养成我成材》，恰如其分地体现了陶行知的生活教育理论体系。它的内容无不与生活紧密联系，它是生活的标本，将真实生活系统地教材化，使得教育真实化、实践化、细节化。

一、教材将教育真实化

教材以"十心"教育为内容，模拟生活，将我们孩子在生活中所需要经历的德、智、体、美、劳各个方面的思想品质和基本技能纳入其中。净心培养孩子的文明习惯；静心，培养孩子专心致志的学习习惯；信心，培养孩子善于思考的能力；细心，培养孩子正确学习的能力；雅心，让孩子健体精艺；雄心，培养孩子果敢顽强的品质；诚心，养成孩子尊重他人的品质；恒心，养成孩子遵守规则的习惯；爱心，培养孩子热爱集体的意识。

案例1：足球是生活中的一项基本体育运动，也是我国重点抓的一项体育项目。我班六年级孩子在使用教材之前几乎都对足球不感兴趣，更别说踢足球了。可自从上了主题"我有雅心，我健体精艺"之课题"我学踢足球"班队课后，男女学生竟然都对足球产生了浓厚的兴趣，纷纷要求体育老师增开足球课。一个学期下来，我班人人掌握了踢足球的基本技巧，其中谢熙裕同学还被选入了校队，参加省、市各级足球赛，获得了"省优秀小足球队员"的称号。

这个案例说明了我校校本教材因为融入了生活，贴近生活，孩子在"生活中"接受教育，便乐于接受学校所教，因此掌握了生活中所需的一项基本技能。

案例2：下雨天，孩子撑到学校来的雨伞的摆放是个令人头痛的问题。摆放得不好，不仅影响教室美观，而且还容易被孩子不小心踩坏或者丢失。学校统一要求孩子将雨伞收拢并整齐地摆放在教室外的窗

雨天窗台上亮丽的风景线

校足球联赛获冠军

台上。但是总有孩子或护送的家长仍然不按规定将雨伞乱丢乱放。可是自从使用校本教材后，情况发生了惊人的变化，只见每个班的窗台上整整齐齐地摆满了五彩缤纷的雨伞，成了我校下雨天一道独特、亮丽的风景。其间，我还无意间听到了这样一段家长与孩子的对话：

妈妈：儿子，你等会儿到了教室要按学校要求把伞放在窗台上。

儿子（大概三年级）：我早就记住了！不用你提醒！不过我还是得谢谢妈妈提醒我！

这段对话是生活中的一段真实的对话，看似平常，我听了却若有所思，特别是孩子最后一句话让我更加感慨！我感受到了“十心”教育已经真实地深入了生活。这段对话足以说明班主任、家长、孩子均已受益，它折射出不少“十心”内涵：守纪、诚信、合作、和谐、感恩……

二、教材将教育实践化

教材编入了大量的实践活动内容。例如六年级主题“我有爱心，我热爱集体”之课题“亲近大自然我开心”，主题“我有细心，我正确学习”之课题“我当同学老师”，让孩子身体力行，孩子按照教材，在教师指导下轻松愉快地体验了实践活动，激发了孩子热爱大自然和正确学习的兴趣。又如“雄心”主题活动每学期组织全校孩子出去远足大自然，活动中孩子们不畏路途遥远，不污染环境的表现令人惊讶。别的学校孩子的表现则明显不如我校，使用过后的场地呈天壤之别。

三、教材将生活细节化

教材将生活中一些蕴含教育契机的细节编入，使孩子对生活的认识具体化，接受到的教育也随之具体化。小学阶段特别是低年级孩子以形象思维为主，他们对具体的事例认识很深刻，接受事例反映出来

的道理也很容易。例如二年级主题“我有爱心，我热爱集体”之课题“父母生日我牢记”这样的一个生活细节让孩子记住了自己父母生日的同时，懂得了要对父母感恩的道理，很自然孩子在生活中会延伸到为同学、好友、老师过生日，懂得了感恩很多关爱自己成长的人。（各册教材详细目录见我校呈送的《用心养成我成材》）

送给老师的生日祝福

案例：我班孩子细心地从我的QQ资料里查到了我的生日，今年10月25号，他们送给了我一个意外的生日祝福。班长神神秘秘地将我拖进教师，一进教室我惊呆了：只见教室布置得温馨浪漫，《生日快乐》的旋律在优美地回旋，黑板上写着“祝范妈妈生日快乐！”一个大大的蛋糕摆放在生日树旁！震惊之余，我的心里是满满的幸福！

综上所述，我认为我校开发的教材《用心养成我成材》使用后之所以效果显著，持久性长，关键就在于它的编写内容真实地反映了生活并将生活细致具体化了，散发出了浓浓的生活味道，由此我认为各校在编写自己的校本教材时应尽量生活化，让生活的味道充满校本教材。

亲近大自然、远足活动中孩子们的出色表现

我校孩子使用过的场地与其他学校孩子使用过的场地形成鲜明对比，蓝色校服为我校、红色校服为其他学校